관성으로부터의 자유

관성으로부터의 자유

지은이 ● 미니

'미니'라는 필명에 대해서 물어 오시는 분들이 더러 있다. 그렇게 큰 의미가 있는 이름은 아니다. 성이 흔하지 않은 '민'씨라, 이름보다는 성으로 많이 불리던 것이, 어느 순간부터 '미니'가 된 사연이 있을 뿐이다.

첫 책을 출간하면서 이 필명 때문에 출판사와 약간의 갈등을 빚었다. 필명으로선 조금 가볍지 않느냐는 이유였다. 그래서 나름의 명분을 만들었다. 중국어로 미迷는 fan이라는 뜻이다. 그리고 공자의 이름, 중니仲尼와 니체의 중국어 표기인 니체尼采에서 니尼를 취했다. 미니迷尼, 억지스럽게 끼워맞추자면, 공자와 니체의 마니아란 뜻이다.

마침 석사 논문 주제를 고심하고 있던 차, 필명 속에서 논문의 방향이 잡혔다. 제목을 '논어 속의 아모르파티'로 정해놓고, 이런 저런 자료를 모으기 시작했다. 그 과정에서 만난, 니

체에서 공자까지의 거리를 채우고 있는 자료들을 일상의 언어
들로 각색하여 실어놓은 원고이다.

　니체는 철학을 진단한다. 과연 철학이 지혜를 사랑하는 학
문일까? 혹 무언가를 숭배하거나 무언가에 예속되어 있지는 않
을까? 니체는 그것을 중력에서 벗어나지 못하는 '무거움'이라
고 표현한다. 니체에게 많은 빚을 지고 있는 현대철학이지만,
니체의 고민은 아직도 현재진행형이다. 철학이 과연 지혜를 사
랑하는 학문일까? 혹 철학이라는 질서에 이바지하기 위해 설정
된 규정과 체계, 지식은 아닐까?

　인문이라는 영역도 이 고민에서는 자유로울 수 없다. 인문
의 정의는 무엇일까? 그냥 사람들이 살아가는 이야기가 모두
인문이다. 그러나 이 실용적인 삶의 학문이, 인문이란 명찰을
다는 순간, 삶에서 멀어지는 학문이 되어버리는 역설도 인정하
지 않을 수 없는 게 한국의 풍토이다.

　인문학을 읽지 않는다고 독자들을 탓할 일도 아니다. 무거
움을 깊이로 생각하는, 지식이 마치 삶 위에 군림하는 양 좀처
럼 지식과 삶의 화해를 꾀하지 않는 생산자들에게도 반성의 여
지는 있다. 케인즈의 경제이론과 롤스의 정의론, 벤야민의 아
케이드보다 차라리 재래시장 상인들의 하루 속에 더 구체적이
고 공감적인 보편이 자리하고 있지는 않을까?

　자신들 리그에서 통용되는 화법으로만 풀어놓는 인문들은
도리어 일상의 언어들에 대해 아무 것도 알지 못하는 무지이며

무식이기도 하다. 나 역시 그런 관성에서 벗어나지 못하는 한 경우일지 모르며, 그래서 대중적 인문을 쓴다고 자신 있게 말할 수도 없고, 인문학자를 자처하지도 않는다. 다만 적어도 삶과 앎의 근접성과 호환성에 대해서는 고민을 하고 사는 글쟁이라고 생각한다. 그리고 삶 자체를 종교로 믿고 살았던, 삶이라는 시간과 공간을 사랑했던 공자의 어록을 빌어 내 나름의 '가벼움'을 도구삼아 전달하는 것, 내 필명의 정체성을 되돌아보게 하는 원고이기도 하다.

시야에 들어온 모든 것들을 다 '보고' 있는 것은 아니다. 시선은 시야가 허락하는 모든 곳에 닿지만, 시각은 기억으로 남길 의지가 있는 것들만 '본 것'으로 인식을 한다. '보이는 것' 모두를 보고 있는 것은 아니다. 자신에게 '가치'가 인정되는 것들만 시력의 혜택을 입는 '광경'이 된다. 이미 바라보고 있었던 곳에서 찾지 못했던 것들, 이미 시야 안으로 들어와 있으면서도 아직 '나타나지' 않는 것들, 의도치 않게 숨겨진 일상의 숨은 그림들, 그것들을 보고자 한다면 '가치'의 스펙트럼을 넓혀야 한다. '가치에 관한 가치'를 되돌아봐야 한다.

공자는 묻는다. 이미 알고 있다고 생각하는 것들은, 정말로 다 알고 있는 것들일까? 보고 있다고 생각하지만 정작 숨은 그림을 보지 못하는 '부주의 맹시처럼', 알고 있다는 생각에 가려진 모름들은 아닐까? 평범한 일상에 숨어 있는 '생각에 관한 생각',

바로 「중용中庸」이란 단어가 지니고 있는 의미를 삶으로 돌아보아야 하는 이유이다. 미처 몰랐던, 그러나 이미 알고 있던 것들에 대한 담론, 앎과 모름의 접점은 인문의 기점이기도 하다.

스스로가 유려한 문체에는 능하지 못한 편이라, 질박한 어투로 최대한으로 쉽게 쓰려고 고심을 했다. 그러면서도 동서양 철학의 웬만한 키워드를 최대한으로 담으려 욕심을 부리기도 했다. 그만큼 공자의 사상은 많은 다른 철학의 키워드로도 설명이 가능한, 시대를 초월하는 매력적인 사유방식이다.

간혹 쉽게 읽히지 않는 부분도 있을 것이다. 개념 자체가 낯선 어휘들을 더 이상은 쉽게 풀어 쓰지 못하는 내 필력의 한계이며 모순이기도 한 부분이 없지 않음을 미리 고백하며….

여전히 겨울, 춥지만은 않은 소울, 미니 

차례

1

Amor fati! ,
네 운명을
사랑하라!

우연을 끌어안다

서양철학에선 소위 '미네르바의 부엉이'라는 담론이 있다. 미네르바는 지혜의 여신이고, 그녀의 상징은 부엉이다. 미네르바의 부엉이(지혜)가 저녁이 되어서야 날아오르는 것처럼 하루가 저문 저녁이 되어서야 그 하루를 알 수 있다는 비유다. 이미 일어난 사실과 경험으로 증명된 것들만이 진리라는, 필연의 서사를 주장했던 헤겔 철학을 대변하는 키워드이기도 하다.

반면 헤겔의 저녁을 염두하며 니체가 강조한 시간대는 아침이다. 시작이 설레는 이유는 다가올 시간들에 대한 불확실성 때문이다. 무슨 일이 벌어질지 모른다는 우려보다는 무슨 일이 일어날 수도 있다는 기대가 앞서 있는 순간이다. 인간은 알 수 없는 불확실성 때문에 불안을 느끼고 살아간다고 생각하지만 실상 지금까지 살아온 관성의 질서에서 벗어나는 것을 두려워하며 살아간다. 다가온 것이 절망일지언정 자신이 익히 알고 있는 방법으로 불안해 하고자 하는 심리는 우연의 자율성을 철저히 거부한다. 그래서 하루하루가 그렇듯 무의미하게 반복되고 있는 것이다. 다들 어쩔 수 없이 그렇게 살아간다고 말하지만, 어느 정도는 주체적인 적극성으로 그 지루함을 감내하고 있는 셈이다.

진리라는 말 자체에 거부감을 느끼던 긍정의 철학자에게 삶의 긍정은 다가오는 하루의 우연을 끌어안는 아침으로부터 시작된다.

朝聞道 夕死可矣
아침에 도를 들으면 저녁에 죽어도 괜찮다.

이 구절은, 진리를 듣기만 한다면야 한나절 잠깐의 시간을 살다 죽어도 괜찮다는 뜻으로 해석된다. 하지만 공자처럼 쿨한 인간상이 당장에 죽어도 여한이 없다고 말하지 않고, 굳이 한나절의 시간을 남겨두었을까? 진리를 증명해보기 위한 시간이 필요했던 것일까?

공자가 생각한 도道란 무엇이었을까? 유가에서 내세우는 도덕적 관계의 도라고 하기엔, 공자가 그것을 새로이 듣고 죽음을 말할 정도의 소회를 밝힐 리가 없다. 왜? 이미 삶의 순간순간 자신에게로 회귀되고 있는 자신의 정체성이다. 흔히들 노자와 공자의 도를 구분하지만, 대부분은 '빛'과 빛이 세상에 닿은 '색'이 다르다는 논리이다. 같지는 않지만 그렇게까지 다른 것이라고 할 수 있는 것인지는 의문이다. 어쨌거나 스펙트럼을 통념의 범주로 좁히기에는 정확한 문맥을 파악할 앞뒤 구절도 없다. 딱 이 한 줄이다. 흔적으로는 원형을 정확히 고증해 낼 수 없다. 발자국만으로는 발의 모양을 정확히 알 수 없는 것처럼 말이다. 데리다가 '텍스트'로 해체를 설명한 이유이기도 하다. 쉬운 말로 풀자면 공자의 말을 직접 듣지 않은 이상, 문자만으로 공자가 정확히 무슨 의도로 말을 한 것인지는 누구도 알 수 없다. 단지 모두 해석일 뿐이다. 그리고 해석자의 관점에 따라 해석은 늘 달라진다. 어차피 그것이 오늘날의 철학이고 예술이다. 내 마음대로 해석을 하겠다는 말을 이렇게 어렵고 진부하게 늘어놓고 있다.

아침의 시간대는 무엇을 의미하는 것일까? 죽음은 또 무엇을 의미하는 것일까? 공자의 우주관에 근거하면 아침은 탄생이고 저녁은 죽음이다. 시간을 의미하면서도 삶과 죽음이라는 사태를 의미하기도 한다. 어느 날 아침에 우연히 도를 듣고 비로소 삶을 깨달았다. 하지만 뭘 어찌해 볼 시간도 없이 저녁으로 다가와 있는 죽음이라는 허무.

그러나 삶을 적극적으로 긍정했던, 절망마저 끌어안았던 공자는 개의치 않는다. 죽음이 다가오면 그저 담담히 맞이해 주는 것, 죽음 또한 내 삶의 일부라는 것을 이미 아침에 깨달았다. 죽음을 두려워하지 않는 이상, 죽음은 허무가 될 수 없다.

이 문장 전체가 도에 관한 공자의 생각이기도 하다. 도라는 것은 규정된 관념이 아니라, 자신과 삶과의 끊임없는 대화이다. 왜 대화가 필요한 것일까? '나'라는 전제는 필연이지만, 삶은 우연의 연속이기 때문이다. 가정의 문형 자체가 불확실성을 전제하고 있다. 아침에 도를 들을 수도, 그렇지 않을 수도 있다. 저녁에 죽을 수도, 그렇지 않을 수도 있다. 성인도 단정지어 말할 수 없는 것이 삶의 우연성이다. 공자도 운명에 대해서는 말을 아꼈다. 공자가 가죽 끈이 세 번이나 끊어지도록 읽은 콘텐츠가 「주역周易」이었다는 사실을 상기할 필요가 있다. 공자에게 삶이란 '우연'이 공자 자신으로 육화된 '필연'이었다.

삶이란 무엇일까? 아무런 의미도 없다. 그냥 태어났으니까 죽을 때까지 살아가는 것이다. 인생이란 것에 어디 정답이란 게 존재하기나 하던가? 어쩌면 삶을 깨닫기 위해 우리는 이 삶을 소비하면서 살아가고 있는지도 모른다. 하지만 삶을 다 소비하는 순간에 깨닫게 되는 것은 정작 삶이 아니라 죽음이라는 역설. 삶은 곧 죽음이기도 하다. 죽음이라는 사건뿐만이 아니라 살아 있다는 사실 자체가 불안의 원형질이 되어버린다. 그래서 인류는 죽음 이후의 시공간을 삶의 모습으로 확보하고자 부단히도 노력했던 것이다.

하지만 죽음 이후라는 가설이 죽음 이전의 실존을 지배하는 웃지 못할 역설이 벌어진다. 너무 필연에 집착하고 얽매이는 나약한 정신들의 부작용이다.

마쓰모토 레이지의 「은하철도 999」, 우리에게 '철이'로 익숙한 남자 주인공이 안드로메다 프로메슘 행성으로 여행을 떠나는 것은 불사의 기계인간이 되기 위함이었다. 하지만 그곳에서 철이는 스스로 죽음을 선택하는 기계인간들을 목격하게 된다. 삶이 지겨워, 삶에 지쳐 스스로 불사의 몸을 파괴한다. 그들은 영원이란 시간 속에서 시간의 가치를 잃어버리게 되었기 때문이다.

하이데거는 죽음이라는 종말의 사태를 긍정한다. 개개인에게 주어진 시간은 영원하지 않다. 그러나 삶의 의미는 이런 유한함 속에서만 발견이 된다. 끝도 없이 계속되는 인생이라면 스쳐 지나가는 순간 순간에 의미를 부여할 사람은 아무도 없을 것이다. 무한한 시간 앞에서는 시간이란 단어 자체가 무의미해진다. 굳이 달과 날로 쪼개어 계획을 세울 필요도 없다. 무한한 선택의 기회 앞에서 선택되지 못한 것들은 기회비용으로서의 가치를 유지하지 못한다. 마음만 먹으면 언제고 다시 선택하면 그만인 것들이 되어버린다. 그렇다면 굳이 선택이라고 표현할 수도 없을 것이다. 그저 무한한 순서만이 있을 뿐.

우리는 죽음을 기다리면서 살아가지는 않는다. 죽음에 이르러 주마등처럼 스쳐지나갈 삶의 시간들, 그것들을 아쉬움이 아닌 후회 없음으로 그리워할 한 순간을 위해 살아가고 있는 것인지도 모른다. 불완의 존재로서 맞이할 수밖에 없는 끝, 유한의 완성을 향해 가는 능동적인 삶, 그것이 인간에게 있어 죽음의 가치이다. 단 한 번이기에 누구에게나 소중한 삶, 그것은 불완이라는 불안으로 완성이 된다.

천상병 시인의 시 구절처럼 '이 세상에서의 소풍'이 즐거웠노라 말할 수 있는, 한 판 잘 놀다 가는 삶까지는 아니더라도, 삶의 순간 순간이 가져다주는 의외성을 두려워하지 않는 것이야 말로 진정한 긍정이 아니겠는가?

오래된 미래

공자가 냇가에서 말씀하시길,
흘러가는 것이 이와 같구나! 밤낮을 쉬지 않고 흘러간다.

지나간 과거는 확정된 시간이다. 이미 일어난 사실은 변할 수 없다. 그러나 '지금 여기'에서 내가 어떻게 살고 있는가에 따라 과거의 의미는 얼마든지 바뀔 수 있다. 시련과 절망이 일구어낸 성취 앞에서 과거는 버려진 실패가 아닌 잉태의 도전과 경험이 된다. 결국 과거는 부단히 지금에 영향을 주며 미래를 생성하고 있는 시간대이기도 한 것이다.

당신 얼굴에 묻은 얼룩도 당신이 거울을 들여다보기 전까지, 당신에겐 아직 발견되지 않은 미래이다. 현재를 살아간다고들 생각하지만 실제로는 많은 미래와 함께 살아가고 있다. 이별이 기다리고 있는지도 모르고 방치하고 있는 사랑, 패륜이 되어가고 있는 줄도 모르고 이기심만을 가르치는 내리사랑, 점점 더 부조리한 사회로 향해 가는 줄도 모르고 인성을 외면하는 교육. 미리 알 수 있는 것들조차도 관심을 갖고 바라보지 않기 때문에, 그것들은 현재에 숨은 그림으로 존재하는 미래, 현재화 되지 않은 미지의 미래로 남아 있게 된다. 우리에겐 그렇게 미래에서야 깨닫는, 이미 과거가 되어버린 현재가 무수하다. 문학을 빌려 표현하자면 '지금 알고 있는 것을 그때도 알았다면'이다. 하지만 지금 알고 있다고 생각하는 것들을 정말로 알고 있는 것인가를 먼저 의심해 볼 필요가 있다. 짜라투스트라는 '두 개의 길이 만나는 출입구' 앞으로 다가간다. 하나의 길은 뒤를 향해 달리고, 다른 길은 앞을 향해 달리고 있다. 과거와 미래가 만나는 접점, 시간이 공존하는 공간에는 '순간'이라는 푯말이 붙어 있다. 짜라투스트라는 미래가 현재 다음에 오는 시간이 아니라는 사실을 깨닫는다. 현재도 순수하게 현재스럽지 않고, 과거 또한 고정불변의 시간은 아니었다. 그것들은 모든 순간들 속에 다른 시간들과 공존하고 있는 시간들이었다. 미래와 현재 그리고 과거는 순간이란 공간에서 경쟁을 하며, 서로에게 끊임없이 영향을 미치며, 생성과 소멸을 반복하며 흘러가고 있었다. 인간의 개입 가능성을 순간의 출입구로 열어둔 채….

子在川上曰 逝者如斯夫! 不舍晝夜
공자가 냇가에서 말씀하시길,
흘러가는 것이 이와 같구나! 밤낮을 쉬지 않고 흘러간다.

'같은 물에 발을 두 번 담글 수는 없다'는 헤라클레이토스의 전제를 걱정할 필요는 없다. 시간은 밤낮을 쉬지 않고 흘러

가지만 현재는 밤낮을 쉬지 않고 내 앞을 흐르고 있으니 말이다. 중요한 것은 흘러가는 물이 아니라 담그고 있는 내 발이다. 물을 바라보고 있는 나 자신이다. 시간의 흐름이라는 것도 결국에 내가 느끼기 때문에 어떤 의미가 되는 것이다. 순간의 문을 열고 들어와 시간에 참여하고 있는 나 자신의 역동성이 '흐름'을 만들어내고 있는 것이다. 시간이란 것은 결국 내 의식의 흐름일 뿐이다. 내가 모든 시간대를 창조하는 것이다.

이제는 고전이 되어버린 영화「백 투 더 퓨쳐」. 과거로 거슬러 간 주인공은 어머니에게 사랑 고백도 제대로 하지 못하고, 그저 창밖에서 훔쳐보기만 하는 아버지의 찌질한 젊은 시절과 마주한다. 그리고 동네 양아치들에게 휘둘리는 아버지를 도와주려다 역사의 방향을 바꾸어버리게 된다. 가장 큰 문제는 어머니가 아버지 아닌 자신을 사랑하게 되었다는 사실이다. 그리고 늘 지갑에 지니고 다니던 가족사진에서 자신의 모습이 서서히 지워져간다. 과거를 바꾸려다 지금이 존재하지 않게 된 것이다.

'과거에 연연하지 마라!'

물론 맞는 말이다. 하지만 무책임한 말일 수도 있다. 굳이 들추어 낼 필요도 없고, 얽매일 필요는 더 더욱 없는 시간이며, 부정한다고 해서 영화처럼 바꿀 수 있는 시간도 아니다. 차라리 내게 없었던 기억처럼 잊혀지기를 바라기도 하지만, 과거 속의 그가 있었기에 지금의 여기에 내가 존재할 수 있는 것이다. 혼자만이 기억하고 있는 과거 속에서, 스스로에게까지 외면당한 자신을 한 번 돌아보자. 그리고 사랑하자! 어리석음이었다면 지혜로 일깨워주고, 사특함이었다면 반성으로 뉘우치게 해주고, 좌절이었다면 용기로 격려해주자. 그렇다면 과거의 내가 저 스스로 현재와 미래를 만들어 낼 것이다.

역사를 배워야 하는 이유는 과거로 현재를 진단하고 미래의 오류를 최소화시키기 위해서이다. 자신의 현재를 진단하고 미래를 예측하는 가장 신뢰도 높은 방법은 자신의 역사를 돌아보는 것이다. 역사적으로 공증된 가장 확실한 예언서는 자신의 일기장이다. 희망은 다가올 시간대에 기다리고 있기보단 지나간 시간대에 묻혀 있는 경우가 더 많다. 내일을 기다리기에 앞서 어제에 대한 예의를 오늘 다하자.

시간이 시계의 태엽을 녹슬게 하고

심하도다! 나의 쇠함이여.
오래되었다. 내 다시는 꿈속에서 주공을 뵙지 못하였다.

타자의 모습에서 나의 세월을 느끼게 되는 경우가 있다. 꼬맹이로 기억하고 있었는데, 어느새 대학생이 되어버린 조카들, 처음 부임했던 해의 내 나이가 되어가고 있는 첫 제자들, 이젠 어딘가가 늘 아프신 엄마….

차범근 감독의 현역시절을 이야기하는 어른들의 대화가 역사 교과서에나 나올 법한, 개화기 시절의 일들처럼 느껴지던 때가 있었다. 하지만 이젠 내가 기억하는 모든 월드컵에서 스트라이커로 활약했던 황선홍이 프로팀 감독이 되었다. 서태지의 '교실 이데아'로 자라나던 학생들은 어느덧 서른이 넘어버렸고, 양현석은 직접 발굴해 키운 빅뱅으로 성공적인 세대교체를 이루어 냈다.

그리고 또 하나의 그리움, '사랑해요! 밀키스'로 탄산음료 시장의 왕좌에서 아주 잠깐 콜라를 밀어냈던 주윤발. 지금의 어린 세대에게 주윤발이란 배우는 분명 낯선 존재일 것이다. 하지만 소위 '홍콩 느와르'의 정점에서 학창시절을 보냈던 또래들에게는 영원한 우상이며, 그 자체로 낭만이었던 추억의 존재이다. 작년에 개봉한 「공자 - 춘추전국시대」에서 공자 역할을 맡아 연기를 했던 주윤발이, 이젠 70세 노인 분장이 어색하지 않을 만큼 세월이 많이 흘렀다. 내가 나이 먹은 건 생각도 안 하고, 그의 얼굴에 가득 패인 주름이 안타깝기도 하다.

영화의 첫 장면에서 나온 대사였다.

공자에게도 멘토가 있었다 주공周公이란 인물이다. 공자의 인생을 지배하고 있었다고 해도 과언은 아니었으니, 개인적인 감상평으로 들자면 영화의 인트로로서는 적절한 선택이 아니었나 싶다.

주공은 형 무왕武王이 어린 세자를 두고 세상을 떠나자, 어린 조카를 도와 섭정을 하고, 조카가 성장을 하자 미련 없이 신하의 자리로 돌아간, 유가에서는 성인으로 추앙받는 인물 중 하나이다. 조선의 세조가 역사에 남긴 수많은 업적에도 불구하고, 역사가 그에게서 단종의 그림자를 지워주지 않는 충忠의 사례이기도 하다.

공자는 저물어가는 자신의 삶을 무의식의 세계를 빌려 말한다. 이젠 기력이 없어 실천에 대한 의지도 약해지고 있음을 고백한 것이다.

'시간이 시계의 태엽을 녹슬게 하고….'

류시화 시인의 싯구절처럼, 시간은 저 스스로 훑고 지나간 모든 곳에 무언가를 남기지만 동시에 시간에 닿은 모든 것들은 닳아 없어져 간다. 그리고 그 생성과 소멸의 제로섬을 또 시간이라 부른다. 시계바늘에 이어진 톱니바퀴가 반대 방향으로 돌아가는 톱니바퀴와 맞물려 돌아가듯, 전자의 역류를 안고 흘러가는 전기처럼, 시간은 우리의 망각과 노화를 딛고서 앞으로 나아간다. 결국 진보의 속도는 곧 퇴보의 속도이기도 한 것이다.

내게서 멀어져가는 청춘이야 어찌 그 세월의 순리를 막을 수가 있겠는가? 시간에 대한 무리한 억지가 자칫 꼴불견으로 비춰지기 십상이다. 하지만 조금이라도 노화의 속도를 늦추고 싶은 것은 어쩔 수 없는 인간의 욕망, 그렇다면 젊음을 잃어가는 어쩔 수 없음을 걱정하면서 주름 하나를 더 늘릴 것이 아니라, 차라리 젊음을 잊어버리지 않으려는 노력으로 살아야 할 것이다.

인체는 목부터 늙는다고 한다. 그리고 몸보다 생각이 먼저 늙는다고 한다. 젊음을 유지하는 비법은 젊은 감각으로 사고하는 것이다. 어른이란 이름으로, 어른이란 이유로 행해지는 모든 관성과 관습이 인간의 노화를 부추긴다. 새로움과 낯섦에 대한 거부, 익숙한 것들의 안락을 추구하는 순간, 젊음은 안락사를 하고 만다. 삶에 대한 긴장감이 사라지는 순간 당신은 이미 늙고 있는 것이다.

어른의 시간, 인생의 오후. 짜라투스트라가 가장 경계한 시간이다. 아침과 마찬가지로 길어진 그림자를 자신의 크기로 착각하는 시간, 자의식이 최고조인 시간, 그래서 아이들과 어른들이 그렇게 고집이 센 것이다. 나이가 들수록 아이가 된다는 말도 이런 뜻일 게다.

그래도 아이들은 그림자의 정체가 순수와 가능성이기라도 하다. 어른들은 자신에게 익숙하고 편한 관성의 그림자로만 살면서도 그것을 진리라고 우긴다. 스스로 설정한 '현실'에 치여 살면서, '산다는 건 다 그런 게 아니겠니'라는 말로 모든 이유를 대신하지만, 실상 그게 편한 것이다. 그리고 노화를 담대히, 기꺼이 맞아준다.

누구를 탓하고, 누구를 원망하리오

하늘을 원망하지 않고, 다른 사람을 탓하지 않는다.

와인드 업!

투수가 공을 던진다. 하지만 제구가 제대로 되지 않은 공은 가운데로 몰린다. 투수는 공이 손끝을 떠나는 순간 느꼈다. 실투라는 사실을…. 하지만 이미 공은 던져졌고, 투수가 할 수 있는 것이라곤 던진 공을 지켜보는 것, 타자의 실수를 기대하는 것뿐이다.

이 젠장할 놈의 세상! 타자는 결코 기회를 놓치지 않았다. 역전 만루 홈런! 패전 투수의 멍에를 안고 들어가는 덕아웃. 동료들의 얼굴을 차마 볼 수가 없다. 이미 상처받은 마음이지만 관중들의 야유까지 들어야 한다. 하지만 또 뭐 어쩌겠는가? 분명 자신의 잘못인데….

하지만 일부러 실투를 하는 투수가 어디 있겠는가? 비록 패배를 기록했지만, 공 하나 하나에 자신의 최선을 다해 던진 순

간들이었다. 또한 공 하나 하나에 최선을 다한 타자였기에 홈
런을 쳤다. 최선과 최선의 만남에서 최고가 가려져야 하는 조
금은 잔인한 승부. 우리의 인생도 늘 최선과 최선의 승부들이
다. 윈윈의 논리도 영합하지 않은 다른 누군가를 이기기 위해
서가 아니던가. 누군가는 반드시 져야 하고 2등이 되어야 한
다. 그러나 패자도, 2등도, 언제나 최선이었다. 자책이 자괴감
으로 이어질 필요는 없다. 저쪽도 최선이었기에 조금 더 나은
사람이 된 것이다. 저쪽에도 지금의 내 심정같은 일들이 얼마
나 많았었는지 또한 알 수 없는 일이다. 그들도 숱한 서러움 끝
에 겨우겨우 맞이한 영광일텐데, 그 기쁨을 시기하고 질투할
하등의 이유는 없다.

不怨天 不尤人
하늘을 원망하지 않고, 다른 사람을 탓하지 않는다.

지금 당장의 결과만을 가지고 '이렇게 살아라, 그렇게 사는
것은 잘못이다', 청춘들에게 많은 충고들이 이어진다. 하지만
잘못된 선택이었고, 어리석음이었을지언정 매번 최선을 다하는
청춘의 순간순간들이 아니었던가. 내가 열심히 하지 않았기 때
문에, 성공하는 자들의 7가지 습관을 모르기 때문에, 밀려나는
것만은 아니다. 그렇다고 최선이었다는 이유만으로 지금의 자
신을 합리화 하는 것도 찌질함이다. 나를 합리화 할 이유를 만
들면 더 이상 발전을 기대할 수는 없다. 당면한 현실에 대한 문
제 해결력보다는 변명과 핑계를 만들어내는 상상력만 늘어날

뿐이다. 모자름을 쿨하게 인정하고 조금 더 나은 모습으로 다음에 다시 최선으로 임해야 한다.

상대는 내가 던진 어떤 공도 받아쳤던, 언제나 나보다는 강했던 세상이라는 강타자다. 겁도 나고 자신도 없지만 그렇다고 공을 안 던질 수는 없다. 호흡을 가다듬고 다시 한 번 와인드업!

내 잘못으로 들어선 길이라면 차라리 반성이라도 하련만, 이유도 모르고 들어선 길은 나의 의지도 아니었고 내겐 선택권도 없었다. 그저 가야 하는 길이었고, 살아가야 하는 삶이었다. 누구를 탓해야 할지 몰라 무심한 하늘을 탓하고, 하늘 아래 세상을 탓했다. 사실 누구 탓이라고 덮어씌울 대상조차 없었기에 외로웠고 스스로 가엾기도 했다. 그래서 어느 순간부터는 그냥 모든 것을 내 탓으로 돌리며 살기로 했다. 솔직히 무엇을 잘못했는지도 모른 채, 반성부터 하고 보는 습관이 생겨났다.

재미있는 사실은, 그렇게 내 스스로를 원망하듯 한 반성인데, 그런 기계적인 반성을 하다 보니 잘못된 점들이 하나 둘 보이기 시작했다는 점이다. 그 전까지는 잘못인 줄도 몰랐던 것들이 잘못으로 인정되기 시작한다. 그리고 이어지는 각성은, 나는 지금껏 반성할 만한 것들을 반성하고 있었다는 사실이었다. 과거의 내 자신, 착하게는 못 살아도 나쁜 짓은 하지 않고 살았다고 자신했던 내 자신이 얼마나 비겁하고 무지했는지를 깨닫게 되었다.

나는 과거에도 내 자신을 사랑했다. 사랑해선 안 되었을 그 인격을…. 나는 지금도 내 자신을 사랑한다. 내 자신 그 자체가 아니라 뒤늦게라도 잘못을 깨닫는 나 자신의 반성을 사랑한다.

세상은 말한다.

"너 자신을 믿어라! 너 자신을 사랑하라!"

물론이다. 하지만 너무 신뢰하지는 마라! 너무 관대하지는 마라!

거북이, 달린다

서두르면 크게 이루지 못하고,
작은 이익에 얽매이면 크게 성공하지 못 한다.

좁고 구불구불한 길을 더디 달려가는 인생도 있고, 고속도로를 질주하듯 하는 일마다 운이 따라주는 인생도 있다. 누구나 한 번 사는 인생이거늘 목적지를 향해 가는 여정에 이렇듯 엄연한 차이가 존재한다는 사실은 조금 억울할 법도 하다.

사람들은 목적지에 좀 더 빠르게 도착하고자 하는 마음에 고속도로를 애용하지만, 생각해보면 속도의 경쟁력 이외에는 별 다른 장점이 없다. 단조롭게 뻗어 있는 도로와 단조로운 모습으로 이어지는 풍경들 속을 경쟁하듯 함께 달려가고 있는 자동차들. 스쳐가는 이정표로만 현재의 위치를 알 수 있을 뿐, 아까 지나온 거기나 지금 지나가고 있는 여기나 별반 차이는 없다. 잠시 들르는 휴게소마저 굳이 '어느 곳'을 따지기가 무의미한, 똑같은 모습의 한결같은 매뉴얼로 배치되어 있는 휴식들이다. 지루한 단조로움은 자칫 졸음운전으로 이어지고, 속도에 둔감해지는 공간인 탓에 일단 사고가 났다 하면 대형사고이다. 적지 않은 이용료를 지불해야 하며, 연비를 따져도 효율적인 속도는 아니다. 그마저 막히기라도 하는 날엔 느린 정도가 아니라 도로에 갇혀 이도저도 못하는 신세가 되지만, 한 번 들어선 길에서 좀처럼 빠져나올 수도 없다.

고속도로 인생들이 그렇지 않던가. 앞만 보며 달려가는 길, 옆에 있는 사람들과 경쟁하듯 달려가는 길, 삶의 무게를 내려놓고 제대로 한 번 쉬어갈 시간과 공간이 없는 길. 속도에 둔감해진 피곤한 몸과 마음이 사고를 유발하기도 하며, 시간을 절약하려다 세월을 낭비하는 일도, 돈과 시간이 아닌 다른 대가를 치러야 하는 일도 심심치 않게 벌어진다.

언젠가부터 서점가에서는 느림의 코드가 유행하기 시작했다. 하지만 그도 즐길 수 있는 사람이 따로 있고, 환경이 따라주지 않는 생활 패턴들도 분명 있다. 느리게 살지 못하는 이들을 삶에 눈뜨지 못한, 깨닫지 못한 자들로 폄하하는 것도 느림에 대한 찬양이 빚어내는 오만이리라. 물론 느림을 즐기면서 갈 수 있다면야 모든 여정이 지루하지 않게 느껴지겠지만, 느림 자체를 즐기란 말은 하고 싶지도 않고 나 역시 그렇지 못하다.

자신의 뜻과 다르게 이미 들어선 국도. 그 길은 분명 고속도로보다 느리고 멀리 돌아서 갈 것이다. 하지만 더 많은 것을 보고 느끼면서 가는 길도 될 것이다. 간혹 평생 보지 못할 절경을 눈에 담기도, 평생 잊지 못할 소중한 인연을 만나기도 할 것이다. 남들보다 더디 가는, 뒤처진 인생이라고, 절망하고 분노한 마음으로 눈과 귀를 닫는다면, 국도는 정말로 지루하고 멀고도 먼 길이 되고 만다. 인생은 늦으면 늦은 대로 또 행운이 존재한다. 또한 인생 전체를 놓고 보았을 때는 목적지에 도달하는 시간차가 그렇게 많이 나는 것도 아니다.

흔히들 인생을 여행으로 비유한다. 그러나 여행의 의미는 오로지 목적지에만 있는 것이 아니다. 그 여정도 큰 부분을 차지한다. 속초의 설악과 동해가 목적이라 해도 경춘국도의 강변을 눈에 담지 못하고, 인제의 황태구이를 맛보지 않고 달려간다면 그것은 반쪽짜리 여행일 것이다. 어쩔 수 없이 던져진 느림보 삶이라면 창밖으로 스쳐가는 모든 것을 둘러보고 가는 여유를 가져 보는 것도 좋으리라. 삶의 마지막 순간에 아름다운 인생이었다고 회고할 사람은 차라리 국도 인생들일지도 모를 일이다.

欲速不達 見小利不成大事
서두르면 크게 이루지 못하고,
작은 이익에 얽매이면 크게 성공하지 못 한다.

서두르는 이유는, 늦었다는 전제가 있기 때문이다.
‘늦을수록 돌아가라!’
이런 충고는 굳이 듣지 않아도 된다. 논리적으로 설명할 수는 없지만 늦을수록 어차피 돌아가게 되는 것이 인생이다. 조급한 마음에 안 해도 될 일을 만드는 자충수를 두기도 한다. 최단거리의 지름길은 나만 알고 있는 정보가 아니다. 보다 빨리 가고자 해서 들어선 지름길이 막히고, 막히는 길을 참지 못해 또 다른 지름길을 찾다가 길을 잃어버린다. 아직도 갈 길은 먼데, 언제나 아직 여기, 고작 여기, 겨우 여기, 이제 여기이다. 서두르지 마라! 어차피 '빠름'의 대열에 끼어 들기에는 이미 늦었다. 덜 늦거나, 더 늦거나의 차이 뿐이다.

거북이는 왜 토끼가 달리기 시합을 제안해 왔을 때, 거절하지 않았을까? 자존심이었을 수도 있다. 허영심이었을 수도 있다. 하지만 시합이라는 행위 자체만을 놓고 보았을 때, 네 발 달린 짐승으로서 시합을 벌여 승부를 가린다는 것은 상당히 합리적인 제안이었다. 느리고 빠르다는 어쩔 수 없는 선천적 능력의 차이가 있었을 뿐이다.

토끼 간이 필요한, 용왕의 은혜를 입고 사는 종족은 아니었으리라. 수영을 제안했어도 토끼가 이겼을지 모른다. 달리기도 느린 게, 수영까지 못한다는 치욕을 맛볼 가능성도 있었다. 그렇다고 누가 더 오래 사는가로 십장생의 위엄을 보이려 했다면, 죽는 날까지 오래도록 숲의 조롱을 받았을 것이다.

하지만 결과는 거북이의 승리였다. 진리는 아닐진대, 빨리 가는 자들이 저지르는 삘짓거리를 저지르는 진리를 실현해 보인다. 느린 자들의 헤게모니에 걸려드는 빠른 자들의 오류인지는 모르겠지만, 그런 일들이 심심치 않게 벌어지는 세상이다.

달려라! 거북이! 남들이 보기에는 그저 '느릿느릿' 걸어가는, 아직 여기, 고작 여기, 겨우 여기, 이제 여기이겠지만, 언제나 심장이 터지도록, 숨이 가빠오도록 달려가는 최선이 아니었던가. 포기하지 않는 한, 결과는 언제나 아직 모르는 것이다.

삶이 그대를 속일지라도

속임을 당할 것을 미리 헤아리지 말고,
믿어주지 않을 것을 억측하지도 마라!

일출과 일몰은 어둠을 밀어내는, 어둠에 밀려나는 방향성의 차이만 있을 뿐, 거의 같은 모습의 풍경이다. 그것들로 시간적 정보를 얻는 것이 아니라, 우리가 이미 알고 있는 시간적 정보로 그들을 인식하는 것이다. 길어진 그림자만으로 지금 딛고 서있는 곳에 걸려 있는 하늘이 서광인지 황혼인지, 뒤에 다가오는 것이 암흑인지 광명인지는 알 수 없는 일이다.

우리는 익히 알고 있는 것들로 다가올 것들을 판단한다. 지금의 상황적 정보, 내가 처한 처지로 세상을 바라본다. 정작 아직 아무 것도 다가오지 않았는데도 미리 걱정을 하고, 근심을 하고, 절망을 한다. 세상이 언제 당신의 예상대로 돌아가기나 했던가? 그런데 왜 슬픈 예감은 꼭 들어맞으리라고 생각하는가?

삶이 그대를 속일지라도, 슬퍼하거나 노여워하지 말라! 세상이 또 그대를 믿어주지 않더라도, 좌절하거나 실망하지 말라! 그저 살라! 오늘이 마지막인 것처럼….

지금껏 아무리 발버둥을 쳐봐야 벗어날 수 없었던 이 현실, 노을조차 없는 저녁, 내일 하루도 흐릴지 모른다. 내일도 오늘과 같을 것이라는 단정으로 오늘 하루가 또 절망이다. 하지만 쓸데없이 먼 미래를 예단하며 비관적일 필요가 있는가? 지금만으로도 충분히 비관적인데 내일까지 걱정할 여유는 있는가? 분명 삶의 언제 어딘가에서 오늘과 다른 내일이 나를 조급하게 기다리고 있을 것이다.

맹자를 이야기하는 사람들이 늘 거론하는 단어들은 성선, 4단 7정, 왕도王道, 여민동락與民同樂 등이다. 하지만 개인적으로 맹자의 백미는 그가 말한 절망이라고 생각한다.

맹자가 이르길,

하늘은 감당할 수 있는 시련만 준다고들 한다. 하지만 막상 닥친 시련 앞에서는 너무 무심하다 싶은 하늘이다. 그러나 맹자는 하늘이 내린 절망 자체를 긍정한다. 일반 처세서들의 수사처럼 '그럼에도 불구하고' 이루어내는 것이 아니라, '그랬기 때문에' 이루어지는 것임을 말한다.

'얼마나 크게 되려고 이렇게까지 힘이 들어야 하는가?'

다소 냉소적인 생각도 들 것이다. 하지만 그도 운명에 대한 성실함을 다한 후에나 해야 할 질문이 아니던가. 대개 이런 자문은 절망 초기부터 나타나는 증상이다. 앞으로 뚫고가야 할 절망에 비하면 지나온 거리는 얼마 되지도 않았다. 아직 닥쳐올 절망의 크기가 미미함에도 벌써부터 비명을 지른다.

힘겹게 지나온 절망의 끝자락에서 힘겨움으로 내뱉는 질문은 처음과 같지만 그땐 이미 스스로가 운명의 의도를 이해하고 있는 상태이다. 또한 한층 성장해 있는 자기 자신을 발견하게 된다. 다만 절망 그 자체가 예전이나 지금이나 똑같이 힘들 뿐이다.

돌아보면 살아온 평생을 두고 일어나지 않았던 일이 단 하루만에 자신의 모든 것을 송두리째 앗아갔다. 그렇다면 이 절망의 시간도 언젠가는 어느 날 갑자기 내 곁을 떠나갈 것이다. 내일이 그날인지도 모른다.

'브라보! 브라보! My life, 나의 인생아! 지금껏 달려온 너의 용기를 위해…, 찬란한 우리의 미래를 위해…'.

결핍의 힘

공자께서 말씀하시길,
나는 세상에 등용되지 못했기 때문에 여러 재주를 익혔다.

우연히 집어든 니체의 잠언집, 난 니체의 금언적 화법에 푹 빠지게 되었다. 니체를 읽다보면 자연스레 쇼펜하우워의 존재를 알게 된다. 쇼펜하우워의 철학은 가장 재미있는 철학이라고 불린다. 동양학 전공자로서 동양철학도 제대로 모르는 놈이 서양 철학에 관심을 갖게 된다.

쇼펜하우워를 이해하려면 칸트를 알아야 한다. 철학자들이 사랑한 철학자 스피노자도 만나게 된다. 니체와 쇼펜하우워도 그를 사랑했다. 스피노자는 라이프니츠랑 묶인다. 쇼펜하우어의 철학을 이어받은 철학자는 니체 이외에도 키에르케고르가 있다. '실존'이라는 이름의 창시자이다. 실존은 하이데거와 사르트르에게로 이어진다. 쇼펜하우워가 늘 씹고 다니던 철학자가 있었으니 바로 헤겔이다. 헤겔은 미학에서도 권위자였다.

당연히 진중권을 읽게 되었고, 그의 책에서 접한 들뢰즈, 푸코, 데리다, 벤야민, 아도르노, 보드리야르 등의 철학을 더 들춰보게 되었다.

쇼펜하우어의 철학이 그대로 녹아들어간 것이 프로이트의 정신분석학이다. 다음 수순은 융과 라캉이다. 융은 조셉 캠벨의 신화학과 연관이 있다. 신화학을 건드렸다면 「황금가지」는 꼭 읽어야 하는 콘텐츠다.

내 개인적으로 우리나라에서 니체를 가장 쉽고 재미있게 설명하는 철학자는 고병권이라고 생각한다. 그는 인문공동체 '수유너머'의 '추장'이다. 그리고 나처럼 연암 박지원을 사랑하는 작가를 알게 되었으니 고미숙이다. 그녀의 저서를 통해 사주학과 동의보감에 대한 정보를 얻는다. '고'추장 고병권은 마르크스도 좋아한다. 경제와 정치철학에도 관심을 갖게 된다. 스타강사 최진기의 경제학과 딴지일보 종신총수 김어준의 무학의 통찰을 만나게 되었다.

문체에서도 느낄 수 있듯 쇼펜하우어는 문학을 사랑하는 감성의 철학자였다. 자신을 문인이라고까지 생각했다. 고집불통, 심술쟁이 철학자가 사랑했던 대문호 괴테를 읽게 된다. 문학에 대한 사랑은 니체가 더 했다. 짜라투스트라를 주인공으로 하는 소설까지 쓰지 않았던가. 밀란 쿤데라의 「참을 수 없는 존재의 가벼움」은 그냥 니체의 철학이라고 보면 된다. 그리고 톨스토이의 「안나 카레니나」와 연결이 된다. 헤르만 헤세는 쇼펜하우어와 니체의 영감을 잇는 작가이다. 「데미안」의 아브락사스 연대기에 감정이입을 할 수 있는 사람이라면, 무라카미 하루키의 「상실의 시대」를 읽을 수밖에 없게 된다. 「상실의 시대」를 읽었다면 「호밀밭의 파수꾼」과 「위대한 개츠비」는 자연스럽게 따라오는 커리큘럼이다.

마침 내가 읽은 「위대한 개츠비」의 번역자가 김영하 작가였다. 본문 자체보다는 옮긴이의 말을 더 재미있게 읽어버렸다. 어떻게 됐겠는가? 나는 '파괴될 권리'를 얻게 되었다. 뒤이어 김연수와 박민규의 존재를 뒤늦게 알게 되었고, 평생 써보리라고 생각지도 않았던 소설에도 손을 대기 시작한다.

우연히 집어든 니체 한 권에서 이렇게 많은 인문으로의 곁가지가 뻗어나게 되었다. 내가 얕은 지식이나마 많은 분야에 관심을 갖게 된 이유는, 단순하다. 처음 출간한 책이 팔리지 않아서였다. 첫 책부터 욕심을 낸 것은 아니었지만, 안 팔려도 너무 안 팔렸다. 그래서 팔릴 것을 기대하며 어쩔 수 없이 이런저런 지식들을 채워나갈 수밖에 없었다. 첫 책이 어줍잖게라도 팔렸더라면, 이런 알량한 지적 허영마저 없었을 것이다. 돈이 될 수 있는 내 고집대로의 글을 썼겠지, 시간을 잡아먹으면서까지 공부를 했겠는가?

자신의 무능을 자각하는 순간엔 절망을 하거나 능력을 욕망하게 된다. 절망만 하고 있는 사람도 있고, 절망 속에서 부단히 능력을 키우는 사람도 있다. 하지만 자신의 무능을 알 기회가 없었던, 자신의 능력으로 아무런 불편 없이 살아온 사람들은 아예 안주하기 마련이다. 그들에게 발전을 기대하기는 어렵다. 능력의 결핍을 느끼는 자들에게만 진화를 기대할 수 있다. 그래서 정말로 잘난 사람들은 겸손할 수밖에 없다. 항상 자신의 모자람만을 느끼며 살아가니까.

데뷔 때부터 각광을 받는 스타보다 오랜 무명을 거친 연기
자들에게 폭넓은 연기를 기대할 수 있는 이유가 그렇지 않을
까? 안되다 보니 될 것을 생각하고, 배역을 가리지 않는 연기
혼으로 삶을 지탱했던 노고가 고스란히 연기로 드러나는 것일
게다. 그러면서도 힘들었던 날들이 남기고 간 교훈을 잊지 않
고 살아가는 겸손한 모습을 대중들은 사랑하는 것이리라.

子云 吾不試 故藝
공자께서 말씀하시길,
나는 세상에 등용되지 못했기 때문에 여러 재주를 익혔다.

스펙을 신경쓰지 말라면서 자신의 이력을 토해내는 성공
한 자들. 그들 또한 얼마나 뼈를 깎는 세월을 보냈겠냐만, 그
래도 우수한 재능이라는 행운 하나만은 가진 자들이다. 그래서
그들은 둔재의 삶을 이해하지 못한다. 왜 스펙이 늘어나야 하
는지를…. 잘 되지 않아서, 어떻게라도 이루어 보려고 하는 노
력에 스펙이 쌓이는 것이란 사실을 모른다. 다 같이 열심히 하
는 취업의 세계, 서류심사와 단 한 번의 면접으로 선발을 결정
해야 하는 입장에서도 그 사람이 구비하고 있는 능력을 판단할
기준이란 게 스펙밖에는 없다. 나도 교직에서 일한 사람치고는
자격증이 많은 편이다. 학교에서 일을 하려고, 월급이라도 받
으려고, 남들과 차별화된 스펙을 쌓았다. 대학원 진학도 어찌
순수한 학문적 의도라고만 할 수 있겠는가? 첫 책이 동양고전

이라서, 학사인 내 포지션이 어정쩡해서 진학을 한 이유가 아예 없지는 않다. 스펙 자체가 내 능력치를 말해주는 가장 가시적인 상징물이 아니던가. 그런데 어찌 저들은 스펙을 신경쓰지 말라는 무책임한 말을 늘어놓고 있는가? 그래 본 적이 없어서일 것이다. 나름 힘들게 살아온 세월을 말하지만, 답답할 정도로 스펙만 쌓여가는 절망은 모르는 것이다.

물론 스펙이란 게 명문대학 편입과 토익점수 높이기만을 말하는 것은 아니다. 그것들만을 가치로 생각하는 젊음들에게도 문제는 있다. 하지만 스펙이란 것은 내가 이만큼 노력하며 살았다는, 이력서의 몇 줄로 채워 넣을 수 없는 삶의 이력이기도 하다. 잘 풀리지 않은 인생이었기에 그 많은 능력을 갖출 생각도 했던 것이다.

'아이가 나비를 잡는 것을 보면 사마천의 마음을 이해할 수가 있다. 앞다리는 반쯤 꿇고, 뒤꿈치를 비스듬히 들고서, 손가락을 집게 모양을 한 채로 살금살금 다가가, 잡을까 말까 주저하는 순간, 나비는 날아가 버린다. 사방을 둘러보면 지켜보는 이가 아무도 없었건만, 홀로 어이없는 듯 웃다가, 부끄럽기도 하고 화가 나기도 하는, 이것이 바로 사마천이 글을 쓸 때의 심정이다.'

연암 박지원이, 「사기史記」를 생동감 넘치는 묘사에만 치중하여 읽는 절친한 벗에게 조언을 한 구절이다. 글을 쓰는 사람들 뿐만이 아니라 모든 크리에이터들이 이 애매모호한 글을 공감할 것이다. 잡았다 싶으면 손가락 사이로 빠져나가는 바람처럼 다시 놓치는 그 무엇, 번갈아 찾아드는 고통과 환희 속에 탄생한 창작물이건만 돌아보면 한없이 부끄러워 다시 길을 잃는 허무함. 그런 의미였을까? 이외수 작가는 당신 생애 최고의 작품은 늘 '다음 작품'이라고 말한다.

　예술가들의 열정은 불완전에 대한 아쉬움으로 느끼는 결핍이 그 원동력이라고도 할 수 있다. 우리의 삶 역시 그러하지 않을까? 비어 있는 공간들이 서로 맞물려 돌아가는 톱니바퀴처럼, 부족함의 역동성은 그 자체로 꿈과 희망을 향해 가는 안정성이기도 한 것이다. 완벽으로부터는 아무 것도 나오지 못한다.

둔재들의 합창

나면서부터 아는 사람이 최상이고, 배워서 알게 된 사람이 그 다음이고,
곤궁함에 처한 뒤에 배운 사람이 또 그 다음이다.
곤궁함을 경험하고도 배우지 않는 사람은 최하급이 된다.

서울대 출신 강사진이 학생들을 더 잘 가르치는 것만은 아니다. 그들에겐 애초부터 학습 능력이 뛰어난 학생들이 몰리는 경우가 많다. 오히려 공부를 못하는 학생들이 뭘 모르고 있는지에 대해서는 알지 못하는 경우들이 더러 있다. 왜? 자신들로서는 왜 이해를 하지 못하는지 이해하지 못하기 때문이다. 대체로 공부를 잘하는 학생들은 공부를 못하는 학생들을 이해하지 못한다. 그렇다고 공부를 잘 못하는 학생들이 부모를 괴롭히고자 작정하고 공부를 못하는 것도 아니다. 자신도 나름의 최선을 다했는데, 그것밖에 안 되는 것이다.

하지만 누군가는 둔재의 영역에 남을 수밖에 없는 것이 당연한 일이기도 하다. 어차피 정원이 결정되어 있는 명문대에 수험생 모두가 진학할 방법도 없을 뿐더러, 그렇게 되면 명문대 자체가 존재할 수가 없고, 된다 하더라도 또 다른 명문의 범

위로 갈라지고 쪼개질 것이다. 누군가는 떨어져야 하고, 누군가는 2등이 되어야 한다. 그래야 당신이 명품이 될 수 있는 영역도 존재할 수 있는 것이 아니겠는가.

生而知之者上也 學而知之者次也
困而學者又其次也 困而不學民斯爲下矣
나면서부터 아는 사람이 최상이고, 배워서 알게 된 사람이 그 다음이고, 곤궁함에 처한 뒤에 배운 사람이 또 그 다음이다. 곤궁함을 경험하고도 배우지 않는 사람은 최하급이 된다.

수많은 명강사들과 성공한 이들이 청춘에게 조언하는 성공과 희망의 레시피들. 하지만 '성공하려면 누구처럼'이라는 단서의 그 '누군가들'이 평범한 인생들과 같은 출발점에서 시작했는지 비교해 본다면 그렇지 않은 경우들이 태반이다. 비교적 좋은 환경에서, 뛰어난 선천적 능력으로 이루어낸 성공이 대부분이다. 그들에게라고 어찌 절망과 좌절이 없었고, 피나는 노력이 없었겠는가만 평범한 사람들이 감내하는 절망과 좌절 앞에서는 차라리 '누려보고 싶은 욕망'이기도 하다.

'이건희처럼', '정몽구처럼', 과연 그들의 출발점이 우리와 같았을까? 아니다. 다르다. 주어진 재력과 지위가 애초부터 달랐다. 빌 게이츠와 스티브 잡스가 평범한 젊음들과의 출발점이 같았을까? 아니다. 다르다. 애써 스스로를 둔재라고 표현하며 겸손한 모습을 보이지만, 그들은 사고력과 실천력이 일반인에 비해 월등히 앞선다는 사실을 우리는 모르지 않는다.

그들이 말하고 있는 것들은 진리일지 모른다. 그들의 말에 귀를 기울여야 함도 당연하다. 그러나 방향과 방식이 그들과 같더라도, 이루어 내는 시간과 노력의 양이 같지는 않을 것이다. 그들보다 더 많은 시간과 노력을 전제로 수고한들 그들과 같은 성과를 기약할 수 있는 것도 아니다. 이미 다른 전제들이 같지 않기 때문이다. 그렇기에 그들보다 더 많은 것을 배우기 위해 더 처절하고 무모할 정도로 견뎌내야 한다.

하지만 대부분은 자신이 둔재라는 사실만을 인정하고 주저 앉는다. 천재로서의 가능성을 점쳐볼 수 있는 시도도 노력도 하지 않는다. 둔재로서의 삶을 기꺼이 수긍하고 받아들인다. 수긍했다고 해도 불평불만은 계속 된다. 자신이 원하는 삶을 누리지 못하는 것은 모두 세상 탓이고, 자신의 힘으로 할 수 있는 것들은 아무 것도 없다고 스스로를 설득한다. 그리고 도전은 엄두를 내지 않는다. 지금의 삶이 그나마 편하기 때문이다.

다시 한 번 말하지만 '스펙을 신경 쓰지 말라!'는 멘토링은 다소 무책임한 발언이다. 그리고 이런 멘트를 꼭 명문대 박사 출신들이 한다는 것도 진정성이 의심스럽다. 스펙으로 뻔히 결판이 나는 취업시장에서 어찌 스펙에 신경을 쓰지 않을 수가 있겠는가. 더군다나 둔재라면 남들보다 더 많은 경력으로 이력서를 채워야 그나마 심사자들 눈에 보일 수가 있을 것이다. 스펙에 신경 쓰지 말라고 조언하는 이런 멘트의 화자들도 자신들이 지닌 스펙이 아니었다면 발언의 기회가 허락되지 않았을 것이다.

그러나 냉정히 따져보자면, 멘토들의 조언과 위로보다는

그들의 멘토링에 적극적이고 과도하게 몰입하는 둔재들의 착각에 더 큰 책임이 있다. 스스로가 스펙의 승부에 합류를 했으면서 이력을 쌓는 시간을 고통이라고 생각하며, 사회의 구조적 모순에만 책임을 묻고 성토하고 푸념하는 태도 역시 이해받기 어렵다. 왜 굳이 자신이 둔재로 불릴 곳에서, 자신이 감당할 수 없는 방법론으로, 그토록 방황을 하고 있는지에 대한 성찰이 앞서야 하지 않을까?

구조와 모순에 대한 성토는 그 다음 순서이다. 어찌 빌 게이츠의 삶만 성공이고, 스티브 잡스의 삶만이 희망이겠는가? 자신의 영역에서 일가를 이룬 수많은 무명의 성공과 희망들이 우리 주변에는 널려 있다. 자신에게 맞는 길인지는 자문하지 않고 통념을 욕망하고 있다 보니 그들이 보이지 않는 것이다.

다른 히어로들과 비교해보면 스파이더맨의 스펙은 조금 초라한 구석이 있다. 돈이 많아서 첨단의 장비를 구비할 수 있는 것도 아니고, 감마선을 다루고 아이언 슈트를 만들어낼 정도로 똑똑한 머리를 갖고 있지도 않다. 초인이라고 하기에는 거미줄의 탄성 하나만 믿고 도시를 누비는 히어로의 일상은 조금 번거롭고 피곤해 보이기도 한다. 무기 한 자루 없이 몸뚱아리 하나로 버텨내지만, 그 근력 또한 상상을 초월할 정도는 아니다. 그저 정의라는 명분으로 빌딩 숲 여기저기를 넘나드는 그가 밀림의 왕자 타잔보다 나은 점은, 자신을 지탱해주는 덩굴 줄을 스스로 생산해 낸다는 정도이다.

그러나 대중들이 다른 어떤 히어로들보다 스파이더맨에게

애착을 느끼는 이유는 그가 날지 못하기 때문이란다. 어차피 허구로 돌아가는 스토리임을 알면서도 대중들은 그나마의 현실적인 공감을 찾는다고… .

"큰 힘에는 큰 책임이 따른다."

비명에 죽어간 삼촌의 말을 늘 가슴속에 되새기며 뉴욕을 지켜내는 영웅이지만, 신문사의 정식직원이 되기 위해 자신의 활약상을 사진기에 남겨 국장에게 머리를 조아리고, 각종 아르바이트로 연명해나가는 삶은 사랑도 쉽지가 않다. 큰 힘을 지니고서도 자신의 생계 하나 책임지지 못하는 찌질이 궁상의 청춘. 우리도 익히 알고 있는, 남들에게 보여주고 싶지 않은 우리의 초라한 모습들이다. 그래서 우리는 스파이더맨을 더욱 사랑할 수밖에 없는 것이 아닐까?

저 높고 푸른 하늘을 탐하지만 어차피 우리에겐 비행의 능력이 없다. 슈퍼맨의 망토를 욕망해봤자, 그 활공술의 비밀이 망토에 있는 것도 아니지 않던가.

우린 거미줄로 움직여야 한다. 조금 더 오래 걸리고, 조금 더 힘들 것이다. 그러나 우리에게도 히어로의 가능성은 열려 있다. 우리가 이루어 냈을 때, 세상은 우리의 낡은 거미줄에 더 값진 찬사를 보내 줄 것이다. 나와 같은 네가 이루어낸 결과이기 때문이다.

사라지면 비로소 보이는 것들

라이프니츠가 물었다.

"왜 존재하는 것은 존재하고 차라리 무가 아닌가?"

질문 자체가 이해가 가지 않는데, 이 질문에 관심을 가지고 진지하게 대답을 내놓은 후학들이 많다. 그 중 한 명이 하이데거이다. '존재는 무無'란다. 대답도 이해가 가지 않기는 마찬가지이다. 한글 하나 없이 적혀 있는 수학 문제를 풀고 앉아 있는 수학과 학생들은 차라리 자신들만의 기호들을 인지하고 있다손 쳐도, 우리나라 말로 번역해 놓은 문장이지만 아무리 읽어봐도 이해가 가지 않는다. 그렇다고 자신의 소양을 탓할 필요는 없다. 독일 사람들은 하이데거의 저서들이 언제쯤 독일어로 번역이 될지 궁금해 하고들 있다는데, 참고로 하이데거는 독일 사람이고, 그는 분명 독일어로 책을 썼다. 하이데거의 철학은 그만큼 독일 사람들에게도 어려운 독일어이다.

샤르트르는 자신의 상징이라고 할 수 있는 저서의 제목으로 이 문장을 차용한다. 바로「존재와 무」이다. 순금은 아무런 불순물이 섞이지 않은 무로 증명되듯, 순수한 존재는 아무런 판단과 의도가 끼어들지 않는 상태에서만 드러난다. 판단과 의도가 없기에 개념으로도 존립할 수 없는 순수존재는 무의 상태나 마찬가지이다. 깃발이 움직이는 것도 아니고, 바람이 움직이는 것도 아니고, 너의 마음이 움직이는 것이라는 불교의 유식론唯識論과 비슷하다. 사물 그 자체를 인식하는 것이 아니라 이미 마음이 투영된 허상을 인식하고 있다는 것이다. 대중가요의 가사로 풀자면 '나에게 아무런 의미가 될 수 없는 것들은', 그냥 없는 것이나 마찬가지란 소리다.

왜 이런 어려운 논의가 필요한 것일까? 인간은 자신 혹은 자신이 속해 있는 집단의 가치에 의해 굴절된 시각으로 모든 것을 판단하기 때문이다. 샤르트르는 이런 무를 자유라고 표현한다. 기존 가치들로부터 자유로워진 뒤에야 찾아오는 통찰, 무無는 없음이지만 그 동안은 볼 수 없었던 무언가를 볼 수 있는 시야가 확보된 유有이기도 한 것이다. 실존철학에서 이른바 무화無化라고 부르는 작업이다. 혜민스님의 표현을 빌리자면, '멈추면 비로소 보이는 것'들이다.

歲寒然後 知松栢之後彫也
세월이 추워진 뒤에야
소나무, 잣나무가 늦게 시듦을 안다.

있는 줄도 몰랐는데, 모든 것이 사라지고 난 뒤에야 그것이 있었음을 알게 되는 것들이 있다. 밝은 태양이 사라지고 나서야 비로소 보이는 어둠 속의 별빛들처럼, 겨울이 오고 나서야 신록과 단풍에 가려져 있던 상록이 눈에 들어온다. 어려운 시절을 맞닥뜨리고 나서야 진정한 벗들이 보이기 시작하고, 멈춰지고 나서야 멈추지 않았을 땐 간과했던 소중한 것들을 깨닫는다. 아이러니는 사라지고 나서야 내게서 사라질 무언가가 거기에 있었음도 안다는 사실이다. 사라졌기에 사라지지 않은 무언가를 볼 수 있는 혜안도 트일 수가 있다. 사라졌기에 지혜롭지 못한 나 자신이 적나라하게 드러나는 것이기도 하다.

인생의 무화는 자신의 존재를 깨닫게 해준다. 그래서 삶에 대한 깊은 통찰은 모든 걸 앗아가는 절망과 함께 찾아온다. 둘 곳 없는 시선은 비로소 나 자신에게로, 내 곁에 남아 있는 진정성들에게로 향하게 되는 것이다.

이 구절에서 유추할 수 있는 또다른 존재와 무가 있다. 겨울이 오고 나서야 내가 상록이었다는 사실도 비로소 깨달을 수가 있다. 누리고 있던 안락함이 무화되는 순간, 그동안 모르고 있었던, '닥치면 누구나 다 하게 되는' 내 존재의 강인함을 깨닫는다. 절망은 모든 것을 무너뜨린다. 그러나 무너졌기에 그 너머의 보이지 않던 것들이 보이기도 한다. 절망이 다가오기 전에는 한 번도 들추어보지 않았던 가능성들이다. 그래서 절망을 절망으로만 바라보지 않는 혜안은 절망 속에서만 길러진다. 무너진 절망의 크기는 그만큼 넓어진 가능성이기도 한 것이다.

있음은 없음을 전제로 존재할 수 있는 개념이다. 있음의 자체가 없음을 전제하고 있고, 없음이 없으면 있음이라는 개념이 있을 수 없는 것이다. 노자의 표현을 빌리자면 '서로 기대어' 있는, 서로에게 잠재되어 있고, 상감象嵌되어 있는 상태이다. 그래서 있음은 곧잘 없음으로 인해 발견이 되곤 한다. 무언가에 가로막힌 후에야 그 너머를 보기 위한 높이의 필요성을 깨닫고, 도약의 능력을 지닐 생각도 하게 된다. 넓이의 방해물이 있고 나서야 내게 뛰어 건널 수 있는 각력이 있었음을 알고, 깊이 빠지고 난 후에야 기어 나올 수 있는 악력이 있었음을 알고, 절벽 앞에 놓인 후에야 내게 날개가 있었음도 안다. '멈추면 비로소 보이는 것들', 길이 사라진 곳에 멈춰선 후에야, 그전까지 살펴보지 않았던 다른 길이 보이기 시작한다.

상처는 내 의지의 방향으로 나아가다 아픔으로 멈춰버린 흔적인 경우가 많다. 내가 움직이지 않았던들 상처받지 않았으리라. 사랑하지 않았던들 상처받지 않았으리라. 절망 역시 언젠가는 내 의지의 방향이었다. 우리의 의지가 꺾이는 시점서부터를 절망이라고 하지 않던가. 아이러니는 희망이란 놈 역시 절망의 시점에서 등장한다는 사실이다. 상처난 곳을 피와 진물이 메워 아물게 하듯, 절망으로 무너진 내 의지를 희망이 메워준다.

절망이 전제되지 않은 상황에서의 바람은 욕망이지 희망이라 부르지 않는다. 희망이 실현되는 순간부터 그것은 더 이상 희망일 수가 없듯, 우리가 희망이라고 부르는 것들을 체험할 수 있는 곳은 오직 절망 속에서일 뿐이다. 희망이 세상의 빛을 보기 위해 먼저 '판도라의 상자'가 열려야 했던 것이다.

삶도 모르면서 죽음을 알려 하는가?

사람도 능히 섬길 줄 모르면서 어찌 귀신을 섬기며,
삶도 다 모르면서 죽음을 알려 하는가?

인류는 미리 경험해볼 수도, 알 수도 없는 죽음에 대해 끊임없는 질문을 던져왔다. 죽기 전까지는 결코 알 수 없는 것들에 대한 질문에, 살아 있는 종교인들과 철학자들은 대중들의 불안을 달래주기 위한 대답을 내놓을 수밖에 없었으니 바로 내세와 이데아이다. 하지만 삶보다는 죽음 이후의 시간에 포커스가 맞춰지기 시작하면서, 마르크스의 말마따나 '천상의 법이 지상의 질서를 지배하는' 형국이 되어버렸다. 이 말을 뒤집어 생각해 보면 저 너머의 무엇으로 인해 이곳의 도덕이 유지되고 있는 것이기도 하다.

그러나 인류가 애초에 그곳을 설정한 이유는 결코 죽음 이후의 시간이 아닌 '지금 여기'에서의 삶이었다. 당장에 증명도 되지 않은 저 너머의 무엇을 위해 지금 여기를 제대로 살아가지 못하는 인생들, 누구도 알지 못하는 그 시간을 향한 과도한 열망으로 인해 신께서 살아보라고 내려주신 삶의 시간을 단지 죽음을 위해 소진하고 있는 사람들, 그들에겐 이곳과 저곳의 목적이 전도가 되어 있다. 그래서 전도사라고 부르는 것일까?

신의 프로젝트가 한낱 인간에 의해서 밝혀진다면 우리는 그만큼 불완전한 신을 믿고 살아가는 것에 불과하다. 과연 신이 그리도 허술한 존재이겠는가? 니체의 주장처럼, 인간들은 자신들의 생각대로 신을 만들어냈고, 자신들의 필요에 의해서 신의 속성을 부여하는 불경을 저지르고 사는 셈이다. 신의 모습대로 인간이 창조된 것이 아니라, 인간의 모습대로 신을 창조해 낸 것이다.

니체에 의해 죽음이 선포된 신은 인간이 절대로 알 수 없는 절대적 존재가 아니라 한낱 인간의 상상력이 빚어낸, 기독교를 믿어야만 천국의 문을 허락하시는 신이었다. 인간으로서 알 수 있는 가능성의 세상도 우리는 다 알지 못하고 산다. 그러면서 신을 말하고 죽음을 말하니, 칠흑의 어둠 속에서 자욱한 안개를 걱정하고, 사약을 마셔본 경험이 있다며 사약의 맛을 설명하고 있는 꼴이다. 신이 보시기에도 이 얼마나 우스운 작태이겠는가? 그 어리석음을 딱하게 굽어보고 계실 것이다.

未能事人 焉事能鬼 未知生 焉知死
사람도 능히 섬길 줄 모르면서 어찌 귀신을 섬기며,
삶도 다 모르면서 죽음을 알려 하는가?

천국과 극락, 그곳은 정말로 존재하는 것일까? 동양의 사고처럼 그저 다시 기氣로서 흩어지는 것뿐이라면, 가장 억울한 사람들은 인간으로서의 기본적 욕망까지 절제하면서 신에게 인생을 헌납한 수녀님과 신부님들이 아닐까? 하지만 그분들이 그것에 대한 일말의 고민이 있었다면 이미 환속을 했을 것이다.

공자도 사후세계와 신을 부정하지는 않았다. 인간으로서 알 수 없는 영역을 무지로 겸허히 끌어안았을 뿐이다. 알 수 없는 것들에 상상의 나래를 펼치는 대신 알 수 있는 것에서부터 성심을 다 하자는 이야기다. 알고 있다고 생각하고 있는 것들을, 과연 정말 다 알고 있는 것인가에 대해 묻고 있는 것이다.

삶도 제대로 보지 못하는 어두운 눈으로 천국을 보려 하는가? 함께 살아가는 사람들도 이해하지 못하는 좁은 마음에 신을 담았다고 자부하는가? 인간은 신이 내린 세상도 다 알지 못하면서, 인간의 방식으로 신을 이해하려고 한다. 남의 신앙을 밟아가면서까지 자신들의 신앙만을 고집하고, 자기들 방식으로 기도를 해야 갈 수 있는 천국이라면, 그곳은 과연 신이 만든 곳이겠는가? 인간이 만든 곳이겠는가? 당신은 신을 믿고 있는 것인가? 당신 자신의 신앙을 믿고 있는 것인가? 신도 답답한 마음으로 슬퍼하고 계시리라. 천사여, 울지 마소서. 자신들이 하는 짓을 알지 못함이니이다.

이유가 있어 내리신 삶이 아니던가? 그가 바라는 것이 독실한 종교이겠는가? 성실히 살아가는 삶이겠는가? 내리신 순간순간을 열심히 살아가는 것이야말로 신앙이고 종교가 아닐까? 적어도 공자에겐 삶 자체가 신앙이고 종교였다.

예수 그리스도께서도 말씀하셨다.

　"기다린다고 오지 아니하니, 여기 있다 저기 있다 할 것이 아님이라. 아버지의 나라가 지상에 펼쳐져 있으나 사람들이 그것을 보지 못하느니라".(도마복음 113절)"

　탈속의 철학들은 공자의 현세주의를 세속적이라고 비판하기도 하지만, 어차피 그들의 주제도 세속에서의 자유였다. 따지고 보면 도가와 불가의 탈속적 분위기 역시 궁극적으로 말하고자 하는 것은 인간의 삶이 아니던가?

　달에 착륙한 우주비행사들이 깨달은 것이 달의 신비가 아니라 지구의 아름다움이었다고 하듯 속세를 벗어나 탈속에 빗대어 깨닫는 속세일 뿐이다. 윤회라는 것도 '지금 여기'에 방점이 찍히는 영원회귀일 뿐이다. 공자의 관심사도 세속의 존재들이 살아가는, 세속에서의 삶이었을 뿐이다. 세상에 존재했던 모든 성현들이 말하는 주제 역시 인간의 삶이었다. 그리스도의 정신이 인류의 가슴에 아로새겨진 이유는, 그 죽음과 부활이 신비해서가 아니라 인간의 육신에 머물러 있는 시간 동안 행하신 한 인간으로서의 위대한 삶 때문이다.

천지불인

나는(丘) 기도한 지가 오래이다.

미야자키 하야오의 「원령공주」, 숲의 정령인 시시가미(사슴신)는 숲의 생과 사를 관장하고 있으면서도 죽어가는 것들에게 그 어떤 관용도 베풀지 않는다. 그저 죽음을 거두어들일 뿐이다. 또한 살아 있는 모든 것들의 생명을 일부러 빼앗지 않는다. 그래서 숲을 위협하는 인간들의 욕망에도 관여를 하지 않는다.

하지만 도를 넘어선 인간의 욕심이 시시가미의 목을 베기에 이르자, 숲의 정령은 숲과 인간 모두를 파괴하기 시작하고. 주인공인 아시타카와 원령공주의 노력 끝에 시시가미는 다시 얼굴을 되찾고, 자신이 파괴했던 숲을 자신의 희생으로 다시 되살려 놓고 사라진다.

남자 주인공 아시타카의 마지막 대사에서 미야자키 하야오의 철학을 고스란히 느낄 수가 있다.

"시시가미는 죽지 않았어. 시시가미는 생명 그 자체니까."

스피노자에 의하면 창세기의 천지창조는 모순을 지니고 있다. '만물'이란 것은 잴 수 없이 큰 범위이지만, 어쨌거나 그조차도 인간 인식 내의 범위이다. 절대적인 존재가 시간에 따른 성찰로 인해, 필요한 새로운 것들을 만들어 냈다면 신이란 이름을 스스로에게 허락하지 않았을 것이다. 노자가 바라본 자연의 개념도 이와 비슷하다. 동서양의 두 '노자'가 바라본 신의 개념은 인격을 가진 존재가 아닌 자연 그 자체, 그 자신이 자연의 섭리인 존재, 생명 그 자체인 인문적 신이다. 동양정신의 기초가 되는 전제이기에 공자의 하늘도 별반 다르지는 않다.

한문학에서 자주 사용되는 하늘과 땅에 대한 찬양은, 세상을 덮고 이고서 만물을 키워낸다는 표현이다. 실상 그들에게는 덮고, 이고, 자라게 할 의지가 전혀 없다. 그저 항상 그 자리에 변함없이 있어줄 뿐이다. 덮여 있는 것 모두가 하늘을 마시며 공간을 빌려 저 스스로 자라나는 것이고, 얹혀 있는 것 모두가 땅을 영양 삼고 터전을 빌려 저 스스로 자라나는 것이다.

노자가 이르길, '천지불인天地不仁, 자연은 인자하지 않다.'

길 옆의 이름 모를 풀 한 포기도 자기의 온 에너지를 다해 살아간다. 꽃이 피는 것이 아니라 꽃을 피워내는 것이고, 열매가 맺히는 것이 아니라 열매를 맺어내는 것이다. 계절이 다가와 저절로 그러하는 것이 아니라 스스로 그러해야 할 계절을 기다릴 뿐이다. 때를 따르는 것이 아니라 때를 이용하는 것이다. 꽃이 사람들의 눈을 즐겁게 하기 위해 아름답게 피어 있었겠는가? 열매가 사람들의 입을 즐겁게 하기 위해 탐스럽게 맺혀 있겠는가? 모두가 자신의 목적을 관철시키고자 저 자신의 의지와 선택으로 그렇게 피워내고 맺어내는 것뿐이다.

쇼펜하우어에 의하면, 동물에게 애초부터 눈이 있어 볼 수 있었던 것이 아니라 보기 위해서 눈이 그 모양으로 만들어진 것이다. 귀가 있어 들을 수 있었던 것이 아니고, 듣기 위해 귀가 그 모양으로 만들어진 것이다. 진화는 결핍을 향한 의지의 결과이다. 만물의 원인은 신일 수는 있지만 신이 만든 결과가 만물은 아니다. 물고기에게 물은 생명의 근원이지만 물 자체가 물고기란 결과를 낳은 것이 아니라 물고기의 선택이었을 뿐이다. 신은 시간과 공간만을 제공할 뿐, 모든 것은 만물의 선택과 의지이다. 신은 자신의 의도대로 돌아가는 세상을 원하지 않는다. 삶을 향한 만물의 의지를 지켜보실 뿐이다.

당신은 힘겹게 먹이를 이고 가는 개미들의 행렬 앞에 놓인 장애물을 치워주고 싶은 생각이 들던가? 당신은 텅 빈 거미줄에 먹이를 걸어줄 생각을 해본 적이 있는가? 그보다는 미물들이 살아가는 생존의 방식을 신기한 듯 넋을 놓고 바라보고 있었을 것이다. 신의 시선 역시 그렇지 않겠는가? 저 미물들도 스스로를 믿고 살아가는데, 만물의 영장이라고 하는 우리 인간은 어떠한가?

스피노자는 말한다.

'신은 우리가 할 수 없는 것이나 욕망하지 않는 것을 제외하고는 아무 것도 금지하지 않는다.'

그저 너 스스로 일어날 수 있도록 너의 의지를 들어주는 것뿐이다. 돕는 것이 있다면 스스로 이룰 능력을 키울 수 있는 무한한 시간과 공간을 제공할 뿐이다. 신은 기적 같은 것을 행하

지는 않는다. 기적을 만들어 낼 수 있는 기회와 능력을 주실 뿐
이다. 모두가 당신 스스로 이루어 낸 것들이다. 그리고 그것이
하늘이 당신을 돕는 방법이다. 과거의 자신으로 지금을 바라보
기 때문에 그것이 기적으로 느껴질 뿐, 현재의 당신에겐 그것
을 가질 충분한 자격이 있는 것이다.

간절한 기도에도 무심한 하늘이 있다면, 당신의 꿈을 담기
에 아직 당신의 그릇이 작은 것이다. 기도를 들어주신다한들
태반은 그릇 밖으로 버려지고 말 것이다. 당신의 꿈을 담을 수
있는 크기가 될 때까지 기다리라 하심이다. 신은 당신의 기도
를 들어주신다. 단지 그저 들어주실 뿐이다. 그리고 당신의
기적을 지켜보시리라. 그것이 신의 프로젝트인 인간의 삶이다.

丘之禱久矣
나는(丘) 기도한 지가 오래 되었다.

공자가 병이 났을 때 제자인 자로子路가 신에게 기도를 드
릴 것을 권하자 공자가 한 대답이었다. 공자의 기본적인 신관
은 경이원지敬而遠之, 공경하되 멀리하는 것이다. 신을 존중해
야 함을 인정하지만, 신에게 너무 얽매이지는 말라는 것이다.
인간으로서의 삶에 충실을 기한 후에 하늘의 뜻을 기다리라
것, 바로 진인사대천명盡人事待天命의 모토이다.

하늘을 믿지만 하늘에 의지하고자 하지는 않았던 공자였
다. 병든 자를 위해서 하늘에 기도를 드리는 것은 안쓰러운 마
음을 가눌 길이 없어 행하는 자연스런 정성이지, 기도의 효력

을 바라고 하는 것은 아니다. 또한 병을 이겨내고자 하는 병자 자신의 의지가 발현된 것일 뿐, 죽고 사는 문제가 전적으로 기도에 달린 것은 아니다. 안수기도만으로 모든 병이 낫는다면, 신은 애초부터 이 땅에 의술을 내리지 않았을 것이다.

인간은 불안을 이유로 신을 만들어냈지만, 결국 또 그 신을 통해 인간 스스로 불안을 헤쳐 나가고 있는 셈이다. 기도라는 것도 그 자체로 자신에 대한 반성이고 다짐이다. 신에게 의탁을 하는 방법으로 자신의 의지를 불태우고 있는 것이다. 신이 날 인정해 주는 것이 아니라 내가 스스로 내 존재를 입증하는 것이, 신이 이 삶을 내리신 이유가 아닐까? 너 스스로 이루어가라 하심이다.

기적은 기적처럼 다가오지 않는다. 그래서 우리는 수많은 기적이 스쳐지나갔는지도 모른 채로 항상 기적을 기다리며 살아간다. '우연'이 너를 만나 이루어 낸 필연, 그것이 '나'라는 기적이다.

운명 앞에 선 단독자

"반복을 사랑하는 자는 자신의 유한함을 잘 알기에 무한과 겨루지 않는다.
무한을 잠시나마 잡아보려고 무익하게 싸우는 대신
스스로가 무한의 일시적 표현이었다는 데 만족한다."

천사가 아브라함에게 다가와 이삭을 제물로 바치라고 명령했을 때, 아브라함은 인간적인 갈등을 겪는다. 하지만 쥐고 있던 칼날은 이삭의 심장을 향해 있다. 키에르케고르는 이 상황을 인간의 도덕적 갈등을 넘어서 신에게 모든 것을 맡기는, 신앙적 몰입으로 해석을 한다. 그 유명한 '신 앞에 선 단독자'의 상태이다. 물론 이 전제는 기독교가 변질시켜온, 니체에 의해 죽음을 선고받은, 기독교의 권위로 일관하는 신을 부정하는 것이다.

하지만 사르트르는 묻는다.

"한 천사가 아브라함에게 그의 아들을 제물로 바치라고 명령했다. 이때 그에게 와서 너는 아브라함이니 너의 아들을 제물로 바치라고 말한 것이 천사라면 아무 문제가 없다. 하지만 각자는 이렇게 자문해 볼 수 있다. 우선 그것이 정말 천사일까? 내가 정말 아브라함일까? 무엇이 내게 이것을 증명할 것인 가?"

　믿음을 보이라며 자식을 바치라고 명령하는 신이 과연 정 말 인간을 사랑하는 신일까? 신과의 믿음을 위해 자식에게 칼 을 들이대는 자신은 아브라함이 맞을까? 혹시 내가 정신병을 앓고 있는 환자는 아닐까? 내심 멈추라는 신의 명령을 기대하 고 있다면 그것은 믿음이 아니라 한 바탕의 쇼에 불과한 것이 아닐까? 정말로 사랑하는 자식을 죽여야 하는 것일까? 내가 자 식을 죽이지 않으리라는 사실을 신은 모르고 있는 것일까? 그 렇다면 신은 절대적 존재가 아니란 말인가?

　사르트르가 보기에 신이 원하는 것은 차라리 아브라함의 주체적인 인간상이었다. 네가 의지하고 있는 바에 대해 의심을 품어보는 것, 네 지평 속의 신은 결코 내가 아님을 깨닫길, 너 스스로의 결단을 믿길 바라는 신의 시험이었다.

　어떻게든 힐링과 긍정으로의 귀결을 달성해야 한다는 강박 을 지니고 있는 듯한 절망에 대한 의미 부여, 어쩔 수 없이 그 것을 진리로 믿고 암담한 절망 속을 살아가면서도 믿음의 깊이 만큼으로 파고 들어가는 의심, 내가 겪고 있는 절망이 과연 영 광을 이루어낸 자들이 말하는 절망과 같은 절망일까? 내가 그 런 절망에 어울리는 사람일까? 내게도 영광이란 것이 허락될 수 있을까?

　미운오리새끼는 어느 날부터 자신이 다른 오리들과 다른 존재임을 깨닫는다. 내심 백조의 가능성도 점치고 있다. 아니 백조여야만 한다. 그래야만 그동안의 설움을 씻어버릴 수 있

다. 하지만 겁이 나는 것은 정말로 단지 미운오리새끼에 불과
한 자신을 확인하게 될 것 같은 어느 날이다. 이 절망은 과연
신의 복음일까? 내가 과연 절망의 아브라함일까?

하지만 내가 할 수 있는 다른 선택이 있었다면 굳이 절망이
라고 부르지도 않았을 것이다. 내게 다가온 운명을 믿고 나아
가는 수밖에 별다른 도리도 없다.

文王 旣沒 文不在玆乎, 天之將喪斯文也 後死者 不得與於斯文也
天之未喪斯文也 匡人 其如予何

주나라 문왕이 이미 돌아가셨으니, 이 문文이 나에게 있지 않겠는
가? 만일 하늘이 이 문文을 없애려 하셨다면 뒤에 죽는 사람이(공자
자신) 이 문文에 참여하지 못하였을 것이다. 그러나 하늘이 이 문文을
없애려 하지 않으셨으니 광匡 땅의 사람들이 나를 어떻게 하겠는가?

공자가 제자들과 함께 광匡이란 곳을 지날 때, 그 지역 사람
들에게 공공의 적으로 몰려 포위를 당했다. 공자의 외관이 그
지역에서 양아치로 활동하고 있었던 양호陽虎라는 인물과 너무
도 닮았기 때문이라고 한다. 위에 적은 글은 그 위기를 당하여
서도 침착한 어조로 담담하게 내뱉은 공자의 술회이다.

문왕은 공자가 찬양했던 주공周公과 주나라를 천자天子의
국가로 만든 무왕武王의 아버지이다. 원래 왕이 아닌 제후의
지위였으나, 자식이 왕이 되어 왕으로 추존된 인물이다. 성경
으로 치면 이삭을 낳은 아브라함의 포지션 정도라고 생각하면
된다.

학창시절 국사시간에 얼핏 들었던 사문난적斯文亂賊의 '사문'의 어원이 되는 구절이다. 현대 중국어에서의 斯文〔siwen〕은 우아하다, 고상하다, 문화, 문인 등의 뜻이다. 斯는 지시대명사로서 this의 뜻이다. 문文은 현대어로 광의의 'text'이다. 'This text', 번역의 입체감이 같지는 않더라도, 공자 자신의 정체성이 되고 있는 사상이라고 할 수 있겠다. 주자朱子의 해석에 의하면 공자가 스스로의 철학을 표현한 겸손의 어휘라고 한다. 후학들에 의해 공자를 상징하는 키워드가 되었고, 후대의 유학들이 다른 사상들보다 철학사의 주류가 되기 위해 내세운 명분이기도 하다. 특히나 조선의 사대부들에겐 성리학 이외의 것들을 성리학의 당위성으로 진압하던 명분, 능지처참陵遲處斬이란 단어부터 떠올리게 하는 서슬 퍼런 캐치프레이즈였으나 그 어찌 공자의 참뜻이었겠는가.

공자에게도 운명은 우연적인 것이었다. 하지만 그 해석적 방법론은 우연에 새겨진 필연적 요소들을 읽어내는 것이었다. 하늘이 시간을 더 허락해 준다면 더 공부를 하겠다고 했을 정도로, 공자는 「주역」이란 텍스트를 사랑했다. 「주역」의 원리는 뽑은 점괘가 자신의 운명이라는 것이 아니라 자신의 운명이 그 점괘를 뽑게 한다는 논리이다. 나에게 속한 여러 우연의 가능태 중에 내가 선택한 우연이 곧 운명이라는 것이다. 우연과 불확실에 앞서 있는 것은 언제나 자아이며, 자신의 의지가 운명의 점괘가 된다는 이야기다. 정신의학자 칼 융은 이런 철학적 운명론에서 공시성이란 개념을 착안한다. 마음은 현상보다 앞서 있다는 것이다. 생각대로 이루어지는 것이 아니라 이루어질 것을 먼저 예지하고 있다는 것이다.

　당신의 의지가 곧 하늘의 의지이다. 신은 인간의 의지만큼 자신을 허락한다. 하늘은 스스로 돕는 자를 돕는다고 하지 않던가. 운명은 이미 주어진 것인지는 몰라도, 그 운명을 완성하는 것은 순간순간의 능동적 선택에 의해서이다. 그래서 공자는 하늘에게 운명을 맡기면서도, 자신의 능동적 선택에 하늘이 함께할 것을 의심치 않았던 것이다.

　키에르케고르 철학의 키워드는 절망이다. 그리고 그 절망을 설명하는 다른 키워드는 불안과 반복이다. 키에르케고르의 철학을 제대로 이해한다고 자신 있게 말할 수는 없지만, 지적 허영보다는 내 절망에 대한 힐링 에세이로 읽었기 때문에 애착이 많이 가는 텍스트이며 인용도 많이 하고 있다. 시대의 요구상 절망은 언제나 희망으로 귀결되어야 하는 것이 당연하지만, 키에르케고르도 궁극적으로 희망을 말하기 위해 절망을 설명을 하고 있다. 나는 그것을 내 방식대로 풀어 쓰는 것뿐이다. 일종의 오마주, 아니 샘플링이라고 해야 하나?

　원고를 쓰는 와중에 한 지인이 출간한 「논어」에 관한 책에서 나는 이 실존철학을 문학적으로 표현한, 개인적으로는 큰 여운이 남았던 글귀를 발견했다.

　"삶이 진정으로 의미 있을 때는 그것이 미지수였을 때이다. 완결되지 않은 미래로 열려 있을 때, 인생은 무엇으로든 변화할 수 있는 어떤 것으로 다가온다."

　"반복을 사랑하는 자는 자신의 유한함을 잘 알기에 무한과 겨루지 않는다. 무한을 잠시나마 잡아보려고 무익하게 싸우는 대신 스스로가 무한의 일시적 표현이었다는 데 만족한다."

대학 은사이신 윤채근 교수님의 저서에 실려 있었던 글귀이다. 읽는 순간, '내 글은 글도 아니구나!'라는 절망감이 다시 한 번 휘몰아쳤다. 수업을 들은 기억보다도 꼭지가 돌도록 함께 술을 마신 기억이 더 많은데, 이런 필력의 소유자였다니…. 「사기史記」를 강독하시다가 자신이 대학시절에 프랑스문학에 심취해 프랑스어를 배우기까지 했다는 말씀을 한 적이 있었는데, 그것이 무슨 말이었는지를 오랜 시간이 지나서 이해할 수가 있었다. 하긴 교수님께는 내가 글을 쓰며 살아가고 있다는 사실이 다소 어이없는 미지수였을 수도, 반복해서 나타나는 의외의 사건 중 하나였을지 모르겠다.

우리는 우리가 어쩔 수 없는 영역을 걱정하며 살다가 도리어 어쩔 수 있는 영역까지 포기하며 살아가기도 한다. 그 이유마저도 '어쩔 수 없음'이다. 앞에 놓인 시간대에 무엇이 기다리고 있고, 당장의 앞으로 무엇이 다가올지를 몰라 생겨나는 불안, 반복되는 그것을 불안해하며 그 불안을 또 반복하고 반복하며 살아가는 것이 우리 미련한 중생들에게 주어진 삶의 굴레이리라.

어쩔 수 없는 것들을 어쩔 수 없다면, 어쩔 수 있는 것들을 어찌 해야 할 것이다. 그 불안이 담고 있는 긍정의 가능성을 반복하는 것이다. 아직 아무 것도 다가오지 않았다. 인생, 아직 모르는 거다. 비록 지금은 실패일지라도 뒤에 어떤 식의 반전이 기다리고 있는지는 아무도 모른다. 그렇다면 아직 실패가 아닐 수도 있는 것이다.

현대과학의 불확정성을 설명하는 담론, '슈뢰딩거의 고양이'. 상자 속의 고양이는 아직 죽은 것도, 살아 있는 것도 아니다. 살아 있다고 믿고 상자를 열지 않으면, 언제까지나 살아 있는 것이다. 아직 현상으로 다가오지 않고 가능성의 상태로 잠재한다는 것은 선택의 기회가 아직 내 쪽에 있다는 것이다. 그것을 희망으로 믿을지, 아니면 절망으로 믿을지….

절망이 다가왔을 때, 선택은 다시 반복된다. 이것을 희망으로 해석할 것인지, 절망으로 해석할 것인지. 키에르케고르의 결론을 따르면 희망과 절망은 같은 것이다. 무엇을 선택한 불안과 반복이냐에 따른 '내'가 있을 뿐이다.

2

일상,
그리고
이상

낯선 익숙함

배우고 때에 맞게 익히면 또한 기쁘지 아니한가?

들뢰즈 철학의 키워드, '차이와 반복'. 차이는 타자와 구별되는 자신의 독특한 개성이다. 그리고 '차이'를 유지하며 반복하는 속성, 타자와 구별되는 자신으로의 끊임없는 회귀가 자신의 정체성이라는 것이다. 인생훈적으로 풀자면 자신만의 가치를 욕망하며 살아가고 있는지, 아니면 타자의 시선을 염두한 세상의 욕망에 휘둘려 살아가고 있는지를 판단하고, 자신의 가치를 긍정하라는 이야기다.

들뢰즈 철학의 또 다른 키워드인 '노마드nomad' 역시 차이와 반복으로 설명이 되는 개념이기도 하다. 늘 새로운 목초지를 찾아 떠나는 유목민들의 삶처럼, 새로운 발견의 원동력은 지금 여기에는 부재한 '차이'에 이끌려 가는 본능이다. 그리고 차이의 가치가 인정된 태도를 '반복'하며 살아간다. 반복 속에 또 다른 차이가 발견되고, 차이는 또 다시 반복을 낳는다.

금붕어의 기억력은 3초라고 어디선가 들은 적이 있다. 붕어가 바라보는 어항 밖은 늘 낯설고 새로운 세계이다. 노마드, 탈영토화와 재영토화 등, 어려운 들뢰즈 철학의 전체를 망각의 힘 하나로 실현해 내고 있는 것이다. 철학을 삶으로 살아가는, 철학 자체를 체화한 채로 태어난 존재 앞에서 어찌 붕어대가리라는 불경스런 단어를 입에 담을 수 있겠는가? 공자도 말하지 않았던가? 생이지지자 상야生而知之者 上也, 태어나면서부터 아는 자가 가장 뛰어나다고….

먹은 것을 잊고 먹고 또 먹다 죽는 경우는 있어도, 비좁고 답답한 공간 속에서 고독사하는 붕어는 없을 것이다. 고독을 느낄 만한 시간적 여유가 그들에겐 부재한다. 3초에 한 번씩 몰입할 새로운 무언가가 던져지는 삶이다. 돌아서면 늘 기다리고 있는 미지와 신비….

고독은 과도한 몰입이다. 몰입은 망각을 전제로 한다. 나를 잊고 빠져들 무언가가 없기 때문에 자기 자신에게 몰입을 하는 것이다. 문제는 대개 이럴 때의 상황이 또, 마침 고독하다는 것이다. 몰입은 다시 스스로의 고독에 심취하는, 무엇이 먼저였는지 모를 악순환만 계속된다. 그리고 때때로 무의식은 죽음의 신호를 보내기도 한다. 어쩌면 모든 자살은 고독사인지도 모른다.

정신의학에서 죽음에 관한 꿈은 새로운 탄생을 의미하는 것이라고 한다. 무의식이 보내는 죽음의 사인은 새로움을 향해 떠나가라는 의미이다. 지금 내게 없는 무언가를 찾아야 한다는 뜻이다. 비극은 우리에겐 붕어의 망각력이 없다는 사실, 기억력이 너무도 좋다는 것이다.

축척된 시간들을 훌훌 털어버리기 위해, 종종 낯선 공간과의 조우를 시도하기도 한다. 일상의 동선을 벗어난, 익숙함의 범주 밖으로 떠나는 여행은 우리가 쉽게 선택할 수 있는 노마드의 한 방편이다. 고독은 여전히 나를 따라오지만 스스로가 그것으로의 몰입을 허락하지 않는 것이다. 그러나 여행으로 돈벌이를 하지 않는 한, 여행만 다니면서 살 수는 없는 노릇, 또한 여행 자체가 일상이 되어버리면 차이보다는 보편성이 눈에 들어오기 시작한다. 결국 장소와 만족만 다를 뿐이라는 각성의 틈으로 또 다시 고독이란 놈이 찾아온다.

영원히 차이를 반복하면서 살 수는 없을까? 있다. 바로 배움이다. 학문을 닦고 지식을 쌓는 배움만을 말하는 것이 아니다. 내게 없는 무언가를 얻어 갖는 모든 경험이 다 배움이다. 노는 것도 놀 줄 알아야 재미가 되는 법, 야구도 웬만큼 할 줄 아는 사람이 재미를 느끼고, 식도락도 어느 정도 맛에 대해 아는 사람이나 누릴 수가 있는 축복이다. 취미도 그것이 취미로 인정되기 전까지는 배움의 과정을 전제로 한다. 사랑도 이별의 시행착오를 거쳐 배워가는 것이 아니던가. 그래서 어른들이 그렇게도 배움을 강조하는 것이다. '기술이라도 배워!'라며….

들뢰즈의 차이와 반복은 니체의 권력의지와 영원회귀의 주석이기도 하다. 보다 나은 가치를 찾아가는 주체적인 삶을 살고 있는가? 다시 태어난다 해도 이 삶을 반복하겠는가? 이 질문들에 '예'라고 대답할 수 있는 인생관으로 살아가고 있느냐, 묻고 있는 것이다. 그래서 흔히 니체와 들뢰즈의 철학을 삶에

대한 긍정으로 해석한다. 공자가 견지한 삶의 태도 역시 긍정
이다. 논어의 표상이라고도 할 수 있는, 첫 구절부터가 그렇지
않던가.

어휘의 입체감이 같지는 않지만, 무언가를 배운다는 것은,
모름과 앎, 그 차이의 역학관계 속을 흐르는 의지이다. 모름에
서 앎으로, 새로운 가치를 찾아 떠나는 노마드, 그 즐거움은 반
복이 된다.

공자의 표상을 인仁과 예禮로 알고 있지만, 정작 공자 자신
이 가장 좋아했던 단어는 학學이었다.

사실 배움의 즐거움을 느껴보지 못한 사람들한텐 씨도 먹
히지 않을 이야기다. 그냥 이대로가 좋다는데, 굳이 강요할 일
도 아니다. 하지만 고독이 찾아왔다면 몰입할 다른 무언가를
찾아 배워보라. 기술이라도 배워라!

처음 지날 때는 그렇게 낯설던 풍경들도, 어느 순간부터는

낯섦을 느꼈던 순간의 느낌이 낯설어지기 시작한다. 처음 그것들을 대할 때의 낯선 느낌을 기억하면서도, 막상 그것들이 시야에 맺혀 기억 속의 이미지에 겹쳐지는 순간엔 '익숙'이란 기제가 '낯섦'을 방해한다. 우체국은 저쪽에 있고, 동사무소는 이쪽에 있고, 어디에서 쓰레기봉투를 팔고, 어디 해장국이 맛있고…. 보여지는 현상 자체만으로도 익숙한데, 해석적 정보까지 그 익숙함을 공고히 한다. 이런 익숙함의 방해로 삶은 무료해진다. 그래서 우리에게 인생이란 새로운 하루하루를 채워 나간다기보단, 똑같은 하루하루를 지워나가는 것에 가깝다.

삶의 패턴에 익숙해질수록, 익숙을 유지하는 스킬은 늘어간다. 그 대신 삶에 대한 집중도는 사라진다. 삶이 아닌 나의 무료함에 집중을 하게 된다. 무료함 속에선 목표를 잃어버리기 십상이다. 앞 사람의 발만 보고 기계적으로 걸음을 내딛는 군인들의 멀고 긴 행군처럼, 가고 있으면서도 어디로 가고 있는지, 내가 왜 걷고 있는지, 이유를 모르게 되는 것이다. 자신이 걷고 있다는 사실을 인지하는 때가 있기나 하던가? 하지만 자신이 걷고 있다는 사실을 인지하게 되는 때는 무작정 걷기만 하고 있을 때이다. 무료함이 찾아오면 왜 살아가고 있는지에 대해서 스스로에게 묻게 된다. 하지만 무작정 살아가고 있는 삶은 아무런 해답도 보여주지 않는다.

딜레마는 몸과 마음은 지칠 대로 지쳤지만, 남들이 걷고 있는 이 시간에 걸음을 멈추는 것도 불안하다는 사실이다. 몸과 마음은 더욱 지쳐가지만 힐링이라고 던져지는 대안들은 마음속의 욕심을 버리라는 것뿐이다. 스스로는 욕심의 결과라고 생각하지는 않지만, 또 마땅한 위안책이 없어 걸음을 멈추고 본다. 멈추고 보니 무엇에 불안해하고 있었는지가 보이기도 한다. 하지만 무료함은 나를 떠나가지 않는다.

인류는 이런 무료함에서 벗어날 방법을 오래전부터 강구해 왔다. 현실을 낯설게 재해석한 세계, 문학과 예술이 그것이다. 예술가와 문인들은 예술과 문학의 정체성을 '낯설게 하기'에서 찾는다. 익숙함에서 느낄 수 없는 삶의 감동을 삶을 빌어 낯선 모습으로 재창조하는 것이다. 감탄을 목적으로 낯선 것들을 찾아나서는 여행이 아니라 흔히 일어나는 것들을 다른 시각으로 바라보는 '낯선 익숙함'이다.

게임이라는 가상현실에 빠지거나, SNS에 비쳐지는 자신의 페르소나에 더욱 신경을 쓰는 것도 그런 익숙한 일상성들에 대한 거부반응일 것이다. 이내 돌아서면 아직도 굳건히 버티고 있는 익숙함, 그 무료한 담론에서 벗어나고 싶은 잠깐 잠깐씩의 예술적 일탈이지 않을까?

예술가적이지 못한 삶의 태도에서 감동이 찾아질 리 없다. 먹고 살기 바쁘다는 세상, 그런 예술적 감성은 개나 줘버리라는 각박한 현실 감각 때문에 삶의 감동은 사라진다. 먹고살 만해져도 각박한 삶만이 남아 있을 뿐, 뒤늦게 개를 부러워해야 할 판이다.

'자세히 보아야 예쁘다. 오래 보아야 사랑스럽다.'

나태주 시인의 「풀꽃」에서 해답을 얻을 수 있지 않을까 싶다. 삶을 자세히 들여다 본 적이 없기 때문에, 삶을 겉도는 담론들에만 익숙해져 있는 우리들이다. 알고 있다고 생각하는 것

들을 오래도록 자세히 들여다보면 낯선 많은 것들을 발견하게
될 것이다.

"이쪽에 꽃가게가 있었네!"

"네 눈가에 점이 있었네!"

버스 안에서 발을 동동 구르다 못해 제자리 뛰기를 한다고
해서, 버스가 더 빨리 도착하는 것은 아니다. 바쁘게 돌아가는
세상에서 남들에게 뒤처질까봐 조바심을 치며 살아가는 일상이
지만, 발을 구를 시간에 차라리 버스에 가득한 군상의 얼굴들
을 찬찬히 살피는 여유를 가져봄은 어떤가? 당신과 같은 조바
심으로 발을 구르고 있는, 익숙하면도 낯선 누군가의 모습들을
발견하고 우습기도, 서글프기도 할 것이다. 가장 먼저 스스로
에게 낯설어져 보라. 삶이 새로워질 것이다. 늘 가던 길이 아닌
다른 길로 가 보라. 삶이 넓어질 것이다. 자신이 고집하고 있던
생각에서 이방인이 되어 보라. 삶을 사랑하게 될 것이다.

이런 예술가적인 삶의 태도는 의지만으로는 가능하지 않
다. 구체적인 방법론을 모르기 때문이다. 그리기 위해서 먼저
배워야 하고, 짓기 위해서 먼저 배워야 하고, 읊기 위해 먼저
배워야 하고, 부르기 위해서 먼저 배워야 한다. 삶을 다른 시각
으로 조명할 수 있는 능력은 익숙함이라는 중력을 깨고 낯섦을
향해 날아가려는 의지, 곧 배움에서 시작된다.

어리석은 자유

「그리스인 조르바」를 읽다 덮었다. 위대한 고전이라고 집어 들었지만 내겐 재미가 없는 콘텐츠였다. 특히나 자유인 조르바의 캐릭터 설정을 위한 이런저런 일화들은 오히려 자신이 정의하는 자유에 구속이 되어 있는 듯하다. 어떤 면에서는 사회생활에 많은 문제점을 지니고 있는 부적응자의 전형처럼 보이기도 한다. 자기 자신이 부적응자임을 모르고 기분이 내키는 대로 행동하는, 자기의 신념 하나 지키겠다고 주변 사람들 모두를 피곤하게 하는 유형이라고도 생각했다.

전체를 다 보지 않았기 때문에 캐릭터에 대한 내 판단이 맞다고 할 수는 없을 것이다. 명작으로 불리는 데에는 그만한 이유가 있을 터이니, 모자란 내 안목으로 캐치해 내지 못한 무엇이 있으리라. 분명 내 단편적인 시각에서 비롯된 오해이겠지만, 물레질을 하는 데 걸리적거린다고 도끼로 집게손가락을 잘

라버린 조르바, 이걸 자유라고 보아야 할까? 머리가 복잡하면 목을 잘라야 한단 말인가? 집게손가락을 존재하게 한 신의 완벽에 도전한 게으름은 아니었을까? 집게손가락을 자른 후부터는, 집게손가락이 필요한 일들만 눈에 들어오기 마련이다. 원래 소중한 것들은 자각할 수 없는 상태로 존재하지 않던가. 사라진 후에야 비로소, 사라질 무언가가 있었음을 깨닫게 되는 것처럼….

이 시대의 '진정한 자유인' 김어준 총수 같았으면 어찌 했을까를 생각해본다. 손가락을 잘라버릴 정도로, 물레질이 지금 당장 나에게 그렇게 중요한 것인가를 생각하지 않았을까? '씨바! 안 해!' 그러면서…. 차라리 물레를 걷어차 버렸다면 더 큰 자유를 누릴 수 있지는 않았을까?

자유는 그만큼의 구속을 전제로 한다는 사실을 모르는 사람들은, 늘 자유를 찾아 떠나지만 어딜 가나 늘 구속을 느끼게 된다. 구속을 벗어던진 자유의 만끽도 잠시, 구속은 그 자체로 소속의 안정감이기도 하다, 라는 사실을 뒤늦게 깨닫는다. 조직생활이 맞지 않는다며, 조화에 대한 일말의 노력도 없이 뛰쳐나가는 사람들이, 그렇다고 외로움에 강한 것도 아니다. 당장에 느끼고 있는 감정의 배설에만 충실하다. 그래서 그토록 싸질러 놓는 것에만 익숙하고, 뒷감당엔 관심도, 능력도 없다. 하지만 스스로에겐 자유인의 호칭을 허락한다. 주변 사람들은 정말이지, 환장한다. 결국엔 관계에서 멀어지는 또 다른 구속이 다가오지만 결코 자신의 자유를 포기하지 못한다.

자동차를 움직이는 건 엔진의 힘이다. 그런데 엔진 자체가 결코 가볍지만은 않다. 엔진의 무게를 이겨내고, 게다가 차체의 무게를 이겨내고 나서부터가 이동이다. 비행기라면, 더 큰 무게를 이겨내야 하늘로 오를 수 있다. 자유의 이름이 허락되려면 그만큼의 중력으로 자신을 당기는 책임을 감당할 수 있어야 한다. 그렇지 못하다면 멈추거나 추락할 수밖에 없다. 어떤 제약도 감당하기 싫어하고, 자기 하고 싶은 대로만 하고 살면서도, 언제나 구속의 굴레를 벗어나지도 못하는 삶, 자유라기보다는 박약한 인내심이 정기적으로 일으키는 발작에 가깝다. 이런 인생관은 병이라고 봐야 한다. 니체가 말한 개념의 간질병이다. 우리 선조들은 이런 부류의 인생관들을 속되게 일러 '질疾할'이라고 표현했다. 정말 '지랄'들을 하고 있는 것이다.

인생을 비유하는 많은 사례들이 있지만, 그 중 하나가 바둑이다. 잘 놓은 순간의 한 수가 승리로 이어지기도, 놓은 기억도 없이 지나간 한 수에서부터 패배가 결정되어 있기도 하다. 하지만 이미 패배가 확실한 대국이라도 최선을 다해 지는 법을 배워야 한다. 그래야 그 패배 역시 나의 실력으로 쌓이는 것이고, 복기復棋를 통한 회고와 반성이 있어야, 다음 대국에서 더 나은 승부를 기약할 수도 있는 것이다.

어리석은 자, 불리하다 싶으면 일단 바둑판을 엎고 본다.

언제고 다시 자신이 흩어트린 바둑돌을 스스로 주위 담아, 또 다시 대국을 준비해야 한다는 사실을 모르지 않지만 감정에 휩쓸려 어리석은 모습을 실현하고야 만다.

세상이란 바둑판에 '나'란 바둑돌을 놓는 과정, 그것이 삶이라는 대국이다. 당장이 힘들다고 판을 엎어봐야 자신에게는 아무 이득이 될 게 없으며, 언제고 다시 시작해야 하는 삶이다. 엎어진 바둑판 위에서 바둑돌의 자유가 허락될 것이라고 생각하는가?

광화문 연가宴歌

목동에 있는 고등학교에서 근무를 한 적이 있었다. 자취방이 한남동이었기 때문에 한강진역에서 6호선을 타고, 공덕역에서 5호선으로 갈아타는 일상이 일 년 동안 반복되었다. 처음에는 이 학교가 사립 남자고등학교라는 사실이 그렇게까지 문제가 될 줄을 몰랐다. 교직원 대부분이 남자이고, 오랜 시간 동안 함께 지내온 사람들이다 보니, 별의별 명분으로 자행되는 회식이 유난히 많았다. 한 번 회식이 발생(?)했다 싶으면 젊은 남교사들은, 집에 일찍 들어가기를 거부하는 주당들의 표적이 된다.

회식이다. 만취 상태로 올라탄 5호선 열차, 막차라 자리가 텅텅 비어 있다. 창가에 기대 세상 모르고 잔다. 눈을 떴을 땐, 5호선의 종점 상일역이다. 더 이상 열차는 없다. 택시를 탄다.

"한남동이요."

또 회식이다. 만취 상태로 올라탄 5호선 열차, 또 졸다가 종점까지 갈까봐 오늘은 정신을 바짝 차리고 있다. 하지만 나는 5호선의 또 다른 종점 마천역을 처음 가보게 되었다. 더 이상 열차는 없다. 택시를 탄다.

“한남동이요.”

이런! 또 회식이다. 만취 상태로 올라탄 5호선 열차, 오늘은 아예 서서 간다. 환승을 해야 하는 공덕역까지는 이제 두 정거장, 하지만 잠시 감았던 눈을 떠보니, 열차는 이미 공덕역에서 세 정거장을 더 지나친 광화문역에 서고 있다. 그래도 다행이다. 5호선의 구조상, 청구역까지 가서 다시 6호선으로 갈아타고 반대 방향으로 오면 된다. 하지만 나는 5호선의 끝, 상일역까지 서서 졸며 갔다. 젠장! 또 택시를 탄다.

“한남동이요.”

회식이다. 오늘은 공덕역에서 성공적으로 갈아탔다. 그리고 나는 6호선의 끝, 봉화산역을 구경했다. 택시를 탄다.

“한남동이요.”

시험기간이다. 낮 2시부터 회식이다. 마셔도 마셔도 6시, 마셔도 마셔도 9시, 10시 쯤에 회식은 끝이 났지만 이미 만취다. 한 정거장만 더 가면 공덕역이다. 하지만 잠시 눈을 감은 사이, 한 정거장을 더 지나 애오개역에서 내렸다. 그래도 오늘은 아직 열차가 운행 중인 시간대에 걸려 있다. 반대편에서 열차를 타고 다시 공덕역으로 간다. 그새 또 잠시 졸았나보다. 요번엔 세 정거장을 지나쳐 여의도역에 내렸다. 다시 정신을 바짝 차리고 다시 반대편 열차, 하지만 광화문역에 도착할 즈음,

감은 기억이 없는 눈이 떠진다. 아~! 왠지 오늘 중으로 공덕역을 못 갈 것 같은 이 느낌. 더군다나 내가 가야 할 곳은 한강진역인데…. 결국 광화문역에 내려 택시를 타고 간다. 사람은 때론 너무 단순하다. 다른 때 종점에서 내린 것에 비하면 훨씬 덜 드는 택시비에 기뻐하고 있다. 이런 등신!

그 이후의 회식마다 나는 습관적으로 광화문역에서 눈을 떴다. 어떤 노력도 종점을 향해 가는 길이란 사실을 이미 경험한 바, 차라리 광화문이 반갑게 느껴졌다. 그리곤 항상 광화문에서 택시를 타곤 했다.

"아저씨! 한남동이요."

그래도 목동은 좀 나은 사례이다. 내가 처음으로 출근을 했던 학교는 분당에 있었다. 거기도 사립학교이다. 서현역에서 남자 선생님들과의 회식이 잦았더랬다. 분당에서 한남동으로 가는 광역버스는 죄다 광화문에서 턴을 한다. 그것이 문제였다. 술에 취해 한남동에서 내리지 못하면, 광화문에서 돌아오는 길에 내리겠다는 생각으로 버스에서 조금 더 잔다. 눈을 떠 보면 다시 서현역, 조금 전 버스를 탔던 정류장의 맞은 편 정류장에 내린다. 막차는 이미 끊겼다. 택시를 탄다.

"서울 한남동이요."

기사 아저씨는 신이 나서 경부고속도로를 달려간다.

그나마 광화문을 돌아 강남이나 양재에서 깨는 경우에는 택시비가 덜 든다. 어떤 광역버스는 한남대교를 건너자마자 경부고속도로로 진입을 한다. 그러니까 한남동 다음 정거장이 분당 서현역이 되는 셈이다. 술에 취해 한남동을 지나쳤다. 광화문을 도는 사이 졸았다. 눈을 떠보니 버스는 막 한남동을 지나 제3한강교를 건너고 있다. 눈에 펼쳐진 경부고속도로의 슬프도록 아름다운 불빛들, 한남동을 지척에 두고 그렇게 난 분당으로 간다.

그 이후로의 회식에서 나는 습관적으로 광화문에서 내렸다. 그리고 택시를 탔다.

"아저씨! 한남동이요."

옛 선비들은 술에 대한 예의도 배웠다. 「예기禮記」에는 주례酒禮에 대한 챕터까지 있으니, 이를 수신修身의 한 방법론으로 여긴 것이다. 사실 자기를 이기고 예의를 잃지 않는, 극기복례克己復禮의 시험대로서는 술만큼 좋은 것도 없다. 그래서 어른들이 술버릇으로 사람됨을 평가하는 척도로 삼는 것이다.

공자를 대변하는 또 다른 단어가 시중時中과 중용中庸이다. 가한 것도 불가한 것도 없으며(無可無不可), 넘치는 것과 모자란 것은 같다고(過猶不及) 말한 이유이다. 위치적으로 가운데가 아니라 평형과 조화를 이르는 것이니, 바로미터의 단위는 오로지 의로움(義)일 뿐이다. 공자는 술을 재고 마시지 않을 정도로 주당이었던 것 같다. 그러나 흐트러짐을 보이지 않을 만큼만 마셨다. '적당히'처럼 어려운 양도 없지 않은가? 특히나 술을 좋아하는 사람에게 적당한 양이란 기억이 허락할 때까지 마시는 것이다. 그래서 늘 기억 너머에서 술을 마시곤 한다.

물은 갈증이 해결되면 더 이상 마시는 것이 곤욕이다. 하지만 술은 마시면 마실수록 갈증이 더 심해진다. 충족이 되면 그치는 욕구가 있는가 하면, 비운 적이 없거늘 늘 결핍으로 목마른 욕망이 있다. 술은 욕망과 비슷하다. 취한다는 점에서, 깬 후에는 고통이 따른다는 점에서, 경험으로 알고 있으면서도 요번에는 아니겠지 하면서 다시 한 번 손을 내민다는 점에서, 자신도 원했으면서 어쩔 수 없었다며 다른 핑계를 댄다는 점에서….

'생맥주가 떠들썩한 저자의 술이라면, 캔맥주는 고독한 호텔방의 술이다.'

김영하 작가가 도쿄를 여행하면서 쓴 에세이에서, 일본 맥주에 대한 역사와 감흥을 전하는 페이지에 적혀 있던 글귀였다. 금요일 저녁, 후배가 제안한 술자리도 마다하고 마음을 다잡고 집어든 책이었건만, 김영하 작가의 이 한 줄에 필이 꽂혀버렸다.

집구석에 눌러 앉아 있던 육체의 뒤늦은 각성, 갑자기 알코올기에 대한 갈증이 밀려오기 시작한다. 결국 편의점에 들러 캔맥주 4캔을 사들고 들어와 홀로 궁상을 떨면서도, 평소 군것질을 잘 하지 않는 식습관 탓에 처음 접해보는 '수미감자'에 대한 감흥으로 설레이는 가슴. 하지만 그도 별것 아니었다는 실망감으로 저려오는 가슴.

　마지막 네 번째 캔을 비워낼 즈음, 또 어디선가 전작을 행한 후배 녀석이 문을 두드린다. 대형 피처 맥주와 감자칩을 사 들고서. 차라리 아까 불러냈을 때, 그냥 술을 마실 걸, 맥주만으로 토요일 새벽을 맞이한 식도와 요도가 위아래로 번갈아 가며 바쁘다.

　폭음을 일삼는 나라는 맥주가 맛이 없다고들 한다. 알코올 흡수율을 높이는 촉매제 정도로 생각하는 우리나라 음주문화에선 더더욱 그렇다고들 한다, 맛이 있어져야 할 이유가 없는 것이다. 그렇다고 우리나라 맥주회사의 경영정신을 질타하고, 개선과 분발을 촉구하는 것은 아니다. 그 의견에 동참할 정도의 미각을 소유하지도 않았다. 하지만 이 귀 얇은 영혼, 그 이야기를 듣고 난 뒤부터 외국 맥주를 마시는 일이 잦다. 사실 그렇게 맛있는지는 모르겠는데, 그렇다고 하니까 그런 줄 알고 외국 맥주를 마신다.

　그저 취기에 대한 욕망으로 맛은 부차적인 것이 되어버리고, 그저 남들의 '어떻다더라'에 혹한 욕망이 맛을 보장하기도 한다. 너무 많은 욕망에, 정작 가장 중요한 본질은 퇴색되어 가고 있는 정도가 아니라 설 자리를 잃어버린 것이 아닌가, 라는 생각이 들었다. 그 욕망이 스스로의 발전을 가로막고 있는 것은 아닌가, 너무 많은 것을 취하려다 욕심에 취해 살고 있는 것은 아닌가, 생각을 하면서 마지막 거품을 비워냈다.

반성과 각성

　삶의 변증법, 새로운 가치를 깨닫는 각성 앞에서 기존의 가치를 부정해 보는 반성, 그 절충과 타협 속에 지평은 업그레이드가 된다. 삶은 모순과 대립 속에서 일어나는 각성과 반성으로 점진적으로 발전해 나가는 과정이다. 그러니까 '지금 여기'에 존재하는 '나'는 지금까지 살아온 인생 중에서 가장 진화한 모습이다.

　키에르케고르의 '실존'은 이 체계를 부정하면서 시작된다.

　'태초에 싫증이 있었나니…,'

　이 한 마디로 진보와 발전의 원동력이 '싫증'이라고 설명했다. 기존의 것보다 더 가치가 있는 새로운 것으로 나아가는, 차이에로의 의지이다. 방법론은 절충이 아니라 '이것이냐, 저것이냐'의 '선택'이다. 기존의 것은 과감하게 포기하는 것이다. 싫증이 떠밀고 신선함의 차이가 끌어당기는대로 향해 가는 삶,

인간은 죽을 때까지 선택을 '반복'하고 산다.

인생훈적으로 풀자면 어제와 다른 오늘, 오늘보다 더 낳은 내일, 그 차이가 삶의 존재가치이며, 가치가 인정된 차이들을 반복하는 진보적 태도에서 삶의 의미가 만들어진다. 어제와 똑같은 하루는 내게 오늘로 기억되지 않는다. 어제로 뭉뚱그려지고 있는, 이미 흘러간 어제의 반복일 뿐이다. 오늘과 어제, 그리고 내일이 존재할 수 있는 것은 차이 때문이다. 보다 가치 있는 차이를 '선택'하고, 선택을 '반복'하는 동적인 삶속에서만 자신의 존재가치도 확인될 수 있는 것이다.

오늘과 같은 내일을 내일로 기다리는 사람은 없을 것이다. 하지만 인생이 어디 그렇던가. 실제로 많은 사람들이 어제와 같은 오늘, 오늘과 같은 내일을 기다리며 산다. 익숙하고 진부한 삶은 절망이지만 그 절망을 뚫고 나가기 위해 부닥쳐야 하는 낯설음을 더 두려워한다. 오히려 그런 상황에 안주하려 든다. 입에는 변화를 달고 살지만, 날마다 새로워지는 것은 변명과 핑계일 뿐, 언제나 그 자리이다.

'지금 여기'에 존재하는 나의 모습은 스스로가 선택해 반복하고 있는 능동의 결과이다. 지루하게 반복되는 삶도 자신에게 가치가 인정된 선택이다. 그 지루한 반복이 싫으면 안 그러면 되는 것을, 이런 저런 핑계로 다시 유지하려 드는 적극적인 긍정의 결과이다. 미래를 바꾸고자 과거로 돌아가 봐야 다시 이러고 있을 공산이 크다. 지금이 바뀌지 않으면 과거와 미래, 어느 것 하나 바뀌는 시간은 없다. 과거에 그러지 못했음을 아쉬워하며 시간을 보내기보단, 지금 이러고 있음을 아쉬워해야 한다.

삶의 태도에 문제가 있다고 생각되면 그 즉시 고치면 그만이다. 고칠 것을 생각만 하고 있는 것, 스스로도 그것이 문제라고 생각하고 있었던 것이 아니던가. 삶의 방식이 바뀌지 않는다면 병도 낫지 않는다. 하물며 삶이 더 나아질 리가 있겠는가?

공자가 말했다.

상담이란 것을 하다 보면 내담자 스스로가 자신의 잘못을 이미 알고 있는 경우가 꽤 많다. 그 잘못으로 인해 일어나는 부작용이 싫다는 주제로 상담이 진행된다. 하지만 시간을 할애해가며 그 문제를 상담해야 하는 당위성이 발견되지 않을 정도로 해결방법은 간단하다. 안 그러면 된다. 그런데 그게 힘들어 이런저런 이유를 들어 자신을 변호하는 수고가 상담 시간의 대부분을 차지한다. 뭐 하러 상담을 받는 것인가? 자신의 편이 되어줄 누군가를 찾고 있다면 애인에게 갔어야지 번지수를 잘못 찾아간 것이다.

그러면 안 되는데, 그러고 싶은 사안에 절충점은 존재하지 않는다. 그러든가, 안 그러든가 둘 중 하나를 선택해야 한다. 하지만 둘 다를 끌어안을 수 있다는 착각으로 도리어 상담자를 설득한다. 우리가 모순矛盾이라고 부르는 상황, 출처가 되는 한비자의 원문과 정확히 일치한다.

한국 불교의 쟁점 중 하나는 지눌선사의 돈오점수頓悟漸修와 성철스님의 돈오돈수頓悟頓修이다. 즉 단박에 깨닫고 점진적으로 수양을 할 것인가, 아니면 단박에 깨치고 단박에 삶의 태도를 바꾸는 것인가에 대한 논의이다.

개인적으로 성철스님의 편이다. 단박에 삶의 태도를 바꾸는 것은 무리라고 또 변명거리를 찾고 있을지 모르지만, 법력이 높은 스님들이 아닌 이상은 돈수頓修를 각오해야 점수漸修라도 가능하다.

몸짱이 되고 싶다면, 당장 동네 헬스장으로 달려가서 회원권을 끊어야 한다. 운동을 해야지, 하는 각오로는 되지 않는다. 회원권을 끊으면 돈이 아까워서라도 다닌다. 하고 싶은 일이 있다면 일단 저질러야 한다. 그래야 저지른 것을 수습하기 위해서라도 움직인다.

깨닫는 것과 깨달음 이후의 행함에 대한 문제는 불교뿐만이 아닌 전 종교와 철학의 화두이다. 깨닫는 것은 누구에게나 쉬운 일이다. 깨달음을 삶으로 사는 태도를 이루어낸 자와, 이루지 못하고 돌아서 '이룰 뻔 했음'을 추억하고 있는 자, 이룰 것이라는 망상만으로 생각을 허비하고 있는 자와의 차이다.

'敝則新폐즉신, 낡아지면 새로워진다.'

어릴 적에는 이해가 가지 않던 문장이 나이가 들면서 이해가 되는 경우들이 있다. 이 노자의 구절이 그렇다.

진부한 것을 알면서도 새로워지지 못하는 이유, 굳어진 진부함을 안정성이라고 믿기 때문이다. 그래서 기존의 가치와 의미를 유지하고 산다. 하지만 어쩔 수 없이 맞이하게 된 허물어짐과 무너짐 앞에서는 새로운 길을 모색하는 도전이 차라리 쉬울 수밖에 없다. 허물어지고 무너진 것들에 대한 집착과 미련으로 가슴이 막히지만, 허물어지고 무너졌기에 그동안 가려져 있던 것들을 볼 수 있는 시야가 뚫린다.

애니메이션 「에반게리온 파破」는 이런 무너뜨림의 철학으로 스스로가 만들어낸 센세이션에 갇혀 있던 역설에서 자신을 구원한다. 그 탈피의 캐치프레이즈, '파괴는 진화의 시작이다.'

이브의 변명, 아담의 핑계

자취 생활을 처음 시작하는 마음가짐은 설레임이다. 누구의 구속도 받지않고 자유를 만끽할 수 있는, 진정한 나만의 공간이 생긴 것같은 기쁨으로 가슴은 두근거린다. 하지만 자유로울 수 없는 점이 한 가지 있으니, 스스로 해결해야 하는 아침 식단이 그것이다.

자취 초기만 해도 나름대로 잘 해먹고 다닌다. 토스트기에서 노릇노릇 구워지는 식빵, 종류별로 구비되어 있는 잼들, 때때로 야채샐러드와 참치, 슬라이스 햄과 치즈, 계란을 얹어 도시적 라이프 스타일을 실현해낸다. 그러나 한 달을 못 간다. 야채샐러드는 고사하고 잼의 개념조차 발라먹는 게 아니라 찍어먹는 것이 되어버린다.

다음 단계는 시리얼이다. 이도 처음에는 맛을 따져 시중에 유통되는 모든 종류의 시리얼을 경험하지만, 결국 그나마 질리지 않는 켈로그사의 호랑이 품으로 돌아오게 된다. 이미 호랑이 힘이 솟아나는 플라시보를 기대할 수 없는 나이, 맛과 영양으로 먹을 리는 없다. 가장 비참한 날은, 전날의 과음으로 인한 숙취로 보내는 하루이다. 뭘 해먹기도 귀찮고, 시켜먹기도 돈이 아까울 뿐더러, 속이 속인지라 제대로 넘어가지 않을 게 뻔하다. 선택은 하루 세 끼를 호랑이와 마주하는 것이다. 입 천장이 죄다 까지도록….

또 다른 노력은 소보로나 버터롤처럼 질리지 않는 빵들을 커피에 곁들여 먹는 것이다. '커피 앤 브레드'를 구현해 내는 서양 식사문화의 표상 같지만, 잠이 덜 깬 눈으로 방바닥에 앉아 맨 빵을 커피에 찍어먹는 지극히 자취적 표상이다. 얼마 가지 못해 여기저기 널려 있는 빵 부스러기만 봐도 헛구역질이 날 지경이다.

마지막 선택은 편의점의 왕자 삼각김밥 혹은 천국에서 파는 은박지에 쌓인 김밥이다. 아침식사의 해결 장소가 마침내 방이 아닌 밖이 되어버린다. 하지만 이마저도 '김'밥이어서가 아닌 김'밥'이어서 먹는 것이다. 자취인들은 평균적으로 완도 양식장 하나 정도의 김을 먹고 나서야 그만둔다. 그리고 잇대어지는 결론은 아침은 굶고 점심을 많이 먹자이다. 습관이 들면 오전을 지배하는 잠깐의 공복쯤은 참을 만하다.

이 일련의 과정을 거치는 이유는 식욕에 대한 욕구보다 게으름에 대한 욕구가 점점 커지기 때문이다. 생활 속의 엔트로피가 무질서로 향해가는 본성, 게으름으로 인한 영양 불균형 상태로 가는 전형적인 사례이다. 문제는 이런 사소한 생활습관이 자신의 가치관으로 이어진다는 사실이다. 무언가에 의미부여를 하며 알차게 살아가기보단 그저 되는 대로, 되어가는 대로 살면서, 어떻게든 다가갈 생각은 하지 않고, 어찌 어찌 다가오기만을 기다린다. 어쩌다가 다가온 것은 시나브로 떠나가기 마련이라는 사실까지는 생각하지 못하고서 말이다.

삶의 질이 떨어지는 이유는 여러 가지가 있을 수 있다. 하지만 경제적 여건보다는 게으름의 마인드에서 비롯되는 경우가 더 많다. 어쩔 수 없는 현실이라고 생각하지만 어쩔 수 없는 현실에 게으름의 자유가 허락될 리 없다. 실은 어쩔 수 있는 부분을 최대한 이용해 게으름을 피우고 있는 것이다.

朽木不可雕也, 糞土之牆不可杇也
썩은 나무에는 조각할 수 없고, 썩어 문드러진 흙담에는 흙손질을 할 수가 없다.

제자 재아宰我가 낮잠을 자는 모습을 보고 공자가 내뱉은 한 마디이다. 낮잠을 잤기로서니 이렇게까지 잔소리를 해야 했는가? 재아 입장에서는 서운할 수도 있었겠지만, 15분의 낮잠은 하루의 피로를 잊는 데 효과적이라는 연구결과가 있었던 시절도 아니고, 늘 말이 행동에 앞서던 재아였던지라, 공자도 그냥 지나칠 수 없었나 보다.

논어에서 비춰지는 공자의 모습은 완벽하지 않다. 때로는 삐지고, 때로는 질투하고, 때로는 놀리고, 때로는 이처럼 넌지시 짜증도 낸다. 그래서 공자 스스로도 군자를 자처하지는 않았다. 도올 김용옥 교수는 공자의 이런 인간적인 모습들 때문에 '논어'라는 텍스트가 공감을 자아낼 수밖에 없는 것이라고 설명한다. 위선과 가식의 가면으로 대중을 대하는 지식인들보다야 이 얼마나 솔직한 모습인가.

어쩔 수 없다는 변명과 핑계로 정체된 삶을 살아가지만, 실상 어쩔 수 있는 부분까지도 어쩔 수 없는 범위로 설정해 놓고 계속 그렇게들 살아간다. 지금 내 앞에 닥친 현재가 실패라면, 지나온 과정을 반성해 보고 패턴을 바꾸어 볼 필요도 있다. 그러나 우리는 실패보다도 삶의 방식을 바꾸는 것을 더 두려워한다. 그래서 되지 않을 방법을 계속 고수하며, 되도 않는 고집을 피운다. 어차피 그 방식을 고집함으로써 맞은 실패임에도 무언가를 바꾸어 볼 시도는 좀처럼 하지 않는다. 반복되고 있는 것은 관성으로 살아가고자 하는 게으름이다.

실천적 앎

얼마 전에 파산을 선고한 스티븐 코비의「성공하는 사람들의 7가지 습관」은 전 세계에서 가장 많이 팔린 자기계발서라고 한다. 나도 이 사실을 얼마 전에 알았다. 데일 카네기의 저서들은 이젠 거의 인문학으로 분류를 해도 무방하다고 할 정도로 자기계발서들이 서점가에서 선전을 하고 있는 시절이다 보니, 한 번쯤 읽어봐야지 하면서도 매번 내 눈길을 끄는 국내 작가들이 쓴 베스트셀러의 방해로 아직까지도 읽지 못했다.

파산을 한 직후, 그가 남긴 어록은 '내가 쓴 대로 살지 못했다'였다. 작가의 타락을 고백할지언정, 작품을 부정할 수는 없다는 작가적 고집이었을까? 하지만 그가 주장한 7가지 습관의 목록은 사실상 우리가 실천하지 못하고 살아갈지언정, 윤리적으로나마 알고 있던 뻔한 사실들에 불과하다. 그러나 보통 사람들이 흔히 저지르는 이율배반의 과오, 그리고 이어지는 뻔한 결말은 베스트셀러 작가 자신의 인생에서도 빗겨가지 않는다.

읽어봐야 할 가치가 있는 자기계발서들은 분명 존재하고, 그것들이 담고 있는 메시지가 절망의 날들을 살아가고 있는 사람들에게 큰 위로와 희망이 되는 것도 사실이다. 나도 자주는 아니지만 베스트셀러 목록에 끼어 있는 서적들은 간간이 읽는 편이다.

하지만 대부분의 책들은 그 내용이 대동소이하며, 그 사례들을 서로서로 돌려막기를 하는 경우가 태반이다. 더군다나 그저 남의 사례를 모아 짜깁기를 해 놓은 책을 보면 작가가 절망에 대한 경험을 해보기나 한 것인가, 라는 진정성에 대해서 회의감이 느껴지는 경우도 적지 않다. 작가 자신의 자기계발이 책의 판매부수로 성패가 결정나는 애매한 상황이라는 점이 다소 역설이기는 하지만, 그들은 저술을 통해 자신의 자기계발이라도 꾀하고 있는 셈이다. 문제는 독자들에게 있다. 자기계발서를 문학으로 찾아 읽는 사람들이 있다. 명강사들의 명강연을 예능으로 찾아 듣는 사람들이 있다. 돈오頓悟만을 반복할 뿐, 점수漸修에 대한 의지가 박약한 것이다.

혜능慧能의 제자 남악(南嶽懷讓)은 이렇게 비유했다.

“수레가 가지 않는다면 소를 쳐야지 수레바퀴를 치면 되겠느냐?”

물론 어떻게 할 것인지에 대한 고민도 중요하다. 하지만 더 중요한 것은 어떻게든 부딪혀 보는 실질적인 노력이다. 읽을 만큼 읽었고, 볼 만큼 봤다면, 자신이 어떻게 살아가야 하는 것 정도는 이미 알고 있지 않은가? 자신이 어떻게 살아가야 할지를 알았다면, 이젠 그대로 살아가야 하지 않겠는가? 어느 베스트셀러의 제목처럼 '실행이 답'인 것이다. 자신의 다짐이 맞았는지 틀렸는지를 굳이 다시 한 번 공증받으려 하는가? 그것은 책과 강연으로 가능한 것이 아니다. 당신의 삶으로써만 가능하다. 더군다나 사례는 그저 사례에 불과하다. 누군가가 말한 정답보다는 차라리 내가 직접 겪은 오답이 더 진리에 가까운 해설이다.

키에르케고르는 말한다.

'진리는 내게서 확인된 한에서만 진리이다.'

다시 한 권의 자기계발서를 집어들기보다 차라리 한 권의 인문서적을 읽는 것이 더 생산적인 태도일 것이다. 또 다시 누군가의 성공신화를 듣고 앉아 있기보다는, 차라리 언젠가 누군가에게 말할 수 있을 자신의 스토리텔링을 만들어가는 것이 더 미래지향적인 태도가 아닐까?

공자가 이르길,

可使由之 不可使知之
진리를 따르게 할 수는 있어도 그 이치를 알게 할 수는 없다.

사랑학개론과 심리학 서적을 백날 읽어봐야 언제나 사랑에 서툰 것은, 사랑 이전에 사람에 서툰 때문이다. 관계와 맥락의 특수성을 고려하지 못하고 통념으로만 사랑을 하기 때문이다. 그래서 이 사람 저 사람 만나봐야 좋은 배우자도 만날 수 있다는 사실을 진리로 믿고 살지만, 정작 자신이 좋은 사람인지에 대한 고민은 없다. 공허한 공회전만 계속되고 있는 것이다.

'사람들은 생각하기 싫어서 책을 읽는다.'

탈무드에 나오는 구절이다. 오늘도 자기계발서 코너에 수많은 독자들이 몰려 있을 것이다. 하지만 사서 읽기만 하고 단번에 행동으로 옮겨지지 않는다면, 자기계발은 독자가 아닌 저자만 이루어내고 있는 셈이다. 실천적 앎의 문제이다. 안다고 생각만 하고 있을 뿐 그 지식이 삶으로 이어지지 않으면 모르던 때와 별반 다를 게 없다. 결국엔 모르는 것이다.

장자는 수레바퀴를 만드는 장인匠人의 일화를 들어, 옛 성현들의 말씀들을 한낱 찌꺼기(故人之糟魄)로 표현한다. 이치는 텍스트적 정보보다는 자신이 직접 경험으로 아는 것이 더 효율적이라는 것이다. 새로 구입한 전자제품을 설명서만 읽는다고 해서 그 기능이 마스터 되는 것은 아니다. 오히려 설명서 한 번 읽어보지 않고 이것저것 누르다 보면 자연스럽게 습득이 되는 경우가 더 흔하지 않던가.

삶의 설명서, 분명 필요하다. 하지만 설명서를 읽는 목적은 설명서의 문체와 필력을 품평하기 위해서가 아니다. 삶으로 살지 않는다면, 스티브 잡스의 갈망이, 안철수의 생각이 다 무슨 소용이겠는가?

괴테는 말한다.

'그대의 조상이 남긴 유물을 그대 스스로의 힘으로 획득하라.'

"짜장면은 무슨 맛이야?"

이 질문에 가장 훌륭한 답이 뭐라고 생각하는가? 제아무리 언어의 달인이라고 해도, 이 맛을 정확히 설명할 길은 없다.

"춘장을 볶은 맛이야."

다시 춘장이 어떤 맛인지를 설명해야 한다.

"고소하고, 짭짤하면서도 달콤하고…. 에이, 씨! 그냥 먹어봐!"

귀찮아서 이렇게 말을 하는 것이 아니다. 가장 좋은 방법은 직접 겪어보는 것이다. 자신이 직접 먹어본 후에도 자신이 그 맛을 언어로 설명할 재간은 없다.

"그냥 짜장 맛이야."

상대방에게 불성실해서 이렇게 말을 하는 것은 아니다. 그게 정답이기 때문이다. 답으로 공감하기 위해선 상대방의 상세한 설명보단 내가 이해할 수 있는 구체적인 경험이 구비되어 있어야 한다. 간접경험은 그저 차선일 뿐이다. 없는 것보다야 낫지만, 자칫 꿈만 꾸고 있는 몽상가를 양산하기도 한다. 꿈에서 깨기를 거부하고 잠만 자고 있는 것이다. 스스로를 미화하며 '잠룡(潛龍, 승천하지 않고 아직 물에 잠겨있는 용)'이라고 믿고 있을지 모르지만, 용의 가능성에 대한 검증이 있어야 날아오를 날도 기약할 수 있지 않겠는가? 날아오르리라는 믿음으로만 잠겨 있다면, 잠자리 애벌레와 모기 유충이 꾸고 있는 창공의 꿈인지 어찌 알겠는가?

공부의 목적

옛날에 배우는 사람들은 자기를 위함이었는데,
지금 배우는 자들은 남을 위함이다.

한자를 몰라도 아무런 불편이 없는 생활, 과연 21세기의 한국 사회에서 한문이 그렇게까지 필요한 것일까? 스펠링 글자 중에 쌓아올리는 방식은 한글이 유일하다. 중국의 인문이 입체적으로 투영된 글자가 한자이고, 한자의 영향 아래, 소리를 입체적으로 쌓아올려 음절을 구분한다는 것이 한글의 과학성이고 우수성이다. 한글에 투영되어 있는 인문적 입체감은 한자를 배워본 사람만이 안다. 한글을 제대로 알려고 해도 한자를 알아야 한다. 진보 진영에서 내세우는 한글전용이 과연 진보적인 생각인가에 대해서는 반론의 여지가 있다. 더군다나 사대를 운운하는 비상식적인 발언엔 반론의 가치도 느끼지 못한다. 라틴어 교육이 필수인 서구사회는 로마제국의 부활을 꿈꾸는 사대란 말인가?

김치의 옛말을 '딤채'라고 배우지만, 그보다 더 옛말은 '침

채沈菜'이다. 고추가 남아메리카에서 들어오기 전까지 우리 민족에게 김치란 소금물에 절인 야채를 일컫는 말이었다. 고추가 전래된 이후에 우리 민족이 김치를 아메리칸 스타일로 먹기 시작했다고는 생각하지 않을 것이다. 그냥 역사의 어느 순간부터 우리의 것이 된 문화이다. 생각을 기록할 문자가 없던 시절에 빌려 쓴 중국의 글자이지만, 한국의 정신을 담은 채 나름의 역사로 흘러온 글자에 무슨 사대를 운운하는가? 이제 와서 김치를 물에 씻어먹어야 한다는 논리가 진보일까, 퇴보일까? 한글전용을 주장하는 학자들이 오히려 자녀들에게 한문을 가르치는 모순이나 저지르지 말고서 그런 말을 해야 그마저도 진정성일 것이다.

나는 한동안 고등학교에서 한문과 중국어를 가르치던 교사였다. 대학에서 배운 교과의 필요성과 당위성에 대해서는 아직까지도 공감하는 바이지만, 그렇다고 모든 한국인이 한문을 배워야 한다는 당위성을 강변하고 싶지는 않다. 더군다나 한국 교육의 현실에서, 학생들 입장에서까지 그것이 필요하고 당연한 것은 아니라는 사실에도 공감한다. 중국이 G2로 부상한 글로벌 시대, 중국 특수를 기대할 수 있는 영역은 모조리 동이 난 마당에 일단 중국어를 배워두는 것이 유리하다는 판단도 시대착오이다. 그냥 필요한 사람이, 배우고 싶은 사람이 배우는 것이 맞지 않을까 싶다. 시절이 그렇다면, 시절에 맞게 다른 창의적인 방법론을 찾아서 존재의 이유를 피력하는 것이 전공자들로서의 진보일 것이다. 자꾸 뒤만 돌아다보며 무작정 필요성과 당위성을 말하는 것도 정체이다.

　지금 이 시대에 한문과 중국어의 필요성과 당위성을 가장 피력하고 있는 집단은 시수와 교원 수급이 늘어나기를 바라는 사범대생들이다. 나 역시 언젠가는 '그들'이었기에, 그들이 말하는 필요성과 당위성에는 공감하지만, 순수하지 못한 목적에는 동의하지 않는다. 한문과 중국어보다는 교직이라는 목적이 더 강한 듯 싶다. 서비스를 받는 사람들이 아니라, 서비스를 제공하는 사람들의 욕망이다.

　이런 논리를 영어에까지 소급해보자. 한국에서 한국말로 소통하는 한국기업에 들어가는데, 왜 영어 점수가 필요한 것일까? 바로 영어권 국가의 헤게모니 때문이다. 서비스를 받는 입장에서도 잉여자로 남겨질 불안 때문에 적극적으로 혹은 강제적으로 참여하고 있다. 사교육 영역 역시 필요한 자들이 아니라 필요성을 피력하고 있는 입장의 논리로 좌지우지 되고 있는 실정, 마지 헤겔의 '노예의 역설'과 비슷한 형국이다. 주인이면서도 노예의 공헌도에 따라 주인 노릇의 난이도가 결정되기 때문에, 주인이 오히려 노예의 눈치를 보고, 노예는 늘 당당하다는….

　현대의 경제학은 생산이 아니라 소비의 관점이다. 생산에 초점이 맞춰지는 것은 마르크스 시절의 이야기다. 한국의 교육은 여전히 소비가 아닌 공급에 초점이 맞추어져 있다. 아이에게 갖고 싶은 것을 집으라면서도 부모가 원하는 것들로 물건을 깔아놓는 돌잡이와도 같은 수준이다. 그래서인지 문서상 적혀 있는 교육목표는 오래전부터 전인교육을 표방해 오고 있지만, 실질적 교육목표는 언제나 계급투쟁에 있었다. 그리고 기득권의 논리를 옹호하는 세력과, 아직 기득권 계급이 되지 못해 기득권을 비판하면서도, 기득권으로 들어가지 못해 안달하는 마음들만 길러내고 있다.

옛날에 배우는 사람들은 자기를 위함이었는데, 지금 배우는 자들은 남을 위함이다.

2000년 전 공자가 한탄했던 '지금'의 현상이 여전히 유지되고 있는 후진국 교육, 한국 교육의 현실이다.

라이머의 「학교는 죽었다」는 한국에서 1979년에 출간되었다. 그러나 30년이 지난 지금도 시간적 거리감을 전혀 느낄 수가 없다. 시대를 앞서간 번역가의 센스였을까? 그만큼 우리의 교육은 그 시절에서 한 발자국도 벗어나질 못하고 있다는 방증이다. 우리나라 교육이 바뀌지 않는 이유, 기득권 입장에선 아무런 불편한 점이 없기 때문이다. 하지만 기득권 중에는 자신이 기득권으로 들어온 과정을 신화처럼 늘어놓으며, 너희들도 꿈을 가지고 살라고, 열심히 살면 나처럼 될 수 있다고, 자랑질만 해대는 경우도 있다. 기존의 구조를 공고히 하면서도 자신은 결코 그 구조와 타협을 하지 않았다는 자전적 처세서가 출간이 되어 한 번 더 이윤을 창출한다. 장하준 교수가 말하는 이른바 '사다리 걷어차기'이다. 경제, 문화, 헤게모니는 계속 계층을 유지하며 재생산이 되고 있지만, 기득권에 속하지 못한 계층은 그것을 바꾸기보단 질서로 생각을 하고 그 질서에 편입하기 위해 오늘도 밤을 지새며 공부를 하고 있다. 기득권의 논리를 부정하면서도 그 범주에 들어가려고 기를 쓰고 살아가는 딜레마. 교육이 바뀌지 않는 것은 정권만의 책임이 아니다. 국민들의 의식 문제이기도 하다. 그리고 자라나는 어린 세대가 그 몫을 감당해야 하는 악순환이 계속되고 있다.

세상이 바뀌려면 먼저 국민들 개개인의 의식이 바뀌어야 한다. 그게 쉽지가 않다. 스스로가 바뀌어야 사회가 바뀐다는 생각만 있고, 가르치고 배우기만 할 뿐, 당장의 눈앞에 놓여진 사다리 앞에서는 '나만 올라간 후에', '내가 올라가면 안 그럴게! 나는 다를 거야.'라고 다짐한다. 그마저도 모래에 쓴 서약 같은 것이다. 사다리를 동경하던 사람들은 사다리를 오른 후에 사다리를 부숴버린다. 어떻게 올라온 자리인데, 너희들이 함부로 넘보냐며….

'지금 자면 꿈을 꾸지만, 지금 공부하면 꿈을 이룬다.'

고등학교 담임들이 가장 선호하는 급훈이지만, 학생들 중에는 자신의 꿈이 무엇인지, 자신이 무엇을 할 줄 아는지, 무엇을 좋아하는지도 모르고 자라나는 학생들이 숱하다. 한국 교육과정의 학교급별 목표를 보면, 중학교는 진로를 탐색하는 시기이고 고등학교는 진로를 개척하는 시기이다. 하지만 그것을 가르쳐야 할 교사들조차도 적성과는 상관없이 안정된 직장으로서의 교직을 택하는 경우가 적지 않다. 하지만 교사를 탓하기 전에 꿈을 가르치기를 거부하는, 아니 겁내는 학교와 학부모, 심지어는 학생 자신들에게도 문제는 있다.

그래서 대부분의 한국 학생들에게 진로의 탐색과 개척은 대학교 시절에 이루어진다. 자신의 길을 찾아가는 성찰의 시간이 늦게 또 집약적으로 찾아오기 때문에 '젊음'은 고스란히 길을 찾기 위한 전 과정을 위해 소비되는 시간들이 된다. 하지만 자신이 무엇을 좋아하는지도 모른 채 정해버린 전공, 그보다 늦게 의심이 드는 적성, 조급하게 다가오는 사회의 문턱. 과연 이 길이 내가 가야 하는 길인가에 대해 고민할 여유도 없이 들어선 길목에서, 당장에 기억해야 할 많은 취업 지식들로 오늘도 꺼질 줄 모르는 도서관의 불빛들. 결국 희망 진로는 개인의 고민보다는 사회의 통념으로 결정이 되어 버리고, 수많은 젊음들이 돈 잘 버는 혹은 안정된 직장으로 달려가기 위해 이미 많은 사람들이 달려가고 있는 레이스에 합류한다.

어디로 달려가고 있는지는 알아도 왜 달려가고 있는지는 모르는 상황, 그저 당장 대학을 가야 한다는 생각에, 꿈은 그 생각 너머 어딘가에 방치하거나, 대학 진학을 꿈이라 착각하며 살아가는 고등학생들이 태반이다. 자신의 꿈이었던 대학 진학, 그 꿈을 완성했으니, 이젠 꿈에서 깨어나 생존을 위해 살아갈 길을 찾겠노라, 오늘도 꺼질 줄 모르는 도서관의 불빛들. 그 아래서 현실과 싸우고 있는 젊음들. 이 반복되는 역사가 우리 교육, 우리 학생들의 자화상이다.

꿈이 무엇인지도 모른 채 자라나는 청소년들에게 삶의 해답으로 제시되는 방법은 오직 공부뿐이다. 목적지를 모르고 가는 길 위에 선 젊음들에겐 기성세대들이 제시하는 방향만 있을 뿐이다. 징말로 옳은 길로 가고 있는지에 대한 의심과 방황은 이해되어지지만 허락되어지지는 않는다. 기성세대들은 자신들이 이미 걸어온 길이라는 이유로 자신들의 삶을 권고하고 강요하지만, 정작 자신들도 꿈꾸었던 길 위를 걸어본 적은 없다. 가보지 않은 길을 마치 가본 길처럼 설명을 하는 억지와 합리화, 그런 가치관과 맞물려 돌아가는 사회풍토 속에서, 젊음들은 자신의 가치만으로 무언가를 이루어내기는 힘들다는 사실 아닌 사실을 먼저 깨닫는다. 그리고 자신이 그토록 부정하던 기성세대의 일원이 되어 이제 다른 젊음들의 절망과 방황을 지켜본다.

내 길을 갈 것이냐 말 것이냐의 기로에서 필요한 것은 보편적 지식보다 개인의 용기와 결단이다. 어쩌면 많은 젊음들은 용기가 없어 '남들처럼'이라는 보편을 핑계삼고 있는지 모른다. 그리고 그 보상심리 혹은 피해의식이 자라나는 아래 세대의 젊음에게 다시 보편을 권고하게 될 것이다. 취업난에 허덕이는 젊음들도 자성의 목소리를 높여야 한다. 일단 취업이 되면 취업되기 전에 부정했던 모든 부조리들을 긍정하거나 관심 밖의 일로 방치하는 '우리'가 아니던가. 나도 그랬다. 그래서 교사가 되고 싶었다. 하지만 지금에 와서 드는 반성, 꿈이 없는 젊음은 꿈을 가로막는 기성이 될 뿐이다.

'하고 싶은 거 해! 아니면 공부해.'

교사랍시고 내 멋에 취해 버릇처럼 떠들어댔던 말이었지만, 자신이 무엇을 하고 싶어 하는지도 잘 모르는 학생들 앞에서 나는 결국엔 공부를 하란 말을 하고 있었던 셈이다. '한 우물을 파라!' '여러 우물을 파라!' 아이들은 수맥 자체를 잡지를 못하고 있는데, 그냥 파라는 말만 하고 있었다. 열심히 파다보면 물이 나올 거라고. 꿈이 무엇인지도 모르는 아이들 앞에서 일단 잠을 자라고, 그러면 꿈을 꿀 것이라고 말하고 있었던 것이다. 그다지 좋은 교사는 아니었던 것 같다.

누군가에게 무언가를 보여주기 위함이 아니라, 내가 무언가를 볼 수 있기 위한 공부가 되어야 하지만, 우리나라는 선택의 시야가 좁을 수밖에 없다. 그마저도 삶의 어느 순간부터는 경주마처럼 눈가리개를 씌워 놓는다. 앞만 보며 달려간다. 교육은 꿈의 지평을 넓혀주어야 하지만, 우리의 교육은 도리어 꿈의 지평을 한정하고 있는 것 같다. 물이 저장되어 있는 지점을 알려주고, 연장을 나누어주며 능력껏 파라고 말한다. 호각 소리와 함께 모두가 우물 파기에 돌입을 하며 남들의 굴삭 속도를 항상 견제한다. 대열에 참여하지 못한 이들은 낙오자 취급을 받는다.

하지만 수맥의 정보를 따르지 않았던 자들이 판 곳에서는 종종 석유가 발견되기도 한다.

인문학을 위한 변론

옛것을 익히고 새로운 것을 안다면 스승이 될 만하다.
지나간 것을 말해주니 다가올 것을 안다.

마징가는 한자 표기로 '마신魔神'이다. 악의 힘으로 창조되었지만 선을 위해 싸우는 로봇이다. 조종자에 따라 선악이 갈릴 뿐, 마징가 그 자체로는 절대악도 절대선도 아니라는 설정이다.

몇 년 전에 제작된 '진眞마징가' 편에서는 마징가의 탄생 비화가 새로운 시각으로 재창조되었다. 마징가의 외형은 제우스의 갑옷이며, 그 표상인 로켓펀치는 하데스와의 전쟁에서 잘린 제우스의 팔에서 유래한다. 제우스의 팔은 오랜 시간 땅에 묻혀 광석이 되었고, 일본 과학자들에게 발견된 이 광석에서 광자력이란 에너지를 얻게 되니, 우리가 그동안 모르고 있었던 '기운 센 천하장사'의 힘의 원천이다.

주인공들은 마징가의 숨겨진 이야기들을 알아가는 과정에서 광석이 된 제우스의 팔과 마주하게 되고, 그 순간 모든 시공이 무너지면서 제우스가 하데스에게 팔이 잘리던 현장이 눈앞에 펼쳐진다. 마징가는 제우스를 도와주기 위해 하데스에게 로켓펀치를 날리며, 이를 지켜본 제우스가 '재미있는 기술'이라며 자신의 잘린 팔을 다른 손으로 집어 하데스를 향해 던진다. 로켓펀치는 제우스에게 원인이면서 동시에 결과가 된 것이다.

지나간 세대의 동심이 추앙하던 정의의 로봇이 그려내는 세계관도 그다지 단순하지는 않다. 일본 애니메이션이 세대를 아우르는 오타쿠를 양산하는 것은 일본인들의 정신연령 문제가 아니라 작품 속에 녹아 흐르는 나름의 철학 때문이다. 흔히 일본 애니메이션을 따라잡지 못하는 이유를 기술력의 부족으로 알고 있지만, 그들 산업에 많은 한국 하청업체가 관련하고 있다는 사실만으로도 적절한 이유가 되지는 않는다. 더 근본적인 이유는 창조적인 사고가 부족한 사회적 풍토에서 찾아야 할 것이다. 돈만 있으면 헐리우드 블록버스터를 만들 수 있다고 자신할지 모르지만, 글쎄다. 스파이더맨과 아이언맨의 스토리를 만들어낼 수 있는 창의력이 우리에게 있을지도 의문이거니와, 허구일지언정 마치 다가오는 미래에 펼쳐질 과학처럼 다가오는 그 리얼리즘을 우리가 따라 갈 수 있을지도 미심쩍다.

문화의 발전 과정에서 모방의 단계는 필수적이라고 한다. 예술가들이 습작을 통해 창의력을 단련시키는 것과 같은 것이다. 마징가와 같은 발전과 계승은 없었지만, 태권브이가 마징가제트의 모작이었다는 사실을 민족적 정서에 반한다고 해서 무조건적으로 부정할 필요는 없다. 아톰이 마이티마우스의 모작이었음을 인정하면서도 나름의 역사를 써가고 있다는 사실에서 본다면, 오히려 우리가 솔직하지 못함이다.

창조는 새로운 콘텐츠에 대한 의지이지만, 그것을 만들어내는 지력은 상상과 공상만으로 단련되는 것이 아니다. 문자적 의미는 무에서 유를 만들어내는 것이지만, 실제적으로는 기존의 유에서 또 다른 유와 전혀 새로운 유도 창조되는 경우가 많다. 음악을 만들겠노라 건반 앞에서 음계의 조합만을 따진다고 해서 악상이 떠오르는 것은 아니다. 판타지 소설을 쓰겠노라 방 구석에 앉아 공상을 일삼는다고 반지원정대와 해리포터의 아류가 창조되는 것도 아니다. 기존의 창조물, 앞서 살았던 사람들이 남겨놓은 삶의 이야기 대한 관심과 고찰 속에서 창의력도 길러질 수 있는 것이다. 그래서 세상은 일찍부터 인문적 보편성에서 해답을 찾고 있었던 것이다.

溫故而知新 可以爲師
옛것을 익히고 새로운 것을 안다면 스승이 될 만하다.

좋은 점이건, 나쁜 점이건 우리보다 한 발 앞서가는 일본이지만 창의력을 길러주는 사회적 영양은 앞서고 뒤지고의 차이가 아니라 거의 유무의 차이에 가깝다. 한국이 경제적으로는 선진국 반열에 올라섰는지 모른다. 또한 식을 줄 모르는 한류의 열풍으로 인해, 외국에 나가면 손에 쥔 대한민국의 여권이 자랑스럽기도 하다. 하지만 한국은 인문학 소양이 부족한 국가이다. 몇몇 분야의 선전이 이어지고 있을 뿐, 한국은 창의력도 부족한 국가이다. 늘 문제로 지적되는 다양성이 부재한 문화

현상도 이런 연유에서 기인하는 바가 없지 않을 것이다. 정책적으로만 '열린생각'을 표방하는 풍토 속에서 자라난 청춘들에게, 다시 세상이 정해놓은 매뉴얼만을 강조하는 사회의 속성도 당연한 것이 아니겠는가?

그렇다고 한국의 인문학 공급량이 절대적으로 부족한 것은 아니다. 학창시절 배운 모든 과목이 다 인문이 아니던가. 단지 인문학이 인문학으로서 공급되지 않고 있을 뿐이다. 학생들이 목숨을 걸고 집착하는 수학과 영어의 본래 목적은 진학과 취업에 있지 않다. 수학은 수리력을, 영어는 언어 이해력을 키우기 위한 인문임에도 그저 진학을 위해서, 취업을 위해서, 수학과 영어 그 자체가 수단이 되고 목적이 되어버린 지 오래다.

김소월의 「진달래꽃」은 분명 '시'이지만 우리나라 대부분의 청소년들은 '지문'으로 배운다. 이별의 심정보다는 이별을 상징하는 단어들을 찾는 것이 더 큰 관심사이다. 문학은 느끼는 것이 아니라 파악해야 하는 것이 되었다. 최승호 시인은 자신의 시를 지문으로 하여 작가의 의도를 묻는 대학 입시 모의시험에 도전해 보았는데 단 한 문제도 맞추지 못하고, 우리 교육의 가르침을 '가래침'이라고 혹평한 적이 있다고 한다. 학생들은 작가의 의도가 아니라 출제자의 의도를 이해해야 하며, 스스로의 감상을 적는 것이 아니라 공식적인 해석을 외우고 앉아 있는 것이다.

푸코는 시험을 기술적으로 학생들을 통제하는 권력의 한 형태로 간주했다. 마르크스는 시험을 '지식에 대한 관료적 세례'라고 표현했다. 그다지 중요한 사안이 아니더라도 일단 시험에 출제가 되면, 그 지식의 품격이 격상되며 학생들에게 강요된다는 것이다. 전통적으로 시험을 입신양명의 수단으로 여겨온 한국사회에서 아직도 통용되는 상식은 본질을 바라볼 수 있는 눈을 길러주는 것이 아니라 사회적으로 합의된 표상을 각인시키는 교육이다.

한국의 교육시스템은 기술적 진보만 강요해왔을 뿐, 인문학적 진보를 등한시 해왔다. '인문'이 전세계적으로 재조명되고 있지만, 한국은 관련 서적들이 유행을 타고 팔려나갈 뿐, 교육 풍토에는 전혀 영향을 미치지 못하고 있는 실정이다. 상류층의 이데올로기와 정부의 정책을 비판할 일만도 아니다. 민중들 스스로가 그 시스템을 욕하면서도 긍정해왔지 않은가. 정답 이외에는 다른 해석을 생각해 볼 수 없는, 자신의 길이 아니라 공인된 길로 가야 만 인정받는다는 가치관을 심어주고, 부모의 꿈과 사회의 권고로 자라나는 '죽은 시인의 사회'가 바로 지금의 한국사회이다.

告諸往而知來者
지나간 것을 말해주니 다가올 것을 안다.

자공子貢이 물었다.
"가난하지만 아첨하지 않고, 부유하지만 교만하지 않는다면 어떻겠습니까?"
공자가 대답했다.
"괜찮다. 하지만 가난하면서도 즐길 줄 알고, 부유하면서도 예를 좋아하는 것만 못하다.”

자공은 공자의 가르침을 듣고서는 ‘절차탁마切磋琢磨’의 시경 구절을 인용하며 자신의 반성과 의지를 피력한다. 그저 괜찮은 선에서 머물지 않고 더 정진을 하겠다는…. 공자는 말을 해주면 말하지 않은 것까지 깨닫는 자공의 기특함을 칭찬한다.

하지만 한국사회는 말을 해주어야 할 것들도 말을 해주지 않고 있다. 옥석을 앞에 두고도 제대로 자르고, 다듬고, 쪼고, 갈 수 있는 방법을 가르쳐주지 않고 있다. 연장통을 던져준 채, 이것이 망치이고, 저것이 니퍼이며, 다음 시간에는 몽키스패너에 대해 알아보겠다며, 실질적 사용법이 아닌 연장의 구조와 용도만을 가르치고 배우고 있다.

중고등학생들은 아직 어려서, 학교에서 그렇게 가르치기 때문에 그렇다고 쳐도 전공서적 이외에는 인문학 서적 한 권 읽어보지 않고 졸업을 하는 대학생들은 자성해야 한다. 나 역시 언젠가는 그런 젊음 중 하나였음을 지금에 와서 반성하는 고백이기도 하다. 취업을 변명으로 삼아서는 안 된다! 이 사회가 이렇게까지 힘들어진 이유는 분명 기성세대들의 잘못이지만, 지금의 젊음들 역시 그것을 긍정하고 따라가면서 유지하려 들고 있기도 하다. 제도와 풍토가 먼저 바뀌기를 바라지 마라! 그대가 변하지 않고 그것이 먼저 바뀌면 그대는 또 낙오자가 될 것이다. 먼저 바뀌어야 할 대상은 그대 자신이다.

기능의 진보, 인문의 진보

서예라는 문자 예술이 왜 극동에만 존재하는 걸까? 물론 서양에도 문자 디자인의 개념은 있고, 이슬람교에서는 코란 구절을 베껴 쓰는 종교예술이 있지만, 글자 자체와 글자를 쓰는 과정 모두를 예술로 여기는 서예와는 차이가 있다. 이것은 문자에 대한 동서양의 인식 차이에서 연유한다.

'태초에 말씀이 있었나니….'

이것이 있으라 함에 이것이 생겨나고, 저것이 있으라 함에 저것이 생겨나게 되니, 헤브라이즘의 신은 천지창조를 오로지 '말씀'으로 이루어낸다. 이 '말씀', 즉 로고스logos는 이성을 뜻하기도 한다. 그리스철학에서도 말은 순수한 것, 문자는 말의 그림자에 불과한 저열한 기능으로 인식되었다. 서양의 근간인 두 사상이 생각한 문자는 말의 휘발성을 대신하기 위해 어쩔 수 없이 사용하던 것이지만, 읽는 사람에 의해 오역될 소지가 많았던, 약藥이면서도 동시에 독毒이기도 한 모순(파르마콘, pharmakon)이었다. 이렇게 열등시 되었던 문자에 미학이 지분을 차지하며 끼어들 공간은 없었다.

또한 표음문자와 표의문자의 차이에서 비롯된 것이기도 하다. 알파벳 A가 그런 모양이 된 데에는 나름의 사연이 있겠지만, 무엇을 의미하기 위해 그런 모양으로 될 수밖에 없었던 필연적 서사를 가지고 있는 것은 아니다. 궁극적인 목적은 B 혹은 C와 구분되기 위한 '차이'이다. 반면에 중국의 한자는 서양이 문자를 그저 말의 대용품으로 인식했던 것과는 다르다. 중국인들이 보고 느낀 바를 적어놓은 인식의 묘사, 삶의 서사였다. 예술이 인간의 세계관, 인생관 혹은 시대정신과 결부하여 다양한 모습으로 발전하는 사실로 미루어 볼 때, 중국인들이 한자에서 미학적 가치를 찾고자 했던 것은 자연스러운 일이었다.

영어 단어 art는 라틴어 ars를 어원으로 하고, 그리스어로는 techne에 해당한다. art는 처음에는 '기술'이라는 개념으로 사용되어 오다가 실용의 목적을 떠나 순수예술로 분화된 것이다. 오늘날 예술이라고 칭해지는 대부분의 장르들이 처음에는 실용의 한 분야였다가 정신성을 담아내는 행위로 발달되어 왔다. 서예도 마찬가지로 의사소통과 기록이라는 실용의 목적으로 만들어진 문자에 심미 의식이 더해지면서 순수예술로 발달하게 되었다.

서예는 글자 자체의 조형미뿐 아니라 그 글자로 써내려가는 콘텐츠 역시 문학이라는 미학이다. 미학으로 미학을 표현하는 이중의 미학이다. '너는 글씨를 쓰거라! 나는 떡을 썰 터이니….' 한석봉 일화에 이름만 없었으면서도 한국인에게 명필의 대명사로 각인이 되어 있는 왕희지王羲之, 그가 쓴 「난정집서蘭亭集序」가 문인들에게 사랑받은 이유는 최고의 명필이 쓴 최고의 명문이기 때문이다. 비유하자면 임재범이나 이승철이 'Yesterday'를 부른 격이다.

사람은 누구나가 예술적 욕망을 지니고 있다. 그리고 가장 쉽게 접근할 수 있는 영역이 글이라고 한다. SNS와 블로그를 통하여 글쓰기가 보편화 된 시절에도 글에 관한 욕망들이 설전을 벌이고 있으니, 벼슬을 글로 쟁취하던 시절엔 얼마나 자존심이었겠는가? 옛 문인들이 보다 아름다운 서체로 자신의 글을 쓰고자 했던 욕망도 쉬이 짐작할 수 있는 대목이다.

미학이 담고 있는 콘텐츠, 미학을 꿰고 있는 콘텐츠, 동양정신의 산물인 서예가 현대사회에 시사하고 있는 바는 작지 않다고 할 수 있다. 테크놀러지는 기능만의 진보가 아닌 인문적 진보와 궤를 함께 해야 한다는 스티브 잡스의 '무모'와 '갈망'을 생각한다면, 콘텐츠를 미학으로 표현하는 서예야말로 그 표상이 될 수 있지 않을까? 더군다나 글꼴이 디자인을 넘어 목적이 되고 있는 요즘이 아니던가.

스티브 잡스의 업적은 따지고 보면 표음문자를 표의문자로 바꾼 것으로부터 시작된 것이다. 아이콘의 발명 이후 현대인의 생태는 클릭과 터치가 일상화되었다. 스티브 잡스가 글자 폰트에 애착을 가졌던 '우연'이 재미있기도 하다.

'항상 갈망하라! 항상 무모하라!'

스티브 잡스가 기술적 진보의 해답을 인문에서 찾은 이유는, 테크놀러지가 결국 인간의 삶을 위한 것이기에, 기능에 대한 고민보다는 인간에 대한 이해가 앞서야 발전의 방향도 올바르게 예측할 수 있다는 논리였다. 그래서 인류가 살아온 이야기, 인류가 살아가는 이야기, 인류가 살아갈 이야기를 돌아보라는 것이다. 그런 소양들이 쌓인 후에야 필요와 충족이 부합되는 창의력도 생겨날 수 있는 것이다.

귓, 뇐, 댱, 뼉, 룅, 몜, 쉽, 윗, 쫌, 춉, 콤, 툉, 퍈, 휩….

한글은 자모의 조합이 자유로운 과학적인 문자이지만, 평생 한 번도 사용할 일이 없는 글자들도 있다. 쓸 수 있고, 발음할 수 있는 글자임에도 언어생활에는 필요하지 않기 때문이다.

아무리 편리가 필요를 앞서가는 시절이라고 하지만, 인간의 삶을 제대로 조명하지 못한 편리는 필요 이상의 불필요를 만들어 내기도 한다. 삶과 비상식적인 거리로 멀어져 있는 발명은 곧 소외가 된다. 아직 발명이 되지 않은 것이나 다름없다. 자신의 창의력이 너무 기특한 나머지 타인의 필요성을 억측하면서까지 개발해 낭패를 보는 경우들도 있다. 다른 사람은 생각조차 하지 않는 것들을 다른 사람이 미처 생각하지 못한 것으로 착각, 시대를 너무 앞서 갔다고 스스로를 위로하며 패착의 이유를 설명하기도 한다. 자신의 재능을 몰라주는 세상을 탓하기 전에 세상이 원하는 적재적소를 살피는 시장조사가 그래서 필요하다. 그것은 능력이 아니라 관심의 소산이다. 자신의 창의력을 다른 사람들에게 이해시키고자 한다면 먼저 사람들에 대한 이해가 있어야 함은 당연한 일이 아니겠는가? 사람들이 애용하는 기존 것들에 대한 관찰과 성찰 없이 단지 자신의 확신에만 사로잡혀 홀로 유레카를 외치다 보니, 만들어지는 것은 오류에 가까운 창조가 되고 만다. 스티브 잡스의 '갈망'과 '무모'는 '기발'보다는 '공감'이 전제였다.

중국이 발명한 종이와 활자 기술을 가져간 서양은 보편화된 합리와 논리에 힘입어 다시 동양으로 침투해 들어왔다. 그리고 지금도 현재진행형이다. 서점가에 부는 인문학 열풍도 스티브 잡스의 한 마디에 연유한 것이 아니던가. 그런데 그 스티브 잡스의 인문도 동양이 원래부터 지니고 있던 사유이다. 동양철학은 정신적 우위를 자처하며 늘 '신비'의 그늘 속에서만 머물러 있었을 뿐, 현대적이고 실용적인 화법으로 대중의 삶속으로 파고드는 작업에는 게을렀던 것 같다. 자신들만의 프로그래밍 언어로 자신들끼리만 교류하는 선민의식으로 일관해온점도 부정할 수는 없을 것이다. 물론 열린 마음으로 시대의 흐름을 읽어내는 학자들도 더러 있지만, 아직은 부족하다. 어디동양철학만의 문제이겠는가? 자기 영역에만 갇혀 사는 모든 인문이 반성해야 할 일이 아닐까? 안 팔린다고 독자들의 소비성향을 탓해봐야 아무런 소용이 없다. 자신들부터 변해야 하는것이다.

마케팅

관심 있는 사람은 다 아는 LG그룹의 일화이다. 통신시장에서 마케팅으로 재미를 본 CEO가 LG전자에 부임을 했다. 가뜩이나 경쟁력에서 삼성에 밀리고 있는 상황에서 그가 총력을 기울인 것은 마케팅이었다. 기능과 디자인이라는 소비자들의 구매 욕구에 대한 이해 부족은, 그저 마케팅만 해봤고, 또 그 마케팅으로 성공의 맛을 본 자만으로 점철되어 있었다. 기술개발에 전혀 신경을 쓰지 않고, 오로지 가시적이고도 근시안적인 효과를 볼 수 있는 마케팅에만 열을 올린 것이다.

문제는 가시, 근시가 먹히지 않았다는 것. 하지만 자신의 판단이 잘못되었다는 사실을 용납할 수 없었다. 삼성은 라이벌이라 부르기에도 황송할 정도로 앞서 나가고 있었지만, LG전자는 여전히 마케팅 중이었다. 이곳저곳에서 직원들의 불만이 터져 나오기 시작했지만 이제 CEO는 불만의 목소리를 단속하

기에 이른다. 다행히 직원들의 불만이 그룹 총수의 귀에 들어
갔고, CEO는 해고되었다.

맛집의 허와 실을 다룬 영화, 「트루맛쇼」. 마케팅의 힘이
얼마나 대단한지를 여실히 보여주면서도, 약발이 다 되어 손님
의 발길이 끊긴 썰렁한 맛집의 풍경에서는 본질을 망각한 마케
팅이 얼마나 허망한 것인지를 알 수가 있다. 돈은 그저 중개인
과 방송국만 벌어들이는 것이었다. 당장의 매상에 급급했던 맛
집은 모든 손님들에게서 신뢰를 잃었다. 선전문구가 무색할 정
도로 함량 미달이 확인되었을 때, 소비자는 그 브랜드를 다시
찾지 않는다. 맛이 그리 형편없는 편이 아니어도 매체에 소개
된 과대광고를 질타하는 손님들은 '우연히'라도 다시 들르지
않을 것이다. 손님들의 입에서 다른 사람들에게 전해지는 소문
은 어쩔 것인가? 험담은 더 빨리 퍼져나가는 속성을 지니고 있
다는 사실을 모르고, 잠재적 매상을 기꺼이 포기한 셈이다.

글을 모르는 것이 무식한 게 아니다. 내일을 담보로 당장을
누리겠다는 어리석음이 무식한 것이다.

공지영 작가와 한 여자 연예인의 노출에 대한 트위터 설전
이 있었다. 공지영 작가의 글보다 그 여자 연예인의 기사를 넘
놓고 클릭하는 입장이다 보니, '대중의 관심'과 '삶의 목표'에

대한 발언이 이해는 간다. 자신의 말처럼, 자신이 가진 다른 재능을 펼칠 수 있는 발판일 수도, 백수나 다름없는 긴 무명 세월 동안 쌓인 내공이 발휘될 수 있는 준비된 배우로서의 재발견일 수도 있다. 그러니 공지영 작가의 '먹고 살 길'이란 표현이 서운했을 수도 있었을 것 같다. 나도 먹고 살려고 야설 빼고는 닥치는 대로 글을 쓰는 편이라, 십분 공감을 하는 바이다.

하지만 여지껏 섹시 콘셉트로 승부를 걸었던 여자 연예인들 중에 자신의 포부를 입증한 경우는 많지 않았다. 때론 프로그램의 흐름과 상관없이, 느닷없이 펼쳐지는 관능적이고 도발적인 몸사위가 어이없기는 해도, 그냥 그 자체로 보기는 좋다. 나도 아직은 젊고 건강한 남성이기에…. 나름으로는 무명의 설움을 단박에 벗어던지고자 하는, 그 얼마나 처절한 몸부림이겠는가? 또한 자신이 가장 어필할 수 있는 자신감이리라.

다만, 인기를 조금 얻고 나면 자신을 너무 관능적인 이미지로만 보는 시선이 싫다는 둥, 자신의 진실된 모습을 모른다는 둥 헛소리를 해대니 여자들이 싫어하는 것이다. 작정하고 승부를 보려 했음이 뻔히 보이는데도, 그 솔직하지 못한 모습이 가증스러운 것이다. 그렇게 보는 대중의 인식이 싫다면서도 그 말을 내 뱉는 순간에도 가슴골이 드러나는 블라우스와 짧은 스커트를 포기하지 않는다.

이슈가 되고 난 후에도, 여전히 몸매 하나로만 승부를 거는 듯한, 그것이 자신의 전부라는 듯, 연예인이면서 예인藝人으로서의 기량을 보여주지 못하는 모습은, 조금 안쓰럽다 못해 지루하기도 하다. 프로그램의 흐름과 상관없이 무조건 자기 유

행어와 개인기만 들이미는 개그맨들의 한결같은 패턴에 질리
는 것과도 같다. 시청자의 반응이 시들해지자, 개인기를 더 디
테일하게 숙련을 하는 개그맨들처럼, 섹시함에 대한 반응이 시
들해지자, 더욱 과감한 포즈와 의상으로 실시간 검색 순위만을
노린다. 우릴 대로 우렸으면, 찻잎을 바꿀 만도 하건만, 그것밖
에 없다. 노력은 하지만 반성이 없는 것이다.

　남성들은 그다지 개의치 않는다. 그녀들의 직업이 가수인
지 배우인지에 대해서, 음악 세계와 연기 철학에 대해서는 관
심을 갖지 않는다. 당장에 보여지는 그 섹시함을 감상하는 것
으로 좋을 뿐이다. 그 이상을 기대하지도 않는다. 나도 특정 집
단의 욕을 먹으면서까지 굳이 이 글을 써야 하나 싶지만, 문제
는 남성들에겐 그녀가 아니더라도 건강미 넘치는 다른 몸매들
이 얼마든지 있다는 점이다. 굳이 그녀가 아니어도 된다. 그녀
의 브랜드를 사랑하는 것이 아니라, 그저 축복받은 젊음의 상
징에만 관심이 있는 것이다. 결국 그녀들의 인기라는 것도 젊
음과 함께 사라지고, 남성의 시선은 치고 올라오는 어린 섹시
함으로 옮겨간다.

　섹시를 포기하라는 말을 하고자 함이 아니다. 섹시가 뒷받
침해 줄 수 있는 자기의 계발 없이, 그저 당장의 '관심'에만 급
급한 마음들을 말하고자 함이다.

　시장의 논리로, 시장의 논리를 고찰해 볼 필요도 있다. 이
효리 씨의 섹시함을 대신할 여자 연예인들은 많다. 하지만 이
효리라는 브랜드와 콘텐츠를 대신할 수 있는 여자 연예인은 그
다지 많지 않다. 단순히 섹시함 하나로 승부하는 것은 아니라

는 사실을 대중들도 안다. 그러나 당장의 보이는 게 급해, 본질에 대한 성찰보다는 세상의 수요에 자신을 내맡기는 섹시 스타들. 세상의 수요라고 표현하기에는 자신의 욕망의 크기가 더 크다는 사실을 대중들도 안다. 그저 섹시함 하나로 모든 것을 채우려 하기에 그들에게 어떤 다른 재능이 있는지에 대해서 관심을 갖는 대중들은 드물다. 단물이 다 빠지면 또 다른 섹시 아이콘에게 채널은 돌아간다. 정작 자신들은 자신의 이미지가 그런 소모품이란 사실을 자각하지 못하고, 인기가 육체의 노화 속도보다도 빨리 시든다는 사실도 모르는 것 같다. 세월을 거슬러 억지를 써 가면서까지 다시 한 번 섹시 콘셉트를 들고 나와 다른 섹시함들과 겨루고자 하는 저력은, 안쓰럽다 못해 어처구니가 없기까지 하다.

물론 물 들어올 때 노를 저으라고, 가장 아름다운 젊음의 시간을 최대한 이용하는 처세인지도 모르겠다. 하지만 아름답게 늙어가는 모습까지 염두하며 사는 지혜가 있다면, 섹시와 지성을 겸비한 더욱 완벽한 여성으로서의 삶이 아니겠는가?

是聞也 非達也
이는 잠깐의 인기이지 영달이 아니다.

옷을 더욱 예쁘게 입는 방법은 조화로운 코디 이전에 몸매를 가꾸는 것이다. 맵시는 몸의 디자인에서부터 시작되며 몸을 가꾸는 노력이 동반되어야 옷 선택의 폭도 넓어진다. 안을 가꾸고, 가꾸지 않고는 반드시 겉으로 드러나기 마련이다.

마찬가지로 마음은 몸을 통해 드러나기도 한다. 과감한 노출을 통해 관능의 욕망을 분출하는 패션 트렌드. 하지만 뭘 입어도 섹시한 안젤리나 졸리가 있는가 하면, 돈을 처들여 섹시하게 입어도, 슬림한 몸매보단 슬림한 정신만이 드러나는 패리스 힐튼도 있다. 섹시의 완성은 '개념'이라는 사실을 증명해주는 대표적인 사례이다.

그리고 여성들이여! 남자들은 의외로 여자들의 비키니와 시스루에 환장하지 않는다. 오히려 무릎 선에 떨어지는 평범한 스커트와 슬림한 블라우스의 단정함이 주는 은근함에 녹아내린다. 다 보이는 것이 아니라, 보일 듯 말 듯 보이지 않는 것에, 이미 벗겨져 있는 것보다는 아직 더 벗겨질 수 있는 가능성이 남아 있는 것에 환장한다. 남성들이여! 그렇지 않은가? 뭐, 나만 그런 것인가?

사랑보다 깊은 상처

공자는 괴이한 힘과 세상을 어지럽히는 신을 이야기 하지 않았다.

남산을 사이에 두고 두 종교의 성지가 자리 잡고 있으니, 바로 명동에 위치한 명동성당과 이태원에 위치한 이슬람사원이다. 같은 하늘을 이고 서로의 신에게 기도를 올리듯, 어쩌면 같은 신을 서로 다른 이름으로 부르고 있는지도 모를 일이다. 남산의 서로 다른 면을 바라보며 기억에 새기는 남산의 이미지처럼….

개신교인들 중에는 하나님과 하느님의 차이를 One과 Heaven으로 설명하곤 하는 사람들이 있다. 낭설에 불과하다. 조선 말기까지 하늘의 표기는 'ᄒᆞᄂᆞᆯ'이었는데, 그 발음이 남쪽은 '하늘'에 가까웠고, 북쪽은 '하날'에 가까웠다고 한다. 기독교는 평양에서 먼저 부흥운동이 일어났지만, 레닌에 의해 종교라는 정신과 행위가 철저히 부정된 공산주의 정권이 들어서면서 그 복음의 운동은 남쪽으로 향할 수밖에 없었다고 한다. 그들이 가지고 내려온 신의 이름이 '하나님'이었다. 하지만 이런 이야기를 함부로 했다간 개신교인들의 뭇매를 맞을지도 모른다.

고故 서정범 교수의 저서에서 'ᄒᆞᄂᆞᆯ'의 어원을 찾아보았다. '한'과 '낟'이란 몽고어의 합성이다. '한'은 음운변화를 거쳐 '해'가 되었고, '낟'은 오늘날의 '날'과 '낮'이 되었다. 모두가 태양을 뜻하는 말로, 하나님과 하느님은 하늘에 떠 있는 하나뿐인 태양을 숭배하던 신앙관에서 그 연유를 찾을 수 있다. 결국엔 One이기도 Heaven이기도 한 것이다. 너의 하늘과 나의 하나가 다르지 않은 것이다. 하지만 우리에게 낮으로 푸르게 타오르는 태양이 세상 어딘가에서 저녁으로 붉게 물드는 석양인 것을 보고, 이상한 하늘과 태양을 섬긴다고들 생각한다.

하늘인지 하나인지가 그렇게 중요한 문제가 되는 사바세계, 정작 신의 의중은 반영도 되지 않았지만, 중요하지도 않다. 신을 믿고 있는 사람들의 신념이 중요하다. 언제나 신의 이름으로 자행되는 몰상식들도 마찬가지가 아니던가. 이삭이 젖과 꿀을 버리고 이스마엘의 석유를 탐하는 것도 신의 뜻이란다. 이 무슨 롱기누스의 창에 에반게리온 옆구리 터지는 소리란 말인가. 인간의 욕망을 위한 명분이 되어버린 신이, 하늘이면 어떻고 하나이면 또 어떠랴.

'나 이외의 다른 신을 섬기지 말라!'

신의 '말씀'은, 자신 이외의 다른 신이 존재한다는 전제가 아니던가? 히브리어를 모르기 때문에 원문의 정확한 뜻은 모르지만, 그렇다고 이 말을 다신론으로 해석하고 싶지는 않다. 다른 신이란 결국 인간의 의식으로 인간이 만들어낸, 자신들의 종교만을 정당화하는 그런 몹쓸 신일 것이다. 그리스도가 예언한 적그리스도이다.

子不語 怪力亂神
공자는 괴이한 힘과 세상을 어지럽히는 신을 이야기 하지 않았다.

미국인들의 상당수가 아담과 이브의 신화를 팩트로 믿는다고 한다. 한국의 기독교인들도 역시 마찬가지일 것이다. 믿는 것을 뭐라 하지는 않는다. 그렇다면 단군신화는 왜 안 믿는지를 묻고 싶다. 갈비뼈를 취해 이브를 만든 것은 사실이고, 마늘을 먹은 곰이 웅녀가 된 것은 거짓이란 말인가? 또 아는가, 그 시절엔 또 그랬을지? 이 말이 억지라고 생각하는가? 맞다. 당연히 억지이다. 억지를 쓰고 있음을 모르는 것은 아니다. 남의 가치관에도 관대할 줄 아는 사랑이 그리스도가 남기고 간 정신이 아니었던가. 그 정신을 빌미로 도리어 그 정신을 퇴색시키고 있는 일부 몰지각한 기독교인들의 억지를 성토하고 싶을 뿐이다. 내 사랑만이 진정한 사랑이라며, 사랑을 강요하는 스토커와 다를 게 뭐가 있는가? 아무 곳에서 사방을 둘러보아도 하나쯤은 발견이 되는 한국 교회의 위치선점 능력, 그렇다고 과연 한국이 사랑이 넘쳐나는 사회이긴 한가? 행복이 넘쳐나길 하는가? 자살률은 또 왜 이리 높단 말인가? 자살은 죄라면서도, 저 너머에 무언가가 있을 거라는, 신의 율법이 아닌 인간의 편법으로, 이 삶으로부터 저 죽음으로 이끌고 있는 것은 아닌가?

　헤브라이즘의 신, '야훼(YHWH)'의 본래 뜻은 '존재하는 모든 것을 존재케 하는 자'라고 한다. 세상 밖에서 세상을 만들어낸 절대적 인격체라기보단, 세상 안에서 세상으로 존재하는 신, 동양의 인문적 개념에 가깝다. 동양은 그런 신의 개념을 섭리로 존재하는 '스스로 그러함', 곧 '자연'이라고 불렀다.

　기독교인들은 이런 인문적 신의 개념을 잘 납득하지 못한다. 자신들의 이해 밖에서 존재하는 사유들은 모두 신성모독으로 몰아간다. 신이 인간들에 의해서 이해될 수 있는 존재는 아닐 터, 어느 쪽도 신의 의미를 인간의 인식으로 규정한 신성모독이겠지만, 동양적 사유는 신을 알 수 없는 영역으로 남겨두는 반면, 기독교적 사고는 신의 모든 것을 기어이 '성령'이란 단어로 설명을 하고 설득을 한다. 그리고 비기독교인들에게 '너희는 알 수 없는 무언가가 있다'며 정신적 우월감을 피력하기도 한다. 그러나 묻고 싶은 한 가지, 인간이 알 수 없는 신이 더 절대적인가? 인간에 의해 설명되어질 수 있는 신이 더 절대적인가? 신을 안다고 말하는 게 불경일까? 신을 모른다고 말하는 것이 불경일까?

　자신의 모습으로 인간을 만들었다는 논리는, 인간 인식의 한계로 규정해 놓은 어드밴티지이다. 신의 선택을 받아 모든 자연보다 우월하다는 명분으로, 인간은 자연이 고르게 부여받은 신의 은총을 착취해 왔다. 더군다나 인간 스스로 규명해 내야 할 문제들까지 신의 영역으로 방치하고, 인간들의 편의대로 왜곡하면서도, 신에게 모든 책임을 떠넘긴다. 역병을 다스리고

자 신의 이름으로 수많은 마녀를 불태웠던 인류가 아니던가. 오늘날에는 그저 마녀가 사라졌을 뿐이다. 여전히 무언가가 불태워지고 있는지에 대한 반성은 없다. 그러나 여전히 예수 그리스도의 이름으로 두 손을 모아 기도를 드린다. 예수께서도 돌을 집어 던지시리라.

"예수님이라면 이곳에 학교를 먼저 지으셨을까? 성당을 먼저 지으셨을까? 아무리 생각해봐도 학교를 먼저 지으셨을 거 같다. 사랑을 가르치는 거룩한 학교, 내 집처럼 정이 넘치는 그런 학교 말이다."

톤즈의 눈물을 위로하던 이태석 신부님이 생각한 예수 그리스도의 모습이다. 목수 출신의 미적 감각이 향한 곳은 높은 첨탑 위의 십자가가 떠받치고 있는 하늘이 아니라 십자가가 굽어보고 있는 이 땅 위에서의 삶이다. 하느님의 사업은 하늘을 향한 것이 아니라 사람을 향한 것이어야 하지 않겠나. 그럼에도 사업비로 건물만 높이고 있는 한국의 교회당, 혹 바벨탑을 현대적으로 쌓아올리고 있는 것은 아닐까? 그래서인지, 알아듣지 못할 엉뚱한 소리를 세상에 내뱉는 종교인들이 종종 있다.

그리스도의 이름을 도용하지 말고, 포교의 명분으로 삼지 말며, 남의 종교 속으로 '진출'할 계획보단 세상의 절망 속으로 몸소 뛰어들 계획을 세우는 것이 신의 전령을 자처한 자들의 참된 모습이 아닐까 생각한다.

3

생각 너머의 생각

순수이성 비판

배우기만 하고 생각하지 않으면 얻음이 없고,
생각하기만 하고 배우지 않으면 위태롭다.

원근법을 맨 처음 사용해 그린 벽화를 보고, 사람들은 그림 속에 실제 공간이 있는 것으로 착각해 벽을 더듬거렸다고 한다. 시각장애인들이 시력을 되찾게 되어도, 곧바로 일반인과 같은 원근감과 입체감으로 볼 수 있는 것은 아니라고 한다. 우리가 갓 태어난 아기였을 때도 지금과 같은 시력을 지녔던 것은 아니다. 그래서 늘 허공으로 손을 내밀어 무언가를 만지려 했던 것이다. 눈이 있다고 해서 그것이 곧 시력과 시각이 되는 것은 아니다. 세상의 이것저것을 둘러보고, 바라보고, 살펴보는 경험을 통해 계발이 된다.

철학사에 있어서 칸트의 위상은 경험론과 합리론의 종합이라는 수식으로 설명된다. 경험만으로 사유가 이루어질 수는 없으며 경험 없이는 사유도 불가능하다는 것. 사고와 관찰, 그 모두가 구비되어야 그것이 곧 통찰이 될 수 있다는 말이다. 바람개비를 비유로 들자면 바람은 경험이고, 바람개비 자체는 사고력이다. 바람이 불어와야 바람개비가 돌 수 있지만, 바람개비 자신도 이미 바람을 받아 돌아갈 수 있는 구조를 가지고 있어야 한다.

현상은 이미 내부에 존재하는 인식의 틀에 맞추어진 상태로 해석이 되지만 인식의 지평은 경험을 통해 넓어진다. 그래서 어릴 적에는 보이지 않고, 들리지 않고, 이해가 가지 않던 것들이 어른이 되어서야 보이고, 들리고, 이해가 가는 경우들이 있다. 물론 이와 반대의 경우도 있다. 아이들이 보고 듣는 것을 어른들은 보고 듣지 못하고, 인디언들이 보고 듣는 것을 문명인들은 보고 듣지 못한다. 기존 경험에 대한 맹신의 폭으로 좁아진 인식의 틀이 더 넓은 범위의 경험과 사유를 받아들이지 못하는 것이다.

공자에 따르면 그 인식의 틀을 결정하는 요인이 생각과 배움이다. 생각은 틀 자체이고, 배움이란 한계의 범위를 넓혀주는 경험적 정보라 할 수 있다.

비판적 사고를 거치지 않고 머릿속에 집어넣는 정보가 곧 지평이 되는 것은 아니다. 한정된 지평 속에 저장된 기억의 누계일 뿐이다. 그러다 보니 포화점을 넘는 것들은 망각의 강물로 던져진다. 파지把持의 은혜를 입은 기억은 오히려 선입견이 된다. 이후 입력되는 정보들은 자신의 선입견을 거름망 삼아 자연스레 걸러지기 마련이다. 실상 많은 사람들이 새로운 사실을 알기보다는 자신의 신념을 뒷받침해 줄 수 있는 증거를 수집하기 위해 책을 읽는다고 한다. 당연히 독서의 스펙트럼이 넓어질 수가 없다. 자신의 눈과 마음에 익은, 읽기 편한 것들만 골라 읽고 있는 것이다. 결국엔 새로운 것을 아는 것이 아니라 기존에 알고 있던 것을 공고히 한다. 쇼펜하우어는 '자신의 머리가 아닌 타인의 머리로 생각하려는 행위'라며, 사색 없는 독서와 단순한 경험은 삶을 허비하는 짓이라고 단언한다.

지식의 목적을 단순히 박식에 두더라도 지식의 저장 용량을 늘려야 더 잘난 박식이 될 수 있을 게 아닌가. 메모리의 저장 공간을 늘리기 위해서는 지력知力의 계발이 필수적이다. 지식의 씨앗이 뿌리를 내리고 가지를 치려면 스스로의 사고력이 영양과 수분을 공급하는 지력地力이 되어주어야 한다. 씨앗만 가지고 모종 장사를 할 것이냐, 씨앗에서 꽃과 열매를 취할 것이냐는 그야말로 생각의 차이이다.

공자는 이르길,

不憤不啓 不悱不發 舉一隅 不以三隅反 則不復也

통달하고자 애쓰지 않으면 열어 주지 아니하며, 표현하고자 애태우지 않으면 일깨워 주지 아니한다. 한 모퉁이를 들어 가르쳐 주었는데 이것을 가지고 나머지 세 모퉁이를 추론하지 않는다면 더 이상 일러주지 않는다.

계啓와 발發의 합성어인 '계발'의 어원이 되시겠다. 생각 좀 하고 살라는 소리다.

배움 없이 생각만 해서도 안 된다. 언제나 자기의 지평 안에서 모든 사고가 이루어지기 때문이다. 자기 생각만이 생각이다. 모든 인식은 자신의 선입견으로 포섭이 된다. 스피노자의 표현을 빌리자면 '인식의 결과는 자기원인의 결과', 즉 스스로가 설정한 전제에 대한 의심을 허락지 않는 것이다. 당신의 경험은 세상을 채우는 수많은 사연 중 하나일 뿐이다. 당신의 생각 너머엔 당신이 모르는 생각들이 있고, 당신의 경험 밖에는 당신이 모르는 삶들이 있다.

다른 이의 견해를 묻는다는 것은, 나와 생각이 다른 누군가의 생각을 이해해 봄으로써 객관성을 유지하겠다는 의지이다. 하지만 대부분의 사람들은 나와 생각이 같은 이들의 의견만을 수렴해 자신의 객관성을 주장한다. 기껏 내세우고 있는 객관성이라는 것도 불특정 소수의 합의에 지나지 않는, '남들도 그렇다던데….'이다. 정체된 사고를 기준으로 선택한 표본이 객관적인 경험치일 리 없고, 그것을 논거로 진행되는 주장이 논리적일 리도 없다. 하지만 끝끝내 '직관'이란 단어를 들먹이며 자신의 생각만을 고집한다. 문제는 직관이란 것이 상대방에게도 있다는 점이다. 지금 상대방은 당신의 직관이 못 미더워서 당신의 생각을 거부하고 있는 것이다. 어차피 감들의 충돌인데, 왜 당신의 감만이 존중되어지길 바라는가?

메를리 퐁티, 지각의 현상학. '모든 사고에 앞서 스스로 우리의 경험에 끊임없이 현존하는 잠재적 지평으로서의 몸이 지각의 근거가 된다.' 그래서 그것에 대한 직접적 경험이 없는 사람들도, 전혀 다른 경험을 근거로 추론된 자신의 생각이 정답인양 믿어버린다. 지각의 한계가 그것밖에 되지 않기 때문이다. 직관이란 것은 수많은 경험이 몸에 배인 내공이다. 쌓여온 시간들이 순간에게 말을 거는 문제해결력이지, 당면한 '지금 여기'에서 단편적으로 느끼는 독단적인 상상력을 말하는 것은 아니다. 생각만 하지 말고 몸으로든, 마음으로든 배우며 살라는 이야기다.

공자의 유학은 맹자와 순자의 두 계보로 이어진다. 성선과 성악의 구도로 더 유명한 이 두 현인, 맹자가 공자의 인仁에 중점을 두어 계승을 한 반면, 순자는 예禮에 중점을 두었다. 맹자는 사思를 강조하여 선한 마음을 지킬 것을, 순자는 학學을 통해 악한 마음을 절제해야 할 것을 강조했다. 공자의 계승자들이 공자의 인식론까지도 나누어 가진 느낌이다.

생각 너머의 생각

레드 제플린, 롤링 스톤즈, 딥 퍼플, 핑크 플로이드, 너바나…. 굳이 록 음악을 좋아하지 않는 사람이라도 자신의 음악적 소양을 피력하기 위해서는 반드시 사뿐히 털어줘야 하는 매뉴얼들이 있다. 본 조비의 감성으로 자라난 나는 솔직히 뭐가 좋다는 것인지 잘 모르겠다. 하지만 솔직한 내 감흥보다는 어디 가서 무식하다는 소리를 듣고 싶지 않은 자존심이 앞선다.

존 레논과 폴 매카트니의 음악에 대한 세간의 평은 예술성과 대중성으로 갈린다. 나는 솔직히 존 레논의 음악도 잘 모르겠다. 그의 표상이라 할 수 있는 '이매진Imagine' 조차도, 그 단순한 가사와 밋밋한 멜로디 어느 곳에서 위대한 음악이라고 칭송을 해야 하는 것인지 아직도 이해하지 못하고 있다. 하지만 무식하다고 욕을 먹을까봐 어디 가서 이런 소리를 대놓고 하지는 않는다. 견해야 개인적일 수 있지만 많은 사람들이 좋아하는 음악 앞에서 내 부족한 소양을 들키고 싶지는 않다. 음악이 이해가 가지 않으면서도 예술성이라는 그의 표상에 발을 얹기 위해 '이매진' 가사를 외우고 앉아 있었던 허영심이기도 하다.

내가 좋아하지 않는 것은, 말 그대로 내게 있어서의 가치일 뿐, 그것들의 진정한 가치는 내 생각 너머의 생각이다. 내가 이해하지 못하는 것일 뿐, 좋지 않은 것이 아니다. 굳이 맞고 틀림을 따지자면 내 생각이 틀렸을 것이다. 많은 사람들이 좋아하는 데에는 그만한 이유가 있다. 남을 설득하기보단 자신의 공감 능력을 먼저 반성해 보는 것이 조금 더 객관적인 태도이지 않을까?

君子於其所不知 蓋闕如也
군자는 자기가 알지 못하는 것에는 경솔하게 함부로 말하지 않는다.

한창 힙합에 미쳤을 때가 있었다. 힙합이야 말로 진정한 음악이고, 진정한 삶의 철학이었다. 이현도와 김성재를 찬양하는 듀시스트Deuxist의 일원으로서, 교복 바지마저 헐렁하게 내려 입으며, 껄렁대는 몸사위로 교실 바닥을 쓸고 다니면서 듀시즘Deuxism을 실현해내곤 했다. 왜 대중들이 다른 장르의 음악을 좋아하는지를 이해할 수가 없었다. 그러나 정작 힙합 정신의 본질은 자유이다.

밴드를 하는 친구들 중에는 스콜피온스나 본 조비와 같은 대중적인 멜로디를 무시하는 경우들이 종종 있다. 그들의 음악을 좋아하는 대중들의 취향을, 음악을 제대로 알지 못하는 수준 낮은 감성으로 폄하하기도 한다. 그런데 록 스피릿이 추구하는 가치도 자유이다. 정작 좁은 식견으로 자신이 추종하는 음악이 내세우는 가치와는 반대로 남들의 자유를 천박하다 이른다. 음악 앞에서 겸손할 줄 모른다. 자유를 향한 샤우팅과 몸사위가 정작 자신들이 설정한 자유에 구속이 되어 있는 셈이다. 자신이 좋아하는 음악만을 알고 그것만 들을 뿐, 음악의 폭도 넓지 못한 것이다.

'타도 본 조비'를 외치며 등장했던 많은 록그룹들은 역사 속으로 사라졌지만, 본 조비는 아직도 자신들의 음악으로 늙어가고 있다. 왜 그들은 본 조비를 타도하려고 했을까? 대중성으로 예술성을 매도했다는 것이다. 부활의 김태원도 한때 이와 비슷한 이유로 비난을 받았다. 웃기지 않은가? 기준도 모호한 대중성과 예술성, 누구를 일부러 약올리려고 그런 음악을 만든 것도 아닐텐데, 그렇게들 과민하게 반응을 한다. 어차피 예술이란 게 감상해주는 대중을 위해서 존재하는 것이지 않던가. 대중을 위한 것이 아니라면 개인소장으로 만족해도 좋으련만, 결국엔 자신들이 욕망하는 것도 대중의 사랑이다. 자신을 좀더 사랑해달라는 어리광을 부리는 것에 불과하다.

대중들에게 많은 사랑을 받는 콘텐츠에는 무조건 딴죽을 걸고 보는 사람들이 있다. 이 또한 내 일방적인 견해이겠지만, 썰을 푸는 어휘력으로 볼 때, 그런 사람들 중 많은 경우가 관심에 대한 욕망이 들끓는 크리에이터 지망가인 것 같다. 그런 공감능력으로 누군가의 공감을 얻으려 한다는 것 자체도 모순이 아닌가? 모차르트와 베토벤도 오페라와 교향악을 대중화시킨 천재들이었다. 「마술피리」와 「엘리제를 위하여」를 예술성의 이유를 들어 품평한다면 이 얼마나 우스운 무식의 소치란 말인가?

비트겐슈타인의 언어철학의 전제.

'말할 수 없는 것들에는 침묵을 지켜라.'

하지만 오히려 이 전제를 빌미로 자신의 가치만을 고집하는 사람들도 있다. 말이란 게 원래 그렇게 자기 편한 대로 이용이 되지 않던가. 자신의 가치를 고집하는 것을 뭐라 할 수는 없다. 그러니 남의 가치에 트집을 잡지 말라. 이해가 가지 않는다면 억지로 이해할 필요도 없다. 하지만 이해조차 하지 못한 것들을 논박하려 드는 오만과 자만이라면 제발 그 입을 다물라! 공감의 논거는 자신이 좋아하는 자료가 아니라 모두가 납득할 수 있는 자료여야 하지 않겠는가? 가장 잘못된 논거는 그대 자신일 수도 있다.

개성

책을 몇 권 출간하고 꼴에 작가라는 타이틀을 얻게 되면서 내 글에 대한 이런 저런 견해들이 들려오기 시작한다. 관심만으로도 감사해야 할 일이고, 내 부족함으로는 겸허히 받아들여야 하는 것임을 알지만, 조금은 부담스런 방식으로 의견을 피력하는 사람이 있다. 다른 사람도 아닌 최측근이다.

친한 후배 중에 소설을 좋아하는 녀석이 있다. 그가 가장 좋아하는 작가는 소설가 김훈이다. 녀석은 내 글이 그렇게 마음에 들지 않는지, 툭하면 다른 작가의 글들과 비교를 하곤 한다. 소설에도 도전을 하고 있는 입장이다 보니 소설가들이 글 잘 쓴다는 사실을 모르지도 않고, 내가 비교 대상이 될 만한 필력이 아니라는 것쯤 또한 어찌 모르겠는가.

나도 이런 저런 작가의 글들을 보면서 진화를 꾀하고 있는 입장이라는 변명을 후배 녀석에게 누누이 말한다. 여기서 중요한 것은 '누누이'라는 부사이다. 같이 술만 먹었다 하면 내 글에 대한 불평불만을 털어놓는다.

변론해 보자면, 나는 내가 글을 잘 쓴다는 말을 한 적도 없거니와 그렇다고도 생각하지 않는다. '내 글은 글도 아니구나!'라는 생각이 들 정도로 나를 절망시키는 작가들은 많다. 그래서 늘 끊임없이 공부를 하고 반성을 해나가고 있는 중이다. 이런 내 의견을 '늘' 말해도, 글은 그렇게 쓰는 게 아니라며, '늘' 시비가 끊이질 않는다.

"내 주변 사람들도 다 공감이 안 간대."

내 변명의 논리에 밀리면 녀석은 불특정 소수를 들어 자신의 정당성을 비호한다. 기를 쓰고 노력하고 있는데, 아직 수준이 이것밖에 되지 못한다. 그래도 먹고는 살아야 하니, 그들을 공감시키지 못한다는 이유로 글을 안 쓸 수는 없고… 내 글을 마음에 들어 하는 출판사가 있어 출간을 계속하는 것뿐이니, 넓은 마음으로 양해해 주시길….

사람은 누구나가 예술적 욕망들을 지니고 있다고 한다. 그리고 접근이 가장 용이한 것이 글이라고 한다. 더군다나 인터넷과 SNS를 통해 글쓰기가 보편화 된 요즘이다 보니, 자신의 소양과 견해를 피력하고 싶은 욕망들이 넘쳐나는 것도 당연한 일이다. 하지만 미적 만족 이전에 생존의 문제로 글을 쓰는 사람들도 있다. 내가 내 멋에 취해 쓰는 글이라면 모르겠는데, 나도 일단 내가 쓴 글이 팔려야 하는 입장이다. 그래서 대중들이 좋아하는 작가들의 이런저런 글들을 보면서 숱한 반성을 하지만 어쩔 수 없는 부분들이 있다.

‘나’이기를 포기하면서 쓰는 글이 내 글이기나 한가? 후배 녀석은 나 보고 그걸 포기하라는 것이나 마찬가지다. 이런 이야기를 백날 해봐야, 술에 취한 밤이 찾아오면 다시 실갱이가 벌어진다. 후배는 전에 했던 이야기를 계속 반복하고, 나는 전에 했던 변명을 계속 반복하는 주사酒邪가 이어진다. 결국 자기 맘에 들게 쓰라는 이야기 같다.

이외수 작가나 김영하 작가도 자신들의 에세이에서 이런 사연들을 소개하는 걸 보면, 아마 작가들을 통해 대리만족을 얻고자 하는 심리인 것 같기도 하다. 유명한 작가들도 그러할진대, 나 같은 미천한 글쟁이가 그런 평들에 기분나빠 하는 것은 속된 말로 ‘오바 싸는 짓’이리라. 다만 나를 향해 쏘아대는 그 화법이 기분나쁠 뿐이다.

‘필력’과 ‘깊이’를 문제 삼는 이유가 내가 소설의 문체를 잘 모르기 때문이란다. 필력과 깊이가 문제일 수는 있지만, 자신이 좋아하는 글이야말로 필력이고 깊이라는 식이다. 자기가 안타까워서 하는 말이란다. 날 위해서 하는 말이란다. 하지만 나는 소설‘도’ 읽는다. 문단에 대한 상식이 부족할지는 몰라도, 나 또한 김영하와 박민규를 좋아하고, 소동파를 읽고, 박지원을 외우고, 루쉰을 분석한 세월이 있는데…. 더군다나 내가 지금까지 출간한 글들은 소설도 아니었다.

안타까운 것은 내가 후배 녀석을 위해서 용비어천가를 쓰는 것도 아니고, 최초의 독자가 나이기에 어쨌거나 내 마음에 들어야 한다는 점이다. 부족한 안목일지언정 내가 할 수 있는 최선을 다해 써내려가는 글인데, 자기 맘에 들지 않는 내 글은 다른 것이 아니라 틀린 것이 되어버린다. 그래서 지금은 틀린 대로 글을 써내려가고 있는 중이다.

　내가 가지고 있는 색깔은 파란색인데, 노랑과 빨강을 이야기한다. 그래서 노랑과 빨강이 어떤 색깔인지를 들여다 보지만, 내가 가지고 있는 원래 색깔이 파랑이다 보니 녹색과 주황이 될 뿐, 순수한 노랑과 빨강이 될 수는 없다. 하지만 노랑과 빨강이 아니라서 틀렸다고 한다. 나도 내가 맞았다고 한 적은 없는 데 말이다. 하지만 노랑과 빨강 이야기는 그치질 않는다. 노랑과 빨강만 쫓는다면 그것이 과연 '나'이기나 한 것인가? 세상의 모든 색을 받아들여 검정색이 되어도 노랑과 빨강을 이야기 할 것이다. 내가 무지개가 되어도 나머지 색은 사족에 불과하니 노랑과 빨강을 택하라 할 것이다.

「화엄경華嚴經」의 원래 이름은 「잡화경雜花經」이다. 모든 꽃들이 지니고 있는 각자의 이야기가 모두 진리이다. 매란국죽에 무슨 품급을 따지랴? 모두가 그 자체로의 아름다움인 것을. 또한 욕심낸다고 해서 다른 꽃들과 같아질 수도 없는 노릇이다. 부식되지 않는 자기 자신의 정체성 그 자체, 라이프니츠가 언급한 모나드monad이다.

　하지만 매란국죽의 품급을 따지는 사람들이 꼭 있다. 네가 피운 것은 꽃이 아니라는 양. 그저 자신의 기호에 불과함에도 자신의 가치를 다른 사람에게 굳이 강요한다. 자신은 권유라고 표현한다. 듣는 사람이 강요로 느껴지는…. 개념의 선택마저도 강요를 하고 있는 것이다.

공자에 대한 이야기를 쓰는 입장에서 이런 일화를 담는 것도 군자다운 행동은 아니다. 후배가 이 글을 읽는다면 또 한 바탕 설전이 벌어질 것이다. 하지만 나는 성인군자가 아니다. 분명 응어리진 내 못난 마음의 발로이리라. 나도 안타까워서, 너 위해서 하는 말이다. 어차피 너도 나도 피차 정답이란 보장은 없으니.

자신의 신념을 통념으로 착각을 하는 사람들이 있다. 통념이란 것도 진리는 아닐진대, 짜장면을 좋아하는 사람이 춘장의 정통성 하나를 믿고, 짬뽕 따위가 어찌 청요리가 될 수 있냐고 따지고 있는 것이다. 짜장면만큼이나 짬뽕을 좋아하는 사람들도 많기 때문에 중국집 메뉴에서 빠지지 않고 있는 것이 아닌가. 정말로 웃기는 짜장이 아닐 수 없다. 자신이 이해할 수 없다고 차이를 인정하지 않는다. 이해가 가지 않는다면 이해하지 않으면 그만이건만, 굳이 폄하를 한다. 알겠다고. 나도 짜장면을 좋아한다고. 다만 짬뽕을 더 좋아할 뿐이라고, 짜장면의 정통성은 인정하다고 했더니 이젠 탕수육은 소스에 찍어먹는 것이 아니라 소스를 부어먹는 것이라고 따진다. 정말, 환장한다. 도대체 뭘 어쩌라는 것인가.

毋意, 毋必, 毋固, 毋我

내가 맞다는 말을 하고자 함이 아니다. 취향은 사람마다 다르니 네 생각과 내 생각이 서로 다를 수 있다는 이야기를 하고 있는 것이다.

역지사지의 정신

제자 자공子貢이 죽을 때까지 행해야 할 덕목의 키워드를 물었다.

공자 대답하길,

其恕乎 己所不欲勿施於人

그것은 서恕일 것이다. 자기가 하고자 하지 않은 바를 남에게 행하지 마라.

일부 철학자들은 이 부분을 '자신이 원하는 것을 남에게 행하라.' 라고 바꿔 볼 수 있으며, '자신이 원하는 것'과 '남이 원하는 것'이 동일하지 않은 조건 하에서는, 서恕라는 행위 원리가 타자에게 가하는 폭력일 수도 있다고 말한다.

물론 그들의 논리는 일리가 있다. 하지만 전제가 틀렸다.

논어의 원문은 분명 '원하는 것'이 아니라 '원하지 않는 것'에 포커스가 맞춰져 있지 않은가. 술 권하는 풍속을 빗대어 말하자면 자신이 술을 좋아하기 때문에 다른 이에게 술을 권하는 것은 폭력일 수 있다. 하지만 자신이 술을 좋아하지 않기 때문에 술을 권하지 않는 것은 무관심일 수 있을지언정 그것이 무슨 폭력이라고까지는 할 수 없지 않은가.

도올 김용옥 교수는 '남에게 대접을 받고자 하는 대로 너희도 남을 대접하라'는 기독교 윤리를 논어의 이 구절과 비교하면서 그 부정 형식을 통한 논리의 손을 들어준다. 내가 좋아하는 것을 꼭 남도 좋아해야 할 이유가 없음에도 자신들의 것만을 권유하고 강요한 기독교의 역사는 아가페를 빙자한 폭력이지만, 내가 좋아하지 않는 것을 남에게 권하지 않는 것은 사랑과 자비까지는 아니더라도 충분히 '배려'일 수가 있다, 고 말이다.

제자 자공은 이 서恕와 관련해서 함부로 설레발을 치다가 공자에게 핀잔을 먹은 적이 있다.

子貢曰, 我不欲人之加諸我也 吾亦欲無加諸人

자공이 이르길,

저는 남들이 저에게 하고자 하지 않는 바를 저 또한 남에게 하지 않고자 합니다.

子曰, 賜也 非爾所及也

공자가 이르길,

자공아! 네가 할 수 있는 바가 아니다.

정이程頤의 해석을 보면 자공이 말한 '남이 나에게 하고자 하지 않는 일은 나도 남에게 하지 않으려'는 행위는 인仁이란다. '내가 원하지 않는 것을 남에게 하지 않는' 행위는 서恕란다.

서恕란 것이 자신으로서 타인을 헤아리는 주관적인 역지사지라면, 인仁이란 것은 타자화 된 자신으로서 타인을 헤아리는 조금 더 보편적인 역지사지라는 것이다. 인仁의 덕목을 강조한 공자였지만, 인仁을 자처하지는 않았고, 인仁을 드물게 말했다. (子罕言利與命與仁, 공자는 利와 命과 仁을 드물게 말했다.)

공자는 자신의 사유가 한 가지 도道로 모든 것을 꿰뚫고 있다(吾道一以貫之)고 말했으니, 바로 충忠과 서恕이다. 주자의 해석에 따르면 충忠은 진기盡己, 내 뜻을 다함이고, 서恕는 추기推己, 자신의 입장으로 남을 이해하는 것이다. 결국엔 남을 이해해보려는 내 진심을 다하는 '관계'의 중요성, 결국 예禮이다. 하지만 공자 자신도 자처하지 않은 인仁을 자공이 행하겠노라 말을 하고 있었던 것이다. 무엇보다도 그 겸손하지 못함에 한 마디 하고자 했던 것이다.

자신이 좋아하는 것을 남이 좋아하는 것은 아니다. 아니 싫어할 수도 있기 때문에 문제가 되는 것이다. 자기는 애정표현인데 다른 사람에게는 불쾌함일 수 있다. 자신의 진심을 이해하지 못하는 상대보다 상대를 배려하지 않는 방법으로 진심을 표현하는 스스로에게 더 문제가 있는 것이다.

하지만 진심이 거절당했다는 사실만을 서운해 하다 관계는 소원해진다. 내가 당하기 싫은 것은 남에게도 하지 마라. 나에게 불쾌는 남에게도 여지없이 불쾌이다. 왜 나는 되는 것을 남은 안 되며, 나는 안 되는 것을 남은 된다고 생각하는가?

　군대시절부터 탈모가 시작된 친구가 있다. 친구들은 오래 전부터 구준엽을 예로 들며 삭발을 하라고 권했지만, 다른 탈모인들처럼 남은 모발에 애착을 보였다. 녀석은 오랜 기간 탈모 방지 약을 복용하다가 최근에 와서는 부분 가발을 사용한다. 헤어스타일 하나 바뀌었을 뿐인데, 사회생활에 그렇게 자신감이 생긴다고 그는 말한다.

　워낙 활동적이고, 자신감이 충만한 스타일이어서 그런 걱정을 안고 사는지는 미처 몰랐다. 하지만 직접 탈모인이 되어 보지 않으면, 머리가 빠질 때의 심정을 모를 거라고 말한다. 사실 모른다. 그러니 한 줌의 털이 아까운 줄 모르고 삭발을 권했던 것이 아니었겠는가?

　이런 문제에 사회적 시선에서 자유롭지 않은, 외모 지상주의에 굴복한 나약한 자아부터 들먹이는 지식인들, 그들도 그 사회적 시선에 포함이 되어 있다. 한 번쯤이라도 탈모로 고민을 해 본 적이 있는 사람이 그런 말을 해야 그것이 진정성이지 않겠는가? 내가 당해보지 않은 일에 대해 논하는 것은 자칫 결례일 수도 있다. 겪어보지 않은 절망에 대해선 함부로 말하지 마라! '마라!'가 아니라 '말자!'이어야 하겠다. 나도 원고 어딘가에 누군가에 대한 결례를 적어놓지는 않았는지 다시 살피며 반성하고 있다.

자기 최면

자신을 다스림은 엄하게 하고 남을 책하는 것을 가볍게 한다면,
원망의 목소리가 멀어질 것이다.

부인에게 운전을 가르치면서 화를 잘 내는 남편들, 실상 부인의 운전 실력에 아무런 문제가 없어도 딴죽을 건다고 한다. 자신이 부인보다 월등히 나은 운전 실력을 지니고 있다는 믿음 때문이란다. 부인이 운전을 곧잘 하면, 자기신뢰도에 대한 증명이 쉽지 않게 된다. 그래서 필요 이상의 깐깐함으로 상대방을 평가하며 존재감을 확인받고자 하는 심리란다.

남의 일에 끼어들어 한 마디를 해야 직성이 풀리는 사람들이 있다. 내가 너보다 조금이라고 낫다, 라는 전제에서 비롯된 생각이겠지만, 미처 생각하지 않은 것은 상대방도 나만큼 자기 잘난 맛으로 살아가는 세상이란 사실이다. 더군다나 잘난 건 참아도 잘난 척은 참지 못하는 인간 본성이, 공증되지 않은 '잘남'에 관대할 리 없다. 그러나 아직 직성이 풀리지 않는 구강은 상대방의 불편한 표정에도 한 치의 흔들림이 없다. 너 잘 되

라고, 너 위해서 하는 말이란다. 나는 상대가 노래를 잘 한다고 생각해 본 적이 없는데, 내 앞에서 가요교실을 열고 앉아 가르치려드는 꼴이다.

물론 진심 어린 충고라면 기꺼이 받아들여야 하겠지만, 이런 충고들 대부분이 자신이 보다 잘난 사람이라는 전제를 충분히 느낄 수 있는 어휘만을 골라 말하는 재주를 발휘하고 있는 문장들이다. 컨텍스트 자체도 받아줄까 말까인데 에티튜드가 마음에 안 드는 것이다. 그래서 받는 입장에서는 기분이 불쾌하고, 그 불쾌해 하는 모습에 조언자도 불쾌해 한다.

상대방 잘 되라고 하는 말을 그렇게밖에 할 줄 모르는 사람이라면, 일단 관계에 대한 통찰력은 부족하다는 증거이다. 그 통찰력으로 누가 누구한테 조언을 한다는 말인가?

'기분 나쁘게 생각하지 말고 들어.'

자기도 안다. 앞으로 자기가 지껄일 말들이 상대방의 기분을 나쁘게 할 것이라는 사실을. 기분을 다치게 하고 싶지 않다면, 말을 안 하면 그만인데, 기어이 한다. 기분을 다치게 하는 한이 있어도 말을 해야 겠다는 강한 의지의 표현이다. 그런 말들로 인해 관계가 나빠지는 것을 알면서도 그런 말을 함으로써 느끼는 심리적 안정이 더 크기 때문이다. 결국 너 잘 되라고 하는 말이 아니라, 자기를 위해 자기가 하고 싶은 말을 하고 있는 것일 뿐이다. 그래서 많은 사람들이 충고와 간섭을 헷갈려들 한다. 더 많은 경우 충고와 주접을 헷갈려들 한다.

남의 자만을 향해 던지는 한 마디는 충분히 충고일 수 있다. 하지만 공증되지 않은 실력으로, 성실히 도전하는 자들에게 굳이 던지는 한 마디는 오만이다.

자신은 늘 객관적이고 자신의 생각은 늘 맞는 것 같다. 자신의 아이템으로 사업을 하면 대박이 날 것 같고, 남들은 쪽박 날 방법들만 어찌도 저리 기막히게 찾아내는지 모르겠다.

차라리 쪽박을 경험한 사람들은 자신의 욕망을 실현해보기라도 한 사람이다. 자신이 얼마나 우매한 인간인지를 깨닫는 사람도 있는 반면, 정신 못 차리고 계속 욕망만을 쫓는 사람도 있다. 하지만 당신은 당신의 욕망 앞에서 용기도 내 보지 못한 사람이다. 당신의 우매함을 아직 들킬 기회가 없었을 뿐, 당신도 별반 다르지 않을 수 있다.

자신은 늘 올바르게 사는 것 같다. 그래서 남들보다 도덕적 우위를 점하고 있다는 사실을 확인하고 싶어서 사사건건 남들에게 시비를 건다. 자신이 재미있으면 남들도 재미있어 하는 줄 안다. 재미있자고 내뱉는 위트 있는 농담일 뿐인데, 그걸 기분나빠 하면 센스가 없거나 속이 좁은 사람이다. 상대방이 기분이 나쁘다는데, 자신의 정당성만을 주장하며 이죽거림을 멈추지 않는다.

이런 자기중심적 사고는 권위적인 사람일수록 증세가 심하다고 한다. 그래서 자신에게 제기되는 어떤 이견도 참지 못하는 것이다. 자신의 존재감을 확인하고 싶어하는 욕구이지만,

실상 존재감이 낮은 사람들의 성향이란다. 자신이 높아질 수가 없어서 남을 낮추려는, 상당히 저열한 행동 양식, 찌질이의 전형, 모범, 귀감이다.

최근 한 통계연구 결과가 말해주듯, 대부분의 사람들은 남의 불행에서 상대적인 행복과 안정을 느낀다. 누군가의 불행에 건네는 위로는, 자기 자신을 어루만지는 위로이기도 한 셈이다. 유치한 것은 내가 아니어서 얼마나 다행인가, 라는 생각에 이어지는, 저랬기 때문에 저렇게 된 것이라는, 나라면 절대 저렇지 않을 것이라는, 혀를 차며 내뱉는 자기긍정들이다. 행복마저도 주체적 실존이 아닌, 남의 절망에 대한 비교 우위로 정의되고 있는 것이다.

데카르트의 코기토(Cogito, 나는 생각한다. 고로 존재한다.)는 나 자신까지 의심하는 방법적 회의를 전제로 한다. 나에 대한 무조건적 확신은 생각이 없다는 뜻이다. 그래서 자신이 존재한다는 느낌을 스스로에게 얻지 못하고 남에게서 찾는 것이다.

躬自厚 而薄責於人 則遠怨矣
자신을 다스림은 엄하게 하고 남을 책하는 것을 가볍게 한다면, 원망의 목소리가 멀어질 것이다.

자의식이 강한 사람들일수록 최면에 잘 걸린다고 한다. 그러나 자기최면은 최면인 줄 모른다. 자신에 대해 확신을 가지고 있는 사람들일수록 겸손하지도 못하다. 자신이 겸손하지 않다, 라는 사실조차도 자기 상식으로는 인정할 수가 없는 것이다. 지금 써내려가고 있는 이 이야기가 주변의 다른 누군가의 사례인 줄 아는 사람들도 있으리라. 기억해 두었다가 다른 누군가에게 말해줄 생각만을 하고 있을 뿐, 바로 자신의 이야기라는 생각은 하지 않는다. 죄다 화자의 입장에서 말만 하려고 하지, 자신이 들어야 할 입장이란 생각은 하지 않으며, 스스로에게 해야 할 말을 남에게 하고 있는 경우가 대부분이다. 자신이 귀신인 줄 모르고, 귀신을 보는 아이를 상담하던 식스센스의 브루스 윌리스처럼. 카이저 소제는 바로 나다.

영국의 속담 중에 이런 말이 있다.

"지옥으로 가는 길은 선의로 점철되어 있다." 타인에 의해 이해될 수 없는 제 선의를 의심치 않는 것은, 스스로에 대한 오만이며 상대방에 대한 폭력이다.

잘난 사람, 잘난 대로 살고

인자仁者는 자신이 서고자 함에 남도 서게 하며,
자신이 통달하고자 함에 남도 통달하게 하는 것이다.

우주는 온통 어둠이다. 태양의 강한 빛도 어딘가에 닿아야만 날이 되고 낮이 될 수 있다. 빛에게 의미를 부여할 수 있는 대상들이 있어야만 그 빛도 의미가 있는 것이다. 태양 저 스스로는 그저 어둠 속에 떠 있는 거대한 방사능일 뿐이다. 월인천강月印千江도 천 개의 강줄기가 있어 달의 자비심을 존재케 하는 것이다.

夫仁者 己欲立而立人 己欲而達人
인자仁者는 자신이 서고자 함에 남도 서게 하며, 자신이 통달하고자 함에 남도 통달하게 하는 것이다.

유재석 씨가 한 시상식에서 했던 소감의 일부이다.
"혼자서 잘 되려고 하지 않겠습니다."

그가 '유느님'이라고 불리는 이유는, 약을 올리며 딴지를 걸지언정, 게스트의 녹화 분량을 챙겨주는 배려의 아이콘이기 때문이다. 물론 다른 유명 스타들 중에도 이런 배려심을 갖추고 있는 경우는 많지만, 오랜 무명의 설움을 알기에 그 디테일함에서 차이가 있는 것 같다.

과학에서의 '별'이라 함은 저 스스로 빛을 내는 항성만을 이른다. 스타들은 그래서 빛을 나눔에 인색함이 없다. 어두운 곳을 비친다고 해서 그 밝음이 묽어지는 것도 아니다. 작은 촛불조차도 촛불 자신을 비추려고 그렇게 타고 있는 것은 아니다. 그들은 빛이 나지만, 그들이 의미가 있어지는 것은 빛 자체가 아니라 그들이 비추고 있는 무언가들로 인해서이다. 물론 빛과 색은 차이가 있다. 스스로 빛이고, 반사하는 빛인 차이다. 그러나 빛도 빛이 사물에 닿아 만들어지는 색이 있어 의미가 있는 것이다.

자신에게 비춰지는 스포트라이트를 탐하는 이유는 스스로에게는 빛을 낼 수 있는 능력이 없기 때문이다. 남에게 향하는 빛도 아깝다. 그래서 남을 빛 밖으로 쫓아내거나 자신의 몸으로 가려 그늘을 만든다. 빛날 재간이 없으니, 상대를 상대적으로 어둡게 만드는 것이다.

갖춘 능력이 별볼일 없으니 자신을 드러내는 방법 또한 가장 수월한 방법을 택한다. 그래서 한다는 짓이 고작 농담을 가장해 험담을 해댄다. 자기 존재감을 위해서, 소위 '한 사람 병신을 만드는' 것이다. 하지만 예기치 못하게 그 '병신'에게 쏟아지는 동정도 못마땅하다. 그래서 더욱 병신을 만들려는 '삽질'이 이어진다. 세상은 그런 경우를 일러 '병신삽질'이라고 한다. 자신이 '관심에 걸신들린 역귀'라는 사실만 고백하고 있는 꼴이다.

'비판하지 말라! 비판받지 않으리라!'

그리스도가 아닌 이상, 이 어찌 쉬운 일이겠는가. 그리스도가 아닌 사람들끼리 모여 살아가는 세상, 때론 건전한 비판이 필요한 것도 사실이다. 하지만 적어도 비난과 비판을 구분할 줄 알아야 하지 않겠는가? 비판도 자격이 되는 사람이 해야, 또한 비판의 명분이 정당해야 그도 납득이 되지 않겠는가?

단지 자신의 쾌감을 위해 내뱉는 말이라면 배변의 욕구와 다를 게 없다. 입으로 똥을 싸고 있는 것이다. 항문은 잘 닦고, 입은 잘 닫고….

고집쟁이! 우후훗!

군자는 세상일에 있어 자신만을 주장함도 없고,
무조건 남을 반대하는 일도 없다. 의義를 따를 뿐이다.

식탁 위에 놓인 콜라병에 간장이 들어 있다. 철수는 콜라인 줄 알고 벌컥벌컥 들이키다가, 입안 전체로 퍼지는 짠맛을 느꼈다. 닦아야 하는 귀찮음을 알지만, 콜라가 아님도 알아버린 철수는 입안에 있던 간장을 뿜어버리고 말았다.

화장실로 가서 입을 헹구고 나오는 순간, 동생 영수가 콜라병을 발견하고 식탁으로 다가서는 광경을 목격했다. 철수가 만 5세 이상이었다면, 당연히 동생을 만류했을 것이다.

"야! 그거 콜라 아니야!"

하지만 철수가 만 5세 미만이라면 아무 말도 하지 않을 것이다. 동생도 한 번 당해보라는 심보가 아니라, 동생도 당연히 병에 든 것이 콜라가 아니라고 생각할 것이라고 판단하기 때문이다.

피아제의 인지발달이론에 따르면 이런 자기중심적 사고는

7세 이후에는 사라지게 된다. 그러나 소년도 되지 못한 채 어른의 육체만 빌려 살아가는 사람들이 의외로 많다. 자신에게 이해가 되는 것들을 남들도 다 이해를 해 주는 줄 안다.

자신이 좋아하는 스타일의 옷을 선물로 사주고선, 남자 친구가 그 옷을 자주 입지 않는 것에 서운함을 느끼는 여자 친구. 자신이 그런 스타일의 옷을 좋아하지 않는다고 누누이 말하는 남자 친구에게 여자는 늘 자신이 좋아하는 스타일로 남자가 옷을 입길 원한다. 서운함은 말싸움이 되고 선호하는 옷 스타일의 문제는 급기야 인생관이 걸린 담론으로 번진다.

"넌 너무 고집이 너무 세!"

여자는 신경질을 내며 돌아선다. 한 가지 재미있는 사실, 내 스타일대로 옷을 입는 것이 고집이 센 것인가? 아니면 자신의 스타일대로 옷을 입히려는 쪽이 고집이 센 것인가?

여자 친구의 정성이니 입어줄 수도 있는 일이고, 그 정도는 맞춰주는 것이 사랑일 것이다. 단지 예를 든 것뿐이지만, 이런 사소한 문제로 싸움이 잦은 연인들이 분명 없지는 않을 것이다. 문제는 여자 친구도 아니고 사랑하는 사이도 아닌데 남의 인생에 굳이 자신의 의견을 관철하고자 하는 사람들이 의외로 많다는 것이다. 도덕적 우위를 점하고 있다고 생각하는 자기중심적 사고이다. 그래서 자신의 의견을 존중해주지 않는 상대방을 고집쟁이로 몰아가며 고집을 피운다. 자기 고집대로 사는 사람이 고집쟁이인가, 남의 고집을 꺾고 자신의 고집대로 남이 살아가길 원하는 사람이 고집쟁이인가?

君子之天下也 無適也 無莫也 義之與比

군자는 세상 일에 있어 자신만을 주장함도 없고, 무조건 남을 반대하는 일도 없다. 의義를 따를 뿐이다.

자기중심적인 사고를 가지고 살아가는 사람에겐 두 가지 현상이 공존한다. 자신만 주장하고 무조건 남을 반대한다. 그런 사람을 일러 독선주의자, 이기주의자라고 한다. 그리고 이런 사람들은 남의 작은 고집과 이기심도 참지 못한다. 내 고집과 이기심이 방해받고 있다는 생각 때문이다.

안다는 것

아는 것을 안다고 하고 모르는 것을 모른다고 하는 것,
이것이 아는 것이다.

헬스장에서의 단상, 남들 운동하는 모습을 뒤에서 지켜보며 이것저것 참견하려 드는 사람들이 있다. 그들은 물론 트레이너가 아니다. 웨이트 경력은 꽤 되는 것 같지만 문제는 누구를 가르칠 만큼 좋은 몸매의 소유자도 아니라는 사실이다. 타당성을 따지기 이전에 신뢰도의 문제이다. 정작 자기 운동시간은 얼마 되지도 않는다. 왜 오랫 동안 운동을 했는데도 몸매가 왜 그 모양인지 단번에 이해가 간다.

몸이 좋은 사람들일수록 운동에 대한 정확한 지식을 갖추고 있고, 운동에 대한 집중력도 강하다. 자신의 발달한 부위보다는 부족한 부분에 신경이 쓰이기 때문에, 다른 사람에게 신경쓸 거를이 없다. 자기 운동하기 바쁘다.

자공이 사람들을 비교하니, 공자가 말씀하셨다.

원이 점점 커지면 그 원의 둘레와 공간이 맞닿는 면적도 점점 커지게 된다. 원은 내가 아는 범주이고 공간은 내가 모르는 범주이다. 원둘레와 공간이 맞닿는 면적은 깨달음의 크기이다. 원이 커지면서 모르는 범주와 맞닿은 공간도 커진다. 알면 알수록 더 많은 모르는 것이 생겨나게 된다는 아인슈타인의 비유이다.

앎을 향해 가는 여정은 호기심을 동력으로 한다. 여정의 동기가 되어 주는 것은 모름이다. 문제는 모름이 있다는 사실이 발견되었을 때만이 호기심은 작동을 한다는 것이다. 결국엔 무언가를 알아야, 모르는 무언가도 알게 되는, 역설과 모순의 역학관계이다.

다 안다고 생각하는 사람들은 자신이 모르는 것이 있다는 사실조차 알지 못한다. 자신이 무엇을 모르고 있는지도 모르는 무지. 그래서 아는 것만 말하고 아는 것만을 강조한다. 존재감을 위로받을 수 있는 유일한 자산이고, 고작 그것이 전부이기 때문에 철저히 활용을 하려는 강박으로 인해 말이 많아진다.

어른들은 '왜?'라는 질문을 잘 하지 않는다. 자신이 살아온 시간들로 그 대답을 모두 얻었다고 생각하기 때문이다. 그래서 자신이 아는 '어떻게'만을 말하려고 든다. 질문하지 않았는데 굳이 대답부터 하려고 든다.

일찍이 맹자가 말했다.

어른이란 사실만큼 좋은 명분도 없지 않은가.

공간이 비어 있기에 그것을 채울 생각도 할 수 있다. 그러기 위해서는 먼저 그곳이 비어 있음을 알아야 한다. 노자가 말한 무無도 단지 '없음'이 아니다. 유有의 가능성이 확인된, '있음'이 잠재되어 있는 상태이다. 결핍이 확인이 되어야 비로소 충족의 욕망이 발동을 하듯, 모름이 확인이 되어야 성찰에 대한 욕구가 발동이 되는 것이다.

'너 자신을 알라!'

소크라테스의 표상이라고도 할 수 있는 구절이지만 저작권은 소크라테스에게 있지 않다. 인간의 교만을 경고하기 위한 신의 사자후였다. 차라리 소크라테스에게 저작권이 있는 말은, '나는 내가 모른다는 사실을 안다'이다. 결국엔 더 많은 것을 알 준비가 되어 있다는 뜻이기도 했다.

공자도 그 비슷한 어록을 남겼다.

투수는 포수의 사인을 계속 거절한다. 타석에 들어선 타자는 자신에게 워낙 강했던 상대이다. 완벽히 제구가 된 공도 어떻게든 쳐냈던 타자이다. 마땅히 던질 공이 없다. 그렇다고 안 던질 수도 없다. 그래서 그냥 직구를 던졌다. 타자는 그 공을 받아쳤고, 담장을 넘어갔다.

왜 변화구를 던지지 않고 직구를 던졌느냐, 라는 성토는 프로선수들이 모여 있는 덕아웃이 아니라 관중석에서 쏟아진다. 정직하게 직구를 던졌기 때문에 홈런을 맞은 것이란다. 그런데 일반인들의 생각과 달리, 타자가 홈런을 치기 좋은 공은 변화구라고 한다. 회전력 때문에 제대로 맞으면 더 멀리 날아간다고…. 직구를 던져서 홈런을 맞기는 했지만 홈런을 맞은 전적인 이유가 직구이기 때문은 아니라는 것이다. 어느 투수가 일부러 홈런을 맞기 위해 공을 던지겠는가. 투수는 나름대로 그 순간의 최선이었다.

야구를 좋아하는 남자들은 자신이 시속 130km, 못해도 120km 정도는 던진다고 생각을 한다. 실제로 사회인 야구단의 평균 구속은 110km 정도다. 이들이 관중으로 돌아가면 그야말로 가관이다. 제구가 저게 뭐냐는 둥, 자신이 던져도 저것보다는 나을 것이라는 둥의 헛소리를 서슴없이 내뱉는다. 문제는 이런 말투가 사뭇 진지하다는 것이다.

프로야구 투수도 성장과정의 어느 때에는 110km 정도밖에 던지지 못했던 시절이 있었을 것이다. 피나는 노력 끝에 140km가 되고 150km가 된 것이지만 사람들은 그 시간을 봐주지 않는다. 봐줄 필요도 없다. 그게 프로로서의 운명이다. 그저 야구를 좋아하는 사람들에겐 그런 시간이 없었고, 관중의 입장에선 그 고뇌의 시간들에 대해 알 필요도 없었다. 그런데

기를 쓰고 아는 척을 한다. 실상 그들은 모른다. 그 속도로 날아오는 공을 직접 접해본 적도 없다. 그래서 말로만 떠든다.

이런 관중 문화는 귀엽게라도 봐줄 용의가 있다. 좋아하는 만큼이나 서운해 하는 심리로 이해하면 그만이다.

하지만 인생의 사활이 걸린 문제에서 이런 진지한 착각을 하는 경우들이 있다. 겪어보지 않은 건 아는 게 아니라 아는 척을 하고 있는 것이라는 걸 모른다.

절망의 철학자 키에르케고르는 절망을 '죽음에 이른 병'이라고 정의했다. 하지만 그는 절망의 종류를 상세하게 나누고 있으며 모든 절망을 부정적으로 보지는 않았다. 키에르케고르가 뽑은 최상급의 절망은 자신이 절망의 상태인지도 모르고 있는 무지無知였다.

영구 없다

군자는 근본에 힘쓰니, 근본이 서면 도道가 생겨난다.
군자는 자신에게서 원인을 찾고, 소인은 남에게서 원인을 찾는다.

영화 「디 워」가 개봉될 당시, 영화 비평에 관련한 많은 논란이 불거졌던 일을 기억할 것이다. 진중권 교수는 그저 영화 하나를 비평한 것뿐이었는데, 국민적 정서를 들먹이면서까지 심형래 감독을 옹호하는 여론이 들불처럼 일어났었다. 비평 자체를 허락하지 않는 분위기였다.

월드컵에서 좋지 못한 플레이를 보여준 국가대표에 대해 실망감을 토로할 수는 있다. 하지만 이 문제는 좀 다르다. 누구도 심형래 감독을 한국영화의 대표로 헐리우드에 보낸 적은 없기 때문이다. 누구도 보아주지 않았던 외로운 도전에 박수를 보낼 만은 했지만, 국민들이 어떤 당위성을 가지고 그 영화를 봐야 할 이유도 없었다.

개인적으로 평론가들의 종합적이고도 분석적인 사고력은 갖추지 못한 터라, 영화에 대한 하이퀄리티 미디어비평을 늘어놓을 수는 없지만, 당시 심형래 감독이 어느 매체와 가졌던 인터뷰 내용에는 딴지를 걸어보고 싶다.

'영화의 내용보다는 기술력을 봐 주십시오.'

영화인으로서 이런 말을 쉽게 내뱉을 수 있는 것인가, 라는 의구심이 들었다. 아이돌 가수가 자신의 가창력보다는 안무를 봐 달라는 꼴이 아닌가. 그래서였나? 연기를 가장 잘한 캐릭터는 컴퓨터 그래픽으로 그린 용龍이었다. 더군다나 비슷한 시기에 개봉한 「트랜스포머」에 비한다면, 봐달라던 기술력도 조금은 초라해 보이기까지 했다.

나는 심형래 감독의 슬랩스틱 코미디와 함께 유년시절을 보낸 세대이다. 그를 좋아하는 마음은 어린시절의 향수이기도 하다. 우리 세대에게 그는 영원한 영구이고, 에스퍼맨이다. 하지만 영화감독으로서 할 말은 아니었던 것 같다.

예술인으로서 자신만의 고집은 필요한 덕목일지 모른다. 하지만 그것도 기본을 갖춘 후에야 고집이라 불릴 수 있는 것이 아닐까?

공자의 제자 유자有子가 한 말이다.

君子 務本 本立而道生
군자는 근본에 힘쓰니, 근본이 서면 도道가 생겨난다.

공자는 군자의 스포츠로 활쏘기를 비유한다. 과녁에 맞고 안 맞고는 오롯이 자기 자신에게 달려 있는 것이다. 순간 불어왔던 바람을 탓할 수도 없는 노릇이다. 프로는 그 바람까지 계산을 하며 쏘는 사람들이다.

활의 목적은 ‘쏨’보다는 ‘맞춤’에 있다. 정확히 말하자면 궁도弓道의 목적은 쏘는 법을 배우는 것이 아니라 맞추는 법을 배우는 것이다. 그래서 쏘는 자세를 배우는 것이다. 명중률이 낮다면 수정을 가해야 할 곳은 과녁이 아니라 손에 잡고 있는 활이다.

문제가 생겼다면 그것의 전 단계로 돌아가 생각을 해야 해결의 실마리를 찾을 수 있을 것이다. 하지만 대부분은 문제의 단계에서 문제를 해결하려 든다. 그것이 문제의 또 다른 원인이기도 하다. 심형래 감독의 문제는 영화 이전에 자기 자신이었다.

심형래 감독은 개그맨 출신이기 때문에 충무로가 자신을 무시한다고 누누이 말하고 다녔다. 그럴 수도 있다. 감독으로 입봉하기까지 감내해야 했을 설움과 시련, 충무로에선 통과의례로 받아들여지는 과정이 심형래 감독에겐 없었다. 개그맨으로서의 인기를 바탕으로 쉽게 기회를 얻었을 것이라는 질투가 아예 없지는 않았을 것이다.

하지만 과연 개그맨 출신이라는 한 가지 이유 때문이었을까? 그는 그 이유 하나로 자신의 모든 열등감을 묶어놓고, 다른 거장들도 멈추지 않는 영화에 대한 반성을, 영화인으로서의 반성을 하지 않았다. 개그맨으로서가 아니라 이미 영화인으로서 평가를 받고 있었지만, 야박한 평가에 늘 개그맨 출신이란 이유를 들먹이고 있었던 것은 심형래 감독 자신이었다. 가책의 명분에서 도리어 면책의 빌미를 찾은 것이다.

君子求諸己 小人求諸人

군자는 자신에게서 원인을 찾고, 소인은 남에게서 원인을 찾는다.

논란이 도리어 이슈가 되어 흥행에는 성공을 했지만 최근에 와선 얽혀 있던 이런 저런 문제들이 밝혀지면서 심형래 감독은 결국 파산을 했다. 그를 파국으로 몰고 간 원인은「디 워」의 흥행이었는지도 모른다. 그가 영화인으로서 반성하고 성찰할 수 있는 기회를 국민들이 범국민적으로 앗아간 것인지도….

영화「고령화가족」에서 배우 박해일 씨의 역할은 무능한 영화감독이다. 가족이 모여 저녁식사를 하는 도중, TV에서 여중생 살인사건에 관한 뉴스가 나온다. 여동생은 살인자의 심리에 대해 영화감독인 작은 오빠에게 묻는다. 돌아온 대답은 "내가 어떻게 알아?"였다.

여동생의 딸이 가출을 했을 때도 여동생은 딸이 써놓고 간 편지를 오빠에게 들이밀며 묻는다.

"오빠 영화감독이니까 이거 보면 뭐 조금 알 것 같지 않아?"

돌아온 오빠의 대답은,

"맞춤법이 하나도 안 맞는다."

감독의 의도였는지는 모르겠으나, 무능한 영화감독이란 설정의 단서로 쓴 대사인 듯 싶다. 영화감독이 자신만의 지식과 감성으로 영화를 만든다면, 다른 이들의 공감을 얻어내기는 힘들 것이다. 특정집단이라고 해도 그들이 처한 공통의 환경 속에서 습득된 보편적인 심리적, 사회적 코드가 있기 마련이다. 그런 인문적 지식이 없이 인간의 삶을 영상에 담으려 했던 것이, 스스로의 무능을 자각하지 못하는 '재능'은 아니었을까?

영화의 중간 중간, 박해일은 책을 읽는다. 형으로 나온 윤제문이 무엇을 그렇게 읽느냐고 물었을 때, '형은 봐도 모르는 책'이었다. 지적우월감에 취해 아무나 이해할 수 없는 영화를 만들고 있다는 헛된 우월감에 사로잡혀 있었던 것은 아니었을까? 예술이 지니고 있는 보편성의 가치를 깨닫지 못하는 어리석은 예술인들의 전형을 보여주고 있는 것은 아니었을까?

신화를 모티브로 한 소설과 영화가 대박은 아닐지몰라도, 외면을 받지 않는 이유는, 신화라는 장르가 당대 사람들의 보편적 사고관을 반영하는 상징의 세계이기 때문이다. 그 보편의 요소는 시공간을 초월하는 공감을 전제하고 있다. 옛날이나 지금이나, 여기나 저기나, 다양성을 살아가는 인간들의 삶속에 내재된 동일성, 이른바 인문학적 보편성이라고 부르는 것들이다.

심형래 감독이 「삼국유사」에 나오는 용에 대한 이야기만 읽어봤어도 「디 워」의 내용은 조금 달라졌을 것이다. 비록 상상의 동물이지만, 용이란 존재가 동양인에게 어떤 상징이었는지에 대한 고민 없이 헐리우드로 진출을 했기에 쏟아지는 혹평도 당연했던 것이었는지 모른다. 더구나 부라퀴 군단의 경우는 용과 공룡을 헷갈린, 역사와 선사를 헷갈린, 동양과 서양을 억지

스레 조합한, 조잡한 크로스 오버이기도 했다. 그의 영화에 용은 없었다. 그저 심형래만 있었을 뿐이다.

그는 대한민국 신지식인 1호로 선정된 지식인이다. 그 지식의 원천은 무엇이었을까? 적어도 인문적 보편성은 아니었다.

머니볼 이론

너무 똑똑한 사람과 너무 모자라는 사람은 변화시킬 수 없다.

스카우터와 감독, 그리고 코치는 선수들의 출루율만 보고 무명의 선수를 영입하는 단장을 못마땅해 한다. 소위 야구를 안다는 전문가로서의 소양, 직관이라는 자존심이 데이터에만 의지하는 단장에게 쓴소리를 내뱉고야 만다.

"당신은 야구를 몰라!"

그러나 모순은 야구를 안다는 자신들도 출루율이 아닌 다른 데이터에 의지하고 있었다는 사실이었다. 또한 연봉이 높은 선수들이 많은 팀이 우승하는 게 당연하다는 산술적 논리가 만연했던 야구계, 결국 그 직관이란 것도 기득권의 권위로 자행되고 있던 인습이었다.

단장은 그 구태의연함 앞에 전혀 굴하지 않았다. 한때 촉망받는 메이저리거였던 자신을 배신한 그 직관이란 게 어떤 것인지를 스스로 잘 알고 있었기 때문이다.

"당신들은 야구를 안다고 생각해? 당신들도 몰라!"

단장의 단호한 의지로 메이저리그에서 가장 가난한 최약체 팀이었던 오클랜드 어슬래틱스는 20연승의 신화를 아메리칸리그에 새겼다. 아직까지 우승을 거머쥔 적은 없었지만 그들의 도전은 계속되고 있다.

그저 '안다'는 것을 구실로, 모르고 있음을 인정하지 않는 경우들이 있다. 인생을 안다는 이유로 젊은이들을 회유하는 기성들이 정작 인생을 잘 알지 못하는 경우가 허다하고, 정치를 안다는 정치인들이 모여 정치를 잘 하지 못하는 경우는 일반적이다. 경제학자들과 교육학자들이 모여 만든 경제와 교육은 점점 벼랑 끝을 향해 달려가고, 죽음 뒤의 세상을 말하는 종교인들이 정작 삶에 대한 책임을 다하지 못하는 경우도 부지기수다.

직관을 형성하는 경험치를 무시할 수는 없다. 하지만 그 직관이란 것이 자신이 보고 싶은 것만을 보면서 만들어진 시력일 때도 적지 않다. 직관의 확신에 앞서 직관의 신뢰도를 제고해 보는 것이 정확한 직관이지 않을까?

唯上知與下愚不移
너무 똑똑한 사람과 너무 모자라는 사람은 변화시킬 수 없다.

이 구절엔 역설이 숨어 있기도 하다. 정말 모자라는 사람은 자신이 정말 똑똑하다고 생각을 하기 때문이다.

비틀즈의 폴 매카트니는 꿈속에서 들었던 멜로디를 노래로 만들었지만, 다른 멤버들의 평가는 박했다. 비틀즈의 색깔과는 맞지 않는다는 게 이유였다. 그 노래의 제목은 'Yesterday'다.

퀸의 프레디 머큐리는 감동과 환희의 순간에 울려 퍼질 퀸의 노래가 있었으면 하는 바람으로 노래를 만들었지만, 다른 멤버들의 평가는 박했다. 노랫말이 너무 유치하다는 게 이유였다. 그 노래의 제목은 'We are the champion'이었다.

노래하는 음유시인 김광석, 그가 불렀을 당시에는 다른 동료 포크 가수들에게 공감되지 못했던 노래 하나가 있다. 그의 나이 서른에 부른 '서른 즈음에'였다. 동료 가수들은 마흔 즈음에서야 이 노래의 감성을 이해하게 되었다고 한다.

서태지의 '난 알아요'는 데뷔무대에서 음악전문가들로부터 박한 평가를 받았다. 멜로디 라인이 약하다, 가사가 참신하지 않다, 동작에 노래가 묻힌 것 같다는 이유였다. 서태지는 알고 있던 시대의 트렌드를 전문가라고 불리는 사람들은 모르고 있었다.

이노우에 다케히코가 농구 만화를 그린다고 했을 때, 비교적 다양성에 관대한 일본 만화계도 그를 조롱했다고 한다. 일본인들이 농구를 좋아하지도 않고, 축구와 야구로 재미를 보고 있던 만화계에서 농구는 통하지 않을 것이라고…. 하지만 당시까지 상황과 동작의 묘사에 그치던 스포츠 만화를 의식의 서사로 풀어가며 그려낸 그의 작품은 「슬램덩크」였다. 그는 일본에서 가장 세금을 많이 내는 만화작가가 되었다. 이후 모든 스포츠 만화의 화법이 바뀐다.

식견과 안목을 자랑하는 사람들은 더러 자신의 식견과 안

목에 속아 넘어간다. 더군다나 안다고 하는 사람들은 자신이
아는 것으로 모르는 것까지 판단을 하려는 경향이 있다. 그것
은 그저 한낱 견해에 불과할 뿐, 진리가 아니라는 판단을 스스
로 하지 못한다.

유도 선수들은 상대의 도복 깃을 잡는 순간, 씨름 선수들은
샅바를 잡고 일어서는 순간, 경기의 양상이 어떻게 진행될 것
인지 어느 정도 파악된다고 한다. 언어로 설명할 수 없는, 몸과
마음의 경험으로 축적된 감, 이른바 '내공'이라는 것이다.

좀처럼 설득이 되지 않는 상대에게 논리적으로 밀리면 급
기야 직관을 들먹인다. 논리로 설명할 수 없는 것들이 있다고,
자신의 감각을 믿어보라고…. 그러나 그 직관이란 것은 상대방
에게도 있는 것이며 자신의 감각이 더 뛰어나다는 아무런 증거
도 없다. 그것을 증명하기 위해서라도 다시 논리의 문제로 돌
아갈 수밖에 없다.

유도 선수가 유도에 대해 말하고, 씨름 선수가 씨름에 대해
말한다면 그것은 비교적 정확한 직관일 것이다. 하지만 평생
역기만 들었던 사람이 힘에 대한 자신감 하나로 유도와 씨름을
말한다면, 그것은 오류에 가까운 직관이다.

하지만 우리는 무언가를 조금이라도 안다는 사실에 힘입어
다른 많은 것들을 설득하려 든다. 직관이라는 명분으로….

"너희들은 잘 몰라!"

"그럴 수 없는 이유가 있어!"

그렇다면 그 이유란 것을 공감할 수 있게 설명해 주는 것부

터가 소통의 시작일 터, 그러나 설명에는 관심이 없고 재차삼
차 던져지는 질문에 짜증부터 내며 말한다.

"그런 게 있다니까!"

도대체 뭐가 있다는 것인지, 정작 그런 것이란 스스로 쌓아
올린 벽에 갇혀 있는 자신은 아닐까?

행복전도사들의 오류

'어떡하지, 어찌하지' 하고 고민하지 않는 자는,
나도 어찌할 수가 없다.

부채장수와 우산장수를 아들로 둔 어머니가 있었다. 비가 오는 날에는 부채가 팔리지 않을 아들을, 맑은 날에는 우산이 팔리지 않을 아들을 걱정한다. 지켜보던 이웃사람이 다가와 맑은 날엔 부채가 팔려서 좋은 것이고, 비가 오는 날에는 우산이 팔려서 좋은 것이 아니겠냐는 조언 한 마디에 어머니는 긍정론자가 된다.

성인이 되어 다시 돌아본 이 우화는 구성에 상당한 오류를 지니고 있다. 어쨌거나 한 아들은 자신의 하루를 걱정을 해야 하는 상황에 변함이 없는데, 한 아들을 외면하는 방법으로 긍정을 실현한 꼴이다 세상에 이런 어머니가 있을까? 잘된 자식보다는 안된 자식 걱정으로 잠 못 이루며, 자신이 아무 것도 해준 것이 없어 그런 고생을 하는 것이라며 자책하는 우리 어머니들이 아닌가. 부채장수에겐 내일은 내일의 태양이 떠오를 것이니 희망을 가지라 하고, 우산장수에겐 내일은 단비가 내릴 것이니 희망을 가지라 한다. 그러나 부채와 우산을 팔아서 생계를 유지할 정도라면 당장 오늘이 문제인 사람들이다. 차라리 둘이 동업을 해서 이익을 나누는 것이 발상의 전환보다 좀 더 현실적인 대안이 아니었을까?

긍정론자들과 행복전도사들의 논리는 이런 점에서 위험하다. 현실적인 대안보다는 자신들이 말하고자 하는 행복과 긍정의 메시지가 더 중요하다. 필요한 이야기를 하는 것이 아니라 자신들이 하고 싶은 이야기에만 열을 올린다. 오이 알레르기가 있는 사람에게 편식은 나쁜 것이며, 두드러기는 긁지 말고 가렵지 않다고 생각하면 나을 것이라 말한다. 반지하에 사는 사람들에게 왜 창문을 활짝 열어두지 않느냐고 묻지만, 반지하는 바깥 공기와 함께 길거리의 먼지도 함께 들어온다는 사실까지는 알지 못한다. 알레르기와 반지하의 정황을 모르고서 긍정과 행복을 떠들어댄다. 남들의 절망을 제대로 이해하지도 못하면서, 자기들의 말대로 살지 않으면 낙오자가 되는 것인양 긍정적이지 못한 이에게 또 한 번의 절망을 느끼게 한다.

사회학에서는 스톡데일 패러독스의 사례로 긍정주의자들이 절망에 더 취약하다는 보고가 있지만, 사회학이론을 사회 모두가 아는 것은 아니라는 아이러니 속에 사회는 아직도 '행복해서 웃는 것이 아니라 웃어서 행복한 것'이라는 복음으로 웃음을 강요한다. 긍정주의자들은 긍정의 결과가 다가오는 시기까지 자신이 설정을 한다. 대부분 그 기한은 '머지 않아'이다. 기대한 시간 내에 어떤 결과가 다가오지 않으면, 절망의 깊이는 기대의 높이까지 떠안는, 더욱 더 깊은 절망이 된다.

그 아픔도 괜찮다, 그 슬픔도 괜찮다. 그 아픔과 슬픔을 인정하는 것이 진정 힐링이고 긍정이지 않겠는가. 자기를 기만하면서까지 유지하려 드는 긍정이 도리어 더 비극적인 절망으로 치닫는 원인일지 모른다.

'어떻게든 되겠지!'

어떻게든 '되는'이 아니라 '어떻게든' 되는 모든 결과를 긍정만 하고 반성의 기미는 도통 찾아볼 수 없다. 스스로가 긍정의 힘으로 생각하며 살아간다면야 다른 이가 딴지를 걸 수는 없는 노릇이지만, 발전과 진전이 없는 삶의 태도로 주변 사람들을 피곤하게 만든다면 그 얼마나 나태하고 이기적인 긍정인가.

다가오는 부정을 인정하고 그로 인해 얻게 되는 반성에서, 더 낳은 발전을 기대할 수 있는 긍정도 비로소 가능할 수가 있다. 어떤 어리석은 긍정론자들은 상황에 대한 판단 없이, 명분도 효력도 불분명한 긍정으로 모든 것을 대신하려 한다. 금연을 하고자 한다면 담배를 부정하고 박하사탕을 긍정해야 하지만, 담배도 긍정하고 박하사탕도 긍정을 한다. 결국 자신이 피우던 담배를 끊고 '멘솔담배'로 바꾼다. 어쨌거나 자신이 피우던 담배는 끊은 것이다. 이것을 긍정이라고 생각한다.

물론 삶에 있어 긍정의 힘은 꼭 필요한 것이다. 하지만 고뇌와 반성이 결여된 긍정은 긍정이 아니라 자신이 편한 대로 설정해 놓은 타성 이상의 의미는 없다. 긍정의 힘으로 믿고, 긍정적으로 다가오는 세상으로 착각하지만, 그 너머에서 기다리고 있는 것은 긍정도 부정도 아닌 무정한 현실인 것이다.

긍정적이지 못한 사고를 절망의 원인으로 말하는 사람들도 있다. 하지만 실상 그 어떤 발버둥으로도 긍정이 가능하지 않고, 희망이 보이지 않는 상태이기에 그것을 절망이라고 부르는 것이기도 하다. 어떤 이들은 다가온 절망 앞에서의 회피와 도피를 긍정으로 생각하며 말한다.

'긍정적으로 사는데, 왜 좋은 일이 생기지 않지?'

이 얼마나 비겁하고 이기적인 착각인가. 그 긍정이란 것은 지금까지 살아온 자신에 대한 긍정이다. 지금 다가온 절망이 자기 자신에 의한 결과임에도…. 아무 것도 변한 것이 없는데, 무턱대고 긍정만 하고 앉아 있다. 나중에 가서는 긍정의 배신으로 더 큰 절망을 하고야 만다. 하지만 긍정을 멈추진 않는다.

「짜라투스트라는 이렇게 말했다」에서, 신이 죽었다는 소식을 들은 한 신부는 당나귀를 신으로 믿기 시작한다. 짜라투스트라가 그 이유를 물었더니 신부의 대답은 이러했다.

"신이 있고 없고는 문제가 되지 않는다. 나의 신앙이 존재한다는 것이 더 중요하다."

긍정이란 것이 자신의 열정적이고 적극적인 인생관인지, 아니면 현실을 직시하지 않는 게으른 신앙관인지를 먼저 따져야 할 것이다.

시인의 오류

시는 감흥을 일으킬 수 있고, 삶의 이치를 살필 수 있으며
조화를 꾀할 수도 있고, 응어리진 마음을 토로할 수도 있다.

"대중가요를 들으면 난 하루 종일 재수가 없어!"

한 원로시인의 강연을 우연찮게 듣게 될 기회가 있었다. 그 강연 도중 백발의 시인께서 내뱉으신 주옥같은 말씀, 듣고 있던 예비 시인들은 이 말씀에 탄성을 자아내며 고개를 끄덕이고 있었다.

동양에서 시의 역사는 「시경詩經」에서 비롯된다. 시경은 그 위상 때문에, 우아하고 고풍스러운 은유와 풍자로 생각하기 쉽지만, 고증 결과 민초들의 질박한 화법과 노골적일 만큼 꾸밈없고 진솔한 표현으로 자신들의 삶을 담아낸 시들이 대부분이었다. 하지만 꽤 오래 동안 학자들은 상징적인 시어들로 이루어진 지식층의 문학이라고 생각했다. 앨런 소칼의 '지적 사기'와 같은 경우랄까? 그냥 '이 소리는 강원도 원주시 문막읍에 전해 내려오는' 우리의 소리에 아리스토텔레스의 시학을 들먹이

고 있었던 격이다. 우리의 소리가 어떻다는 것이 아니라, 우리의 소리가 시의 기원이라는 말이다. 맹자의 말마따나 '도道는 가까운 데 있는데, 늘 멀리서만 찾는' 배운 자들의 오류였다.

시경을 그의 손으로 정리했을 정도로 공자는 시詩를 중요하게 여겼다. 제자에게나 아들에게나 늘 시를 말했다.

詩 可以興 可以觀 可以群 可以怨
시는 감흥을 일으킬 수 있고, 삶의 이치를 살필 수 있으며
조화를 꾀할 수도 있고, 응어리 진 마음을 토로할 수도 있다.

'언어 밖을 떠돌다가 언어로 수습되는 게 시.'
고은 시인의 어록처럼, 실제로 언어는 생각을 정리하는 기능을 한다. 생각이 복잡할 때 혼자 중얼거리는 것은, 언어로서 생각을 명료화 하는 행동이라고 한다. 그래서 외로워도 슬퍼도 울지 않았던 캔디가 그토록 거울 속의 자신과 이야기를 나눈 것이었다.

주체할 수 없는 표현의 욕구가 말로 명료화 되어 글로 쓰여지는 것, 절제되지 못하고 정제되지 않은 채 터져 나오는, 그 자체로 자신이고 자신의 삶인 예술혼이 언어로 정리된 것이 바로 문학, 율곡의 표현대로라면 '정언精言'이 되는 것이다. 문학은 수사적 기교 이전의 '생각'에서 시작이 된다는 것이다.

삶의 철학, 시대정신을 담고 있다면 그도 문학이리라. 작곡가의 감성을 시대의 트렌드에 담아 노래하는 대중가요도 한 편의 '시'라고 할 수 있는 것이다.

공자는 말했다.

시경의 시 300여 편을 한 마디로 표현하자면, 생각에 삿됨이 없는
것이다.

대중가요를 들으면 하루 종일 재수가 없다는, 자신이 이해
가 가지 않는다고 굳이 상스러운 말로 시대의 화법을 폄하하는
삿된 생각, 원로 시인은 강연을 할 것이 아니라 문학사부터 다
시 공부를 하셔야 했다.

문학의 발달사를 보면 쉬운 어휘와 자유로운 형식의 문장
이 점점 멋을 내는 과정에서, 어휘는 점점 난해해지고 내용보
다는 형식에 치우치게 되는 폐단이 생겨난다. 그리고 점점 더
난해해지는 것을 깊이로 생각해버리는 사조가 유행한다. 그래
서 대중들이 이해하지 못하는 글을 쓰는 것이 문학의 최고 가
치로 여겨지던 시절도 있었다.

辭 達而已矣
언사는 뜻이 통하면 그 뿐이다.

공자도 '문질빈빈연후군자文質彬彬然後君子, 수식과 밑바탕이
서로 잘 어우러져야 비로소 군자라 할 수 있다'는 말을 했을 정
도로 수식의 중요성을 도외시 하지는 않았다. 하지만 무엇보다
뜻이 먼저 통해야 한다는 말이다. 대중들이 읽기 위해서는 주

석과 해석을 필요로 하는 것들만이 문학이라고 할 수 있는 것인가? 문인들끼리 돌려보기 위해 쓴 것이 문학의 정의라면 그럴 수도 있겠다. 그렇다면 대중들이 문학을 읽지 않는다며 대중의 교양 수준을 문제삼는 듯한 발언들은 조금 삼가야 하지 않을까?

연암 박지원은 「자소집서自笑集序」에서 소매가 좁고, 가슴선에 떨어지는 저고리의 한복이 몽고식이라고 비판한다. 고려시대 때부터 상류층들에서 유행하던 몽고식 습관이 조선까지 그대로 전해져 전통으로 알고 입은 것이다. 박지원은 오히려 기방의 기생들이 전통을 지키고 있다고 탄식을 한다.

시가 음악과 문학의 기원이 된다는 점에서 시의 전통은 차라리 거리의 광대, 힙합 뮤지션들이 지키고 있는 것은 아닐까? 음절과 라임을 지켜가며 인생을 뱉어내는 능력은 시인들보다 월등히 앞선다. 결코 대중가요가 시보다 낫다는 이야기가 아니다. 그냥 자기 소신에 갇혀 자신들만의 리그가 옳다 말하며, 나머지 것들은 저열한 시선으로 바라보는 지식인들의 편협함에 대해 말하고 싶을 뿐이다.

미학에서 말하는 시뮬라크르는 삶의 복제라는 뜻이다. 그런데 삶은 이데아의 복제이다. 결국 예술은 복제의 복제이다. 그래서 원본이 존재하지 않는 복제를 뜻한다. 인간의 삶에 원본이란 게 있을 수가 있는가? 그 복제물에 전형과 모범을 떠들어댄다면 이 얼마나 웃긴 시츄에이션인가? 마르셀 뒤샹은 이런 예술계의 권위를 비웃기 위해 화장실에서 소변기를 떼어다 '샘'이라는 이름으로 전시했다. 그런데 예술계에 의해 그것이 또 하나의 예술 형식이 되었다. 시대의 정신이었던 '해체'도 어느 순간 지식인들에 의해 '해체주의'라는 이름으로 체계화가 된다. 체계화 시키는 것이 잘못이라고 할 수는 없다. 하지만 설정한 체계화 밖의 텍스트들을 틀렸다고 말하는 것은 분명 잘못이다.

시는 이렇게 쓰는 것이다. 이런 문체가 정석이다. 말 그대로 정석일지는 모르지만 그것이 정답은 아니다. 평가는 대중의 몫이다. 절대적인 원칙이 존재한다면 문학은 이성의 지배 하에 놓이게 되는 것이다. 합리와 계몽으로 자연과학의 비약적인 발전을 이루어냈던 시기의 논리이다. 그래서 시인들은 그렇게도 자연에서 우주를 찾는 것일까?

하지만 가요의 편을 들어주기엔 요즘 가요들이 문학적 요소를 지키고 있는 것인가는 의문이다. 난해함은 이쪽도 마찬가지다. 정말 그것이 삶을 노래하고 있는가? 음반시장에 먹힐 만한 무언가에만 집착을 하고 있는 것은 아닌가?

음반시장의 불황을 시대와 구조에서만 그 이유를 찾을 것이 아니라 빈약한 철학들을 먼저 반성해 볼 필요가 있다. 문화 예술의 책임자로 자처하고 있는 모든 사람들의 반성이 필요하다. 문화 예술이 미래산업이라 떠들어대기만 할 뿐, 실질적으로는 자신들의 시장을 지키는 것에만 급급해 하고, 설 자리를 잃은 다양성들의 아우성들만 늘어간다.

영화 「달마야! 놀자!」, 한 산사에 머물게 된 건달들은 매일같이 스님들과 티격태격이다. 보다 못한 주지 스님이 화해를 촉구하니, 조건은 깨진 독에 물을 채우는 것, 물을 채우는 쪽의 요구를 들어준다는 취지였다. 스님들은 '참선'에서 해답을 얻으려 했지만, 주지 스님에게 실컷 욕만 얻어먹는다. 건달들은 어떻게든 구멍을 막아 물을 채우려는 시도 끝에, 깨진 독을 연못으로 가져가 빠뜨린다. 주지 스님이 원하는 답은 건달들에게서 나온다. 깨진 독이 스스로 연못의 일부가 됨으로써, 깨짐이 아무런 방해가 되지 못하게 된 것이다.

월도스님의 설명에 따르면, 안과 밖의 구분이 무의미하다는 이야기란다. 이른바 '해체'의 논리다. 체계와 구조 내에서의 진리가 보편의 진리는 아니라는 것. 불가의 선문답이라는 것도 그런 의미란다. 엉뚱한 언행으로 진리에는 정답이 있을 수 없다는 질문과 대답을 대신하는 것, 진리를 한정하는 언어의 폐해를 깨닫게 하고자 던지는 언어, 그래서 원래 해석이 되면 안 되는 것이라고…. 기를 쓰고 선문답을 해석하려 든다는 것 자체가 넌센스인 셈이다.

'진리에는 시제가 없다.'

어디에다 적어놓은 기억은 있는데, 누구의 말이었는지를 찾지 못하고 있다. 어제의 것이 내일 변한다면 그것은 진리라고 할 수 없다. 더군다나 사조와 경향이 존재하는 영역에 어찌 확정된 진리라는 것이 존재하겠는가?

'북극점에서는 모든 방향이 남쪽이다.'

이 말도 내 창작은 아닌데, 출처가 기억이 나질 않는다. 북극점에서는 어느 방향으로 발을 내딛어도 남쪽이다. 왜? 지구가 둥글기 때문이다. 북쪽의 최정점에 있으면서도 남쪽으로 둘러싸여진 모순과 역설. 정점에서는 모든 방향이 다 똑같다. 그냥 다 '아래'이다. 굳이 방향을 가르고 나누며 좌표를 지정하고 있다는 것은, 그만큼 아직 정점이 아니라는 것이다. 정말로 깨달은 문인이라면 그런 융통성과 포용력 정도는 갖추고 있어야 하지 않을까? 모든 남쪽을 끌어안는 북극점처럼…. 소동파와 박지원이 중국과 한국을 대표하는 대문호로서 시제를 넘어 지금까지 사랑을 받는 이유이기도 하다. 소동파와 박지원에 미치지 못하는 이들이 왜 진리를 자신들의 생각으로 한정하는지 의문이다.

본질을 보라

독일의 시인 릴케는 분명 시로 유명하겠지만, 우리나라 사람들에게는 「젊은 시인에게 보내는 편지」라는 한 권의 편지글로 더 유명한 듯하다. 시에 대해서 말한 책이면서도 문학이론서보다는 자기계발서로 더 많이 읽히는 이유는, 그가 말한 시작詩作의 본질이 감동을 자아내기 위한 수사의 배열이 아니라 그 감동의 근원인 인간과 삶에 대한 성찰임을 시인의 필력으로 담아내고 있기 때문일 것이다.

중국과 한국의 대문호들 역시 일찍부터 이런 문학관을 지니고 있었으니 도道가 문文에 앞선다는 '문이재도文以載道'이다. 지엽적인 수식에만 얽매이다 보면, 아무리 많은 수고와 시간을 투자해도 필력에 발전이 있을 수 없다는 주장으로, 좋은 글을 쓰기 위해서는 쓰고자 하는 글에서 삶으로 살고 느끼는 진정성이 묻어나야 한다는 것이다.

繪事後素

　제자 자하子夏가 시경詩經의 한 구절을 오역하여 해석이 애매해졌다. 그래서 시의 원뜻을 공자에게 물었고 그 질문에 대한 공자의 대답이다. 글을 어떤 수사로 채울 것이냐보다는 그 글이 담고 있는 진정성이 더 중요하다는 이야기다.

　가뜩이나 힘든 시절을 보내고 있는 서점가. 소설이 다시 베스트셀러 목록에 이름을 올린다고는 하지만 몇몇 작가에 불과할 뿐, 아직도 문학은 영광의 시절을 그리워하고 있다. 조정래 작가는 한 매체와의 인터뷰에서, 읽을 만한 콘텐츠가 없었던 것이지, 읽고자 하는 열망이 없었던 것은 아니었다며, 작가들의 반성을 촉구하기도 했다.

　한 언론사의 기자는, 예전처럼 삶의 경험과 철학이 녹아 있는 글이 아니라 그저 수사에만 능한 작가들이 배출되고 있다며 문예창작과의 존재가 오히려 문학의 위기를 초래했다고 논평을 했다. 물론 문예창작과의 존재가 근원적인 이유일 수는 없을 것이다. 문학을 대하는 작가들의 마인드가 획기적인 소재와 문단이 지향하는 문체만을 향해 있다는 것이, 대중과의 거리를 좁히지 못하고 있는 원인일 것이다. 인간의 삶이란 보편성보다는 보다 심오한 의미들을 찾는 데에만 열중을 하고 있는 것은 아닐까? 생각해보면 평범한 삶만큼 심오한 것도 없는데….

能近取譬 可謂仁之方也已

가까운 데에서 취하여 비유할 수 있다면, 인仁의 방법론이라고 할 수 있다.

배우 윤여정 씨가 한 예능프로에 나와 했던 이야기가 생각난다. 연기를 잘 하기 위해서 삶의 장면 장면마다 모두 연습을 했다고…. 정말 이런 게 연기가 아닐까? 연기자랍시고 예술혼을 핑계로 아버지로서, 어머니로서의 책임을 다하지 않는, 삶을 모르는 배우에게 어찌 연기자의 칭호가 허락될 수 있겠는가? 삶으로 축척된 생활의 감각이 없기 때문에 리얼함보다는 그저 연기에만 익숙한 것일 게다. 연기를 그야말로 연기처럼 하는 배우는 연기를 못하는 배우가 아니던가.

스타니슬랍스키Stanislavsky를 말하며 연기에 대한 열정만 불사르는 배우보다는, 먹고 사는 일을 걱정하며 직접 인간의 삶으로 뛰어들어 살아본, 그러면서도 연기를 포기하지 않았던, 오랜 무명생활을 거친 배우들의 내공이 높은 것은 당연한 일이다. 카프카와 까뮈가 어떤 삶을 살았고 어떤 글을 썼는지를 숙지하기보단, 소재가 되고 배경이 되는 평범한 군상들의 평범한 삶부터 공감을 해야 할 것이다.

쓰다 보니 누가 누구에게 지적질을 할 만한 문제는 아닌 것 같다. 똥 묻은 개의 피해의식으로 점철된, 겨 묻은 개를 향한, 비뚤어진 '순수대변비판'일 수도 있다. 그냥 같이 반성하자는 이야기다.

　　TV를 자주 시청하지는 않는 편이지만, 거르지 않고 보는 프로그램들이 있다. 개중 하나가 팝 칼럼니스트 김태훈 씨와 영화평론가 이동진 씨가 진행하는 '금요일은 수다다'라는, 영화를 소개해 주는 프로그램이다.

　　개인적으로 영화에는 별 취미가 없었다. 그저 엄청난 관객 수로 소문이 난 영화들의 끝물 관객에 포함이 될 정도였을 뿐이다. 하지만 소설을 쓰기 시작하면서 영화에 관심을 갖게 되었고, 그즈음 즐겨보던 한 프로의 코너가 단독 프로그램으로 편성이 되었다.

　　유홍준 교수의 말마따나, 아는 만큼 보인다고 했던가? 명작은 디테일이 다르다고 했던가? 지나치기 쉬운 장면들의 디테일함을 설명해주는 그들의 수다는 명작을 보는 재미를 배가시켜 준다. 재미있는 것은 그들이 영화를 풀어가는 방식이다. 평론 전문가 둘이서 대놓고 '수다'라는 설정이다. 평론가가 아닌 나로선 이들의 수다가, 같은 주제의 다른 프로그램과 무슨 차이가 있는 것인지는 설명할 수 없지만, 그냥 재미있다. 지식으로 분석을 한다기보단 삶의 화법으로 해석을 한다는 느낌, 익히 내가 알고 있는 짧은 지식으로 영화의 문법을 조금은 쉽게 이해할 수 있게 해준다는 느낌이다.

　　인간의 곁에 존재하는 모든 예술이 결국엔 삶의 담론들이다. 하지만 기능으로부터의 독립이 아닌, 삶으로부터의 독립을 '순수예술'로 몰아가는 경향이 있는 것 같기도 하다. 그런 기준으로라면 막장드라마처럼 순수예술인 것도 없을 것이다.

　　문학의 위기는 작가들의 수사적 디테일을 보지 못하는 독자들의 무지일까? 보통 사람들이 살아가는 모습에 관심을 갖지 않는 작가들의 디테일이 미흡한 것일까? 어쨌거나 서로가 만들어낸 결과인 것만은 확실하니 서로를 탓하기만 해서 될 일은 아니다.

어른이란 이유로

초등학교 때부터 친구로 지낸 녀석 중에 영화배우 원빈 씨와 고등학교를 같이 다닌 녀석이 있다. 녀석을 통해 원빈의 고등학교 생활을 전해 듣긴 했지만, 원빈의 위상으로 볼 때, 녀석의 말이 정말인지도 의심이 가긴 한다. 나도 원빈 씨와 어떤 사이도 아니라는 말을 마치 몇 다리 건너면 친구라는 듯 애매하게 하고 있으니….

영화 '아저씨'의 열풍이 한창이던 해, 학교에서 수업을 하다가 원빈에 대한 이야기가 나왔다. 아이들의 논리는 단순하다. 그와 내가 동갑이라는 이유, 같은 강원도라는 이유였다. 그리고 비교가 시작되었다. 굳이 그런 비교가 아니더라도, 왜 같은 풍토에서 자란 얼굴이 하나는 원빈이 되고, 하나는 내가 되었는가에 대한 자괴감은 온 강원도 젊은이들이 안고 사는 고민거리일 수도 있는 문제다. 원빈이 아닌 죄….

그래도 나는 선생이고, 어른인데, 그런 비교가 뭐라고…. 생각해보면 원빈과 비교가 되었다는 사실만으로 영광일 수도 있는 것을 울컥하는 마음이 어른스럽지 못한 한 마디를 내뱉고 말았다.

"니들도 아이유는 아니잖아!"

학생들이 가만 있을 리 없다.

"어우! 치사해!"

아이들의 논리는 이렇다. 자기들이 먼저 시비를 걸어놓고선… 유치하다며 되갚는다.

어른이란 모습은 그런 게 아닐까? 치기를 치기로 되받아치기보다는 그저 조금 양보와 관용의 미덕을 베풀어 주는 것.

흔히들 마흔을 '불혹'이라고 일컫는다.

十有五而志于學, 三十而立, 四十而不惑. 五十而知天命, 六十而耳順, 七十而從心所慾不踰矩

15세에 학문에 뜻을 두었고, 30세에는 인생관이 확고히 섰으며, 40세가 되어 세상사에 미혹됨이 없었다. 50세에 하늘의 뜻을 알게 되었고, 60세가 되면서 귀가 순해져 남의 어떤 말도 고깝게 들리지 않았으며, 70세가 되어서는 하고 싶은 대로 해도 도리에 어긋남이 없게 되었다.

불혹은 이 구절에서 유래돼 대명사화가 된 것이다. 하지만 착각을 하고 있는 것은, 간과하고 있는 사실은, 공자 정도나 됐으니 가능했던 성취라는 점이다. 그저 살아온 날수만 따져서 함부로 갖다 붙일 수는 없는 노릇이다. 마흔이라고 누구나가 다 세상에 혹하지 않는 것은 아니다. 실상은 욕망이 빚어내는 미혹迷惑의 참사, 그 절정에 걸려 있는 나이가 마흔이 아니던가. 그래서 서점가에서는 마흔 시리즈가 한창 유행했던 것이 아니겠는가.

지천명과 이순도 마찬가지다. 하지만 이들 단어가 의미하는 것은 어른의 모습이 아니라 짝지어져 있는 나이에 권위를 실어주는 단어가 되어버렸다. 안타깝게도 인격의 성숙은 나이와 비례하지는 않는다. 어떤 삶을 살아왔는가에 따라 누적된 세월이 풀어 놓는 '지금 여기'의 미분값은 서로 다르다. 정말 지천명과 이순이란 말이 어울리는 어른다운 어른들이 있는가 하면, 어른이 되지 못한 어르신들도 천지에 그득하다.

'지나고 보면 어른들 말이 다 맞다.'

물론 한 사회를 먼저 산 사람들의 경험과 노하우는 흘려들을 것들이 아니다. 하지만 '어른들'이라는 보편적 집단의 보편적 지식들은, 보편적으로 펼쳐지는 인생의 과정에만 필요한 것들이다. 보편에서 벗어난 세부 곡절의 영역에서까지 그 지식들이 필요한 것은 아니다. 하지만 그것에까지 간섭을 하려 드는 어른들이 내세우는 당위성은 그저 나이이다.

노마지지老馬之智라는 고사가 있다. 전쟁을 끝내고 회군 도중에 길을 잃은 군대가 늙은 말의 도움으로 무사히 자국으로 돌아올 수 있었다는 일화이다. 그런데 이 고사에 출연하는 말은 전쟁터에서 평생을 보낸 백전노장이었다. 경마장 안에서 평생을 달린 말은 매표소도 제대로 찾지 못할 것이다. 이런 말을 따라 갔다간 자신도 모르는 사이 적진 깊숙한 곳까지 헤매고 들어가 적들이 쏜 화살에 벌집이 되고 말 것이다.

단지 나이로 모든 정당성이 획득되는 것은 아니다. 하지만 한국 사회는 모든 일에 연륜을 명분으로 내세우며 자신의 의견을 존중해 줄 것을 강요하는 사회다. 그것이 유교적 질서가 지켜온 가치라며 시비의 영역에 삼강오륜을 들먹이곤 하는 사회다.

공자가 말하길,

後生可畏 焉知來者之不如今也
후학들을 두려워할 만 하다. 앞으로 다가올 그들이 지금의 나보다 못할 줄을 어찌 알겠는가?

유교적 질서라고? 착각하지 말고, 억지 좀 쓰지 말자. 유교는 합리적인 학문이다. 소통을 방해하는 인습은 버려야 한다는 것이 컨퓨셔니즘Confucianism의 모토이다.

찰스 슐츠의 인기 만화 '피너츠Peanuts', 우리에게는 '찰리 브라운'이란 이름으로 익숙한 이 만화에는 어린이들의 대화만 있고, 어른들의 말은 알아들을 수 없는 잡음으로 처리가 된다. 아이들이 보기에 어른들은 알 수 없는 소리와 논리만 늘어놓는 알 수 없는 존재들이라는 상징적 구성이라고 한다.

지금 이 시대 어른들의 모습은 어떠한가? 어린 세대는 이해하지 못할 논리와 가설만을 늘어놓으며 자신들의 세월을 인정받으려 하고 있지는 않은가? 마치 자신의 생각이 정답인양 강요를 하고 있진 않은가? 그렇다고 기성들이 제대로 알고 있는 것은 무엇인가? 자신의 시간으로 남의 시간을 판단하는 것을 앎이라고 착각하고 있는 것은 아닌가? 다 안다는 착각으로 모르고 있음을 모르고 있지는 않은가? 그래서 불혹의 나이에도 그렇게 유혹에 시달리고 있는 것은 아닐까?

나이 마흔에 대해서, 공자는 이렇게 말했다.

불혹이 가능하지 않으니, 미움의 목소리도 곳곳에서 들릴 것이다. 불혹을 입 밖으로 꺼낼 것이 아니라 스스로가 저지르고 있는 미운 짓이 있지는 않은가에 대한 안으로의 성찰이 필요할 것이다. 그리고 난 후에 비로소 어른이란 이름이 부끄럽지 않을 수가 있을 것이다.

박완서 작가의 고등학교 시절, 국어과목을 담당하던 은사는 포도주를 만들 때 무엇이 필요하냐고 질문을 했다고 한다. 포도, 설탕, 소주, 항아리…, 학생들의 대답은 제각각이었으나 선생님께서 말씀하신 대답은 '시간'이었다고 한다.

'사람은 늙어가는 것이 아니라 포도주처럼 익어가는 것이다.'

어디서 주워들은 서양 속담이다. 그러나 시간만 흐른다고 해서 좋은 포도주가 되는 것은 아니다. 신의 넥타가 어찌 그리

쉬 만들어 질 수 있겠는가. 나이만 먹는다고 누구나 어른이 되
는 것도 아니다. 시간의 축적량만으로 어찌 지혜의 호칭을 허
락될 수 있겠는가.

여기 저기서 들려오는 청춘들의 고민과 방황에 어떤 어른
들은 자신들이 먼저 획득한 시간의 잣대만을 들이대곤 한다.

"요즘 것들 약해 빠져서 안 돼!"

"넌 아직 인생을 몰라!"

하지만 자신들도 언젠가는 약해 빠진 청춘이었다. 인생이
무언지 모르기에 두려운 것은 당연한 것이다. 두려움의 크기
가 다를지언정 어차피 모름에 대한 불안을 갖고 살아가는 것
은 마찬가지이다. 더군다나 기성들이 만들어 놓은 세상에서
약하고 모르는 것이 청춘들만의 잘못은 아닐 터, 그러나 그저
약하고 모른다는 이유로 그들의 목소리를 귀 기울여 듣지 않
는다.

박완서 작가는 한 에세이에서 '전쟁을 겪은 우리 세대이기
에 음식 귀한 줄 모르는 아래 세대에게 해대는 쓴 소리를 이
해해 줘야 한다'고 말한 적이 있다. 음식 아까운 줄 알아야 하
는 것이 어디 전쟁 세대에게만 필요한 덕목이겠는가? 모든 세
대가 알아야 하고, 기성들이 어린 사람들을 일깨워주어야 하
는 일들이 분명 있다. 하지만 우리 시절에는 늘상 굶고 살았
는데, 그깟 배고픔도 참지 못하고 주저앉느냐며, 기아에 허덕
이는 청춘들에게 쓴 소리만을 해대는 기성들도 계신다. 차라
리 지친 젊음들에게 손을 내밀고 다독여주는 것이 어른스런
모습이 아닐까?

청춘은 아직 어른의 시간을 살지 않았다. 하지만 어른은 이미 청춘의 시절을 살았다. 살아온 시간만을 명분으로 내세울 것이 아니라 자신이 따뜻한 시선으로 미숙한 젊음을 이해해 줄 수 있는 모습인지를 돌아보자.

타자의 담론

어진 이는 걱정하지 않고, 지혜로운 이는 유혹에 걸리지 않으며,
용감한 자는 두려워하지 않는다.

'모든 살아 있는 존재는 서로에게 속해 있다.'

슈뢰딩거의 말이다. 그는 '슈뢰딩거의 고양이'라는 담론으로 양자역학의 불확정성을 설명한 물리학자다. 과학자의 멘트치고 사뭇 철학적인 것은, 철학에서 분리가 되었던 과학이 오늘날에는 다시 철학에서 답을 찾고 있기 때문이다.

우리가 상식적으로 알고 있는 미립자의 세계는, 원자핵 주변을 돌고 있는 원자력 발전소의 마크이다. 그림으로 표현할 길이 없어 그렇게 그려 넣는 것일 뿐, 양자역학이 설명하는 미립자의 세계는 조금 다른 모습이다. 볼펜을 쥐고 아래 위로 혹은 좌우로 빠르게 흔들면, 볼펜이 여러 개로 보인다. 하지만 그것은 여러 개가 아니라, 한 개다. 미립자의 세계는 그런 식으로 존재한다는 것이다. 그래서 여기에도 있고, 저기에도 있고, 관찰자가 보는 어디에도 존재하지만, 관찰과 동시에 사라진 입자

는 이미 다른 곳에 존재하고 있다. 그러나 여러 개가 아니라 하나이다. 그래서 개수가 아닌 양量으로 존재한다는 개념이 양자量子의 세계이다.

쿨리의 거울자아 이론에 의하면, 나는 오롯한 나의 모습으로 살아가지는 않는다. 남들에게 보여지는 이미지, 내가 아니라 '나인 줄 아는 모습'을 지키며 살아간다. 즉 '나'라는 존재는 타인에게 비춰지는 수많은 페르소나로 존재하고 있는 것이다. 결국 우리는 '나'로 살아가기보다는 '너'로 살아가는 시간이 많은 것이다.

수많은 타자의 인식 속에 존재하는, 여기에도 있고, 저기에도 있는, 양자적 '너'가 바로 남들이 바라보는 '나'이며, 순수한 나 역시도 그 시선에서 자유로울 수가 없다. 거울을 바라보는 행위조차도 자신의 시선보다는 남의 시선으로일 때가 많다. 남들이 보기에 괜찮아 보일까, 라는 생각으로 자신을 바라보는 순간, 순수한 나는 이미 사라진 것이다. 그래서 나 자신을 모르는 경우가 그토록 많은 것이다. 왜? 나 혼자 살아가는 세상이 아니라 수많은 관계 속에서 살아가야 하는 세상이기 때문이다.

라캉은 인간의 무의식마저 '타자의 담론'이라고 주장을 한다. 윤리 도덕적 허울을 한 꺼풀 벗겨내면, 남과 비교하지 말라는 말처럼 공허한 이야기도 없다. 또한 이 말처럼 이기적으로 해석되는 말도 없다. 남을 의식하지 않고 그냥 자기가 하고 싶은 대로만 살면, 정상적으로 살 수 없는 세상임을 부정할 수는 없지 않은가. 때론 철저한 비교가 윤리 도덕을 가능케 하고 있다는 사실을 간과하고 있음이다.

三人行必有我師焉 擇其善者而從之 其不善者而改之

세 사람이 길을 가면, 반드시 내 스승이 있으니, 선한 이를 택해 좋은 점을 따르고, 불선한 이를 택해 나쁜 점을 고친다.

'나'라는 존재는 남과의 관계를 통해서 성립할 수가 있으며, 종종 남에게서 나를 발견하기도 한다. 남에게서 관찰되는 나와 같은 모습으로 비로소 자신을 깨닫는 경우들이다. 단지 아직 들키지 않은 자신의 모습이란 사실에 속으로 안도를 하거나 남의 어리석음을 더욱 비난하는 것뿐이다. 마치 자신은 안 그런다는 듯….

이기적이거나 고집이 센 사람들은 자신의 의견이 관철되지 않을 때, 상대방의 거부를 이기심과 고집으로 몰아간다. 눈치 없는 후임이 선배가 되었을 때는, 눈치 없는 새로운 후임을 사람으로 보지도 않는다. 시어머니와 마찰이 잦던 며느리는 자신도 모르는 사이에 더욱 표독한 시어머니가 되어 있다. 명품백과 외제차를 욕망하면서도 자신의 경제력으로 따라잡지 못하면 명품족들의 소비 성향을 허영으로 몰아간다. 무의식 중에 상대방에게서 '나'를 보는 것이다. '나는 저렇지 않다'라는 착각을 비집고 나오는 '나 역시 저렇다'라는 자격지심이다. 도둑이 제 발이 저리다 못해, 마침 옆집을 먼저 털고 나온 다른 도둑에게 '도둑이야!'를 외치고 있는 것이다.

나보다 나은 사람에게서 자신이 욕망하고자 했던 모습을 발견하기도 한다. 평범한 사람들은 그들을 자신의 우상 혹은 멘토로 삼는다. 하지만 그들을 질투하며 인정하지 않는 비범한 사람들도 있다. 같아지기를 욕망하면서도 자신의 능력이 그만 못하지 않다는 자존심에, 차라리 그 가치를 부정하는 심리이다. 걸핏하면 딴죽을 걸지만, 질투에 대한 고해이기도 한 셈이다. 이 무슨 악취미란 말인가?

모든 것은 인정에서부터 시작이 된다. 부족함을 인정하고, 부러워하고 있음을 인정해야 자신에게도 목표점이 생기는 것이고 발전이 있을 수 있는 것이 아니겠는가? 자신은 절대 그럴 리가 없다는 믿음속에 반성이 끼어들 여지가 없기 때문에 언제나 제자리인 것이다. 남의 실패 사례를 보고 들으면서도, 나는 저러지 말아야지, 라는 생각보다는 나라면 저렇게 하지 않았다는 생각부터 한다. 남의 성공 사례를 보고 들으면서도 배울 생각보다는, 나도 저렇게 해볼까 하는 생각보다는, 그저 그가 운이 좋아서, 라는 생각부터 한다. 본인이 직접 실패의 사례가 되고 나서도 그런 생각은 그치지 않는다. 모든 것이 악재 탓이다. 하지만 가장 큰 악재는 자기 자신에 사실이다. 남들이 바라보는 당신은 고집불통에 이기적인 사람일 뿐이다.

학창시절에 누구나 한 번쯤 있었을 법한 경험, 수업 중에 꾸벅꾸벅 졸고 있는 친구의 우스꽝스러운 모습을 지켜보는 순간, 그전까지 자신을 누르고 있던 졸음이 달아난다. 그 우스꽝스러운 모습에 짐짓 웃음을 짓고 있지만, 실상 자신도 저렇게 처절한 몸짓으로 버텨내고 있었으리라는 자기연민으로 친구의 우스꽝스러움에 집중을 하고 있는 것이다. 당신의 조는 모습도 별반 다르지 않다. 남들이 조는 것처럼 그렇게 우스꽝스러운 모습이다.

　　노란 벽돌길을 따라가다 만난 마음이 없는 양철나무꾼, 지혜가 없는 허수아비, 용기가 없는 사자는, 어쩌면 도로시 자신의 지금이 투사되어 있는 상징들이었는지도 모른다. 오즈에 마법사는 없었다. 하지만 노란 벽돌길의 여정에서 마음을, 지혜를, 용기를 얻을 수 있었고, 도로시는 캔사스로 돌아올 수 있었다. 오즈의 마법사를 찾아가는 길이 인생을 의미하는 것은 아니었을까? 서쪽 마녀는 극복해야 할 치기였고, 북쪽 마녀는 성장 과정에서 만나게 되는 멘토였으리라. 그렇다면 오즈의 마법사는 결국 도로시 자신이 그리고 있던 어른의 모습이 아니었을까? 성장통의 방황을 끝내고 다시 돌아온 캔사스는 조금은 어른스런 생각으로 다시 살아가게 되는 일상이 아니었을까? 어른이 되는 일은 결국 스스로 이루어 내야 하는 것이라는 주제를 허상의 타자他者라는 상징을 통해 말하고자 했던 작가의 의도가 아니었을까?

仁者不憂, 知者不惑, 勇者不懼
어진 이는 걱정하지 않고, 지혜로운 이는 유혹에 걸리지 않으며, 용감한 자는 두려워하지 않는다.

　　한 가지 덕목이라도 빠져 있다면 아직은 어른이라고 할 수 없다.

4

인간적인,

너
무
도

인간적인

사랑의 콘텐츠 – 仁

서양철학의 관심사는 언제나 '이성'이었다. 경험론과 합리론의 논쟁도 어떤 방법론이 더 타당한 합리적 사고인가에 대한 각자의 주장이었다. 하지만 쇼펜하우어의 등장으로 인해 철학의 범주에서 소외당하고 있었던 감성이 재발견 된다. 스스로 문인을 자처할 정도로 문장론에도 관심이 많았고, 해학과 금언의 화법으로 철학에 재미를 더했다. 그의 책을 읽고서 목회자의 길에서 철학으로 길을 돌린 이가 있었으니, 드디어 인류는 니체의 감성철학을 맞이하게 된다.

쇼펜하우어는 불교에 심취해 있던 서양철학자이다. 그가 말한 인간의 '맹목적 의지'는 불교에서 말하는 욕망에서 연유한다. 그가 바라본 인간은 욕망대로 살아가는 이기적인 동물에 불과했고, 인생이란 그 욕망으로 빚어지는 고통을 짊어지고 가야 하는 허무한 시간들이었다. 그래서 흔히들 염세주의 철학자

라고 부르지만, 전제 자체가 고통이면 삶은 그만큼 덜 힘들어
질 수 있다는 역설적 긍정이기도 하다.

그러나 한편으론 난생 처음 본 누군가가 위험에 처한 상황
을 보고서 생각할 겨를도 없이 그에게 도움의 손길을 건네는
착한 인간심리의 정체에 대해 궁금해 한다.

"나 자신의 것도 아니고, 내가 상관할 것도 아닌 고통이 마
치 나 자신의 것인양 내게 즉각적인 영향을 끼치며 나로 하여
금 행동에 돌입하게 만들 만큼 강력한 위력을 발휘하는 까닭은
무엇일까? 이것은 정말이지 신비스러우며 이성조차도 아무런
설명을 해줄 수 없으며, 현실의 경험에서도 전혀 근거를 찾을
수 없다. 그럼에도 불구하고 이는 흔히 벌어지며, 모두 그런 경
험을 지닌 바 있다."

이 심리상태는 이미 2000년 전에 맹자가 구체적인 단어로
설명한 적이 있다. 측은지심(惻隱之心, 가엾이 여기는 마음), 맹자는
다음과 같이 설명한다.

"갑자기 어린아이가 우물에 빠지는 것을 보면, 사람들은 모
두 깜짝 놀라고 불쌍해 하는 마음을 가진다. 이는 그 어린아이
의 부모와 교분을 맺으려 함도 아니며, 마을 사람들과 벗들에
게 칭찬을 받기 위하여 그러는 까닭도 아니며, 매정하다는 원
성을 듣기 싫어서 그렇게 하는 것도 아니다."

그냥 사람이면 다 가지고 있는 선한 본성이다. 맹자가 성선
설을 주장한 근거이기도 했으며, 인仁이라는 덕목의 원형질이
되는 심리이기도 하다.

맹자는 말했다.

공자 철학의 키워드는 인仁과 예禮이다. 후학 중에 맹자는 인仁에 무게를 더 실어주었고, 계보가 주자朱子로까지 이어져 중국 유학의 주류가 된다. 또한 조선조 이기논쟁의 단서를 제공한 주요 문장이기도 하다.

율곡과 퇴계는 무엇을 주제로 논쟁을 벌인 것일까? 앞에서 언급한 쇼펜하우어와 관련이 있다. 서양과 마찬가지로 동양사상에서도 감정은 이성에 비해 저열한 것이었다. 측은지심, 그러니까 사람의 착한 본성이란 게 이성의 영역이냐 감정의 영역이냐를 가지고 설전을 벌인 것이다.

조금은 복잡할 수도 있는 개념이지만, 최대한 쉽게 설명을 해보고자 한다.

칸트가 이르길,

"우주의 법칙이 정신에 알려져 있는 까닭은 그것들이 정신으로부터 나왔기 때문이다."

우주의 법칙과 우리의 정신은 동일한 모델이란 말이다. 여기서 '우주의 법칙'은 성리학에서 말하는 이理에 해당이 된다. 그리고 그것이 사람의 정신으로 존재하는 것이 성性이다. 세상 만물은 기氣의 결합으로 이루어진다. 성性은 형이상학적 원리이다. 이것이 현상으로 존재하려면 기氣의 도움이 필요하다. 성性이 기氣로써 존재하는 것이 심心이다. 그리고 심心이 사물이나 상황에 응하여 발하는 것이 정情이다.

만물을 구성하는 기氣라는 놈은 사람마다 사물마다 다르다. 그래서 그 개별적 차이를 가리켜 '기질'이라고 하는 것이다. 성性은 기氣로써 존재하기 전의 원형이 이理이기 때문에 보편적이다. 정情은 이미 기氣로 존재하는 성性, 즉 심心으로서 외부에 반응하는 것이기에 개성적이다. 사람마다 감정의 표현 정도가 다른 이유이다.

복잡하다. 뭐가 이리도 복잡한지…. 퇴계와 율곡이 이걸 가지고 논쟁을 벌인 거다. 누가 맞고 틀리는지를 떠나 어휘 자체가 이해하기 어렵다. 하지만 마땅히 대체할 만한 입체감의 현대어가 없다. 지금 나도 몇 번을 지우다 다시 쓰는 중이다. 굳이 대리하자면 성性은 이성의 바운더리이고 정情은 감정의 나와바리다.

퇴계와 기대승이 먼저 논쟁을 벌였다. 퇴계는 측은지심을 순수한 이성의 작용이라고 보았지만, 기대승은 측은지심을 이성과 기질의 역학관계로 본 것이다. 퇴계는 측은지심 그 자체를 인仁으로 보았다. 인仁은 성性이다. 하지만 주자도 측은지심을 정情이라고 말했다. 그 자체로 인仁인 것이 아니라 인仁의 단서, 즉 순박한 본성이기는 하지만 인자하고 어질다고까지는 말할 수 없는 단계의 마음이다.

여기서 퇴계는 조금 얼버무린다. 결국 퇴계는 이理가 기氣를 리드하는 것, 즉 이성으로 기질을 다스리는 것을 측은의 마음이라고 수정을 한다. 그리고 기氣가 이理를 리드하는 심心의 상태, 즉 기질이 이성으로 절제되는 것을 정情으로 보았다. 퇴계에게 측은지심과 감정은 여전히 다른 것이었다.

율곡이 등장을 한다. 측은지심과 감정은 모두 심心 속의 기氣가 발한 것이다. 그런데 심心은 이미 성性, 그리고 그보다 근원인 이理를 포함하고 있다. 기氣가 반응하는 것이 정情이지만, 그 기氣가 반응하게 하는 근원은 이理가 된다. 결국 정情은 성性에서 나온 것이 된다. 이성은 감정의 필요조건이란 이야기다. 희노애락애요욕, 감정의 표현은 저마다 다르다. 어떤 이에게 슬픈 것이, 다른 이에게는 감흥이 되지 않는 것들도 있다. 그래서 감정은 개성적이고 개별적이다. 측은지심은 감정 중에서도 이성에 가까운, 그러나 이성은 아닌 보편적인 공감능력이라는 것이다.

측은지심은 정情의 영역이다. 그래서 사람마다 느끼는 측은함 자체는 같을지 몰라도 감정의 표현은 저마다 다르다. 이 막연한 단서가 도덕적 가치로 명료해진 것이 인仁이다. 퇴계에게 인仁과 측은지심은 모두 보편적 도덕률이다. 율곡에겐 인仁은 보편적 도덕률이지만 측은지심은 사람이면 지니고 있어야 할 최소한의 공감능력이었다.

이런 복잡한 논의가 왜 중요하냐 하면, 율곡에 의해서 감정의 가치가 해방이 되기 때문이다. 퇴계를 조선의 주자라고 부르지 않던가? 주자 역시 퇴계의 이론과 궤를 함께 한다. 포스트 '주자'들은 정情을 성性보다 저열한 것으로 보았다. 그래서 조선조 양반네들이 그토록 절제된 감정으로 살았던 것이다. 소위 '양반체면'이라는 삶의 양식이 그것이다. 문학은 형식미와 절제미를 숭상하는 시詩가 오랫동안 문단의 주류를 점하게 된다. 그러나 정情의 가치가 재발견 되면서부터 문학 역시 조금 더 감정에 솔직할 수 있게 된다. 체면을 생각하지 않는, 감정을 절제할 필요가 없는 민초들이 즐겨 읽던 소설이 드디어 문학의 범주로 인정받게 된다. 이런 반주자反朱子적 사유를 이어받아 직접 소설 창작에까지 참여한 사대부가 허균과 박지원이다. 그리고 훗날 실학자들에게 이어지니, 실학의 태동을 율곡으로 보는 학자들도 있다. 서양 미학에서 니체에 의해 디오니소스적(굳이 대리하자면 발산미)인 것들이 아폴론적(굳이 대리하자면 절제미)인 것들과 어깨를 나란히 하게 된 것과 같은 사건이다.

퇴계의 이기理氣를 이원론으로, 율곡의 이기理氣를 일원론으로 보는 사람도 있지만, 모두가 다 심心에 대한 일원론적 사고로 보아야 옳단다. 싸이코패스가 공감능력이 결여되어 있지만, 이성만으로 별 무리 없이 사회생활을 한다는 점에서 착안한다면, 율곡의 주장이 더 타당할 듯 싶다. 싸이코패스도 인仁이란 덕목은 알고 있는 것이다. 그러나 그 기저에 있어야 할 측은하게 여기는 마음, 정情의 가치가 구비되어 있지 않은 것이다. 그러니 어찌 성性만으로 순수한 선을 설명할 수 있겠는가? 또한 최근에 출토된 자사(子思, 공자의 손자, 「중용」의 저자)의 문헌에서는 성性의 개념이 후학들이 말하는 정情에 해당한다. 역사의 어느 순간에 일어난 착오가 빚은, 전제 자체가 잘못된 공론이었다. 그나마 율곡만이 면피를 한 셈이다.

측은지심과 인仁을 설명하고자 참 멀리 돌아왔다. 공자는 인仁을 설명함에 이렇게 복잡한 설명 따위를 필요로 하지 않는다.

제자가 인仁을 물었더니 공자가 말하길,

한 마디에 모든 것이 들어 있다. 석가와 예수가 말한 '사랑'
이, 공자가 말한 인仁이었다. 성선과 성악, 인간의 본질은 과연
순수일까? 욕망일까? 공자에게 정신분석은 그다지 의미 있는
작업이 아니었다. 어쨌거나 그 모두가 인간을 빗겨갈 수 없는
것들이었기에 해답을 사랑에서 찾은 것이다.
조용필의 '바람의 노래'에는 이런 인仁의 정신을 노래하는
가사가 있다.

보다 많은 실패와 고뇌의 시간이
빗겨갈 수 없다는 걸 우린 깨달았네.
이제 그 해답이 사랑이라면
나는 이 세상 모든 것들을 사랑하겠네.

인생을 아는 가왕의 철학이라고나 할까?
나는 나이가 들면, HOT와 젝스키스의 노래를 '가요무대'
에서 들으며 지난 시절들을 추억할 줄 알았다. 그런데 점점 양
희은과 김광석이 들리기 시작한다. 통기타의 공간을 울리며 사
라지는 여운과도 같은 '사랑'이 이해가 가기 시작한다. 교사가
되고자 그저 해석에 급급했던 공자의 철학을, 나이가 들면서

삶으로 깨달아버리는 경우가 더러 있다. 그 시절에도 무슨 말인지는 알고 있었다. 하지만 '이런 말이었었구나!'로 새삼 깨닫게 되는 삶의 순간순간들. 이미 알고 있던, 미처 알지 못했던, 사람 살아가는 이야기들이다.

관계의 콘텐츠 – 禮

예禮는 사치스럽기보다는 차라리 검소해야 하고
상을 당해서는 잘 치를 것을 생각하기보다 차라리 슬퍼해야 한다.

장자의 임종이 머지않았음 알고 제자들은 성대한 장례식을 계획한다. 하지만 가만히 듣고만 있었을 우리의 장자가 아니다.

"나는 하늘과 땅으로 나의 관을 삼을 것이다. 해와 달은 나을 호위하는 한 쌍의 옥玉이 될 것이며, 별무리들이 내 둘레에서 온통 보석들처럼 빛날 것이다. 그리고 만물이 내 장례식날 조문객들로 참석할 것이다. 더 이상 무엇이 필요한가?"

제자들이 대답한다.

"까마귀와 솔개들이 스승님의 시신을 쪼아 먹을까 두렵습니다."

장자는 제자들이 답답하다.

"땅 위에 있으면 나는 까마귀나 솔개의 밥이 될 것이다. 그리고 땅 속에서는 개미와 벌레들에게 먹힐 것이다. 어느 경우든 나는 먹힐 것이다. 그러니 왜 그대들은 새에게 먹히는 경우만 생각하는가?"

장례에 대한 맹자의 생각은 조금 다르다.

"상고시대에 그 부모를 장례하지 않은 자가 있었는데, 그 부모가 죽자 시신을 들어다 계곡에 버렸다. 다른 날 그곳을 지날 적에 여우와 살쾡이가 파먹고 파리와 등에가 모여서 핥아 먹거늘, 그는 이마에 땀이 흥건히 젖어 흘겨볼 뿐, 차마 똑바로 보지 못하였다. 그는 집으로 돌아와서 삼태기와 들것에 흙을 담아 뒤집어 쏟아서 시체를 덮었다. 시신을 덮는 것이 옳다면, 효자와 인자한 사람이 부모를 매장하는 것 또한 반드시 이유가 있지 않겠는가?"

마지막으로 공자의 일화를 살펴보자.

제자 재아宰我가 공자에게 3년상은 너무 긴 것이 아니냐고 묻는다. 하지만 자기도 무언가 켕기는 것이 있었는지 자기 방어를 위한 단서를 붙인다. 3년 동안의 시간에 차라리 예악禮樂을 다스리는 것이 낫지 않겠냐고⋯.

공자는 쿨하게 대답한다.

"그렇게 해서 네가 편하다면 그리 해라! 군자는 마음이 편치 않아서 그러지 못할 따름이다."

공자가 생각한 예禮란 이런 것이다. 장자가 그렇게 해서 마음이 편하면 그렇게 하는 것이고, 맹자가 그렇게 해서 마음이 편하면 그렇게 하는 것이다.

예禮는 허례허식이 아니라 인仁의 현전이다. 차마 그렇게 하지 못하는 마음에서 우러나오는, 그렇게 하지 않으면 마음이 편치 않기 때문에 그렇게 할 수밖에 없는 행동양식일 뿐이다. 마음이 없는, 한낱 의식儀式 이상이 아닌 것은 공자도 경계했다.

禮 與其奢也 寧儉 喪與其易也 寧戚
예禮는 사치스럽기보다는 차라리 검소해야 하고
상을 당해서는 잘 치를 것을 생각하기보다 차라리 슬퍼해야 한다.

공자의 후학들이 정치적 우위를 점하기 위해 고리타분한 명분론의 관습이 이어진 것일 뿐, 정작 공자 자신은 병적으로 예禮에 집착을 보이지는 않았다. 형식의 미학보다는 진정성이 더 중요하다는 것이다.

어머님들이 백일기도로 자녀의 당락이 좌우되는 것도 아니다. 108배로 모든 번뇌가 사라지는 것도 아니다. 기도로 모든 죄가 사하여지는 것도 아니다. 그러나 삶의 진정성은 태도로부터 시작이 되는 것이다. 그 자체로 반성이며 다짐이며 의지인 것, 지금 하고 있는 일의 의미에 집중케 하고 있는 것이 예禮라는 것이다. 억지로 하는 것이 아니라 마음에서 우러나와 어쩔 수 없이 행해야 하는 것을 의미한다. 그 마음의 정체가 불안이든, 사랑이든….

人而不仁, 如禮何. 人而不仁, 如樂何.
사람이로되 인하지 못하면 예禮를 무엇할 것이며
사람이로되 인하지 못하면 악樂을 무엇하리오.

「중용中庸」에선 인仁을 인人, 곧 사람다움으로 표현하고 있다. 주자의 해설서에 따르면 예禮는 질서를 얻음이요, 악樂은 조화를 얻음이다. 현대적 의미로 풀어본다면 인간의 관계이다. 이 구절은 '관계'보다 '사람다움'이 먼저라는 것이다. 도리가 앞서야 한다는 것이다. 천국에 가기 위해 시간과 횟수를 정해 놓고 두 손을 모을 것이 아니라 차라리 넘어진 자를 위해 한 손을 내밀어 주는 것, 그것이 공자가 말한 예禮의 본질이다.

공자의 예禮는 오해를 많이 받아왔다. 노자와 장자에게 있어 예禮는 인위적인 것, 즉 무위無爲에 어긋난 것이었다. 하지만 공자 자신이 설명하는 예禮는 무위無違, 즉 도리에 어긋나지 않는 것이었다.

맹자가 공자의 인仁을 계승했다면, 예禮는 순자에 의해 계승이 된다. 순자가 주장한 성악설은 개인의 문제가 아니라 집단의 문제이다. 집단 속에서 충돌할 수밖에 없는 이기적인 욕망들을 조절하는 사회적 기제가 예禮가 된 것이다.

순자의 성악설은 일반적으로 알고 있는 상식과는 약간의 차이가 있다. 인간이 원래부터 욕망의 존재인 것이 아니라, 한정된 재화를 여럿이서 공유하면서부터 생겨난 구조적인 문제가 인류에게 세대 유전을 거쳐 오고 있다는 것이다. 융의 집단 무의식에 가까운 논리이다. 서양의 원죄 의식도 오롯하게 선천적인 것은 아니다. 왜? 아담과 이브가 선악과를 발견하기 전까지는 욕망이란 것도 없었다.

경희대학교 중문과 노상균 교수님은 도덕의 가치를 인간과 사회를 분리시켜서 생각할 것이냐, 사회적 관계를 전제로 해서 생각할 것이냐를 물으며, 맹자의 성선도 관계를 전제한 학습의 가능성을 배제할 수 없다고 말씀하신다. 내가 제대로 이해한 것인지는 모르겠지만, '인간다움'이란 것도 개인으로 판단될 수 없는, 결국 관계의 문제까지 얽혀 있다는 설명이다. 개인적으로는 내 논문 지도교수님이신데, 조금 순자를 좋아하신다.

순자의 철학은 마치 도덕과 욕망의 상관관계를 따지고 있는 니체의 철학을 읽는 듯할 정도로 맹자보다는 현대적이다. 하지만 니체처럼 너무 시대를 앞서 왔던 사상가였다. 성악의 논리가 받아들여지지 않았던 당시였기에, 유학의 집대성자라 불리면서도 꽤 오랜 시간을 유학의 이단으로 배척이 되어 왔었다.

순자는 '인간다움'이 중요한 것은 당연한 사실지만 그것도 인간의 '관계'로 터득이 된다고 주장했다. 외딴 섬에 홀로 사는 로빈슨 크루소에게 동물과 구분이 될 '인간'이란 단어는 필요할지 모르지만 '인간다움'의 덕목은 굳이 필요 없다. 어차피 혼자서 살아가는 삶 속에선 '이기적'이라는 말 자체가 성립이 되지 않기 때문이다. 인간다움은 관계의 전제 속에서 의미가 있는 바, 인仁도 예禮가 있기에 의미가 있어지는 것이다.

공자도 굳이 우선순위를 밝히자면 예禮보다 인仁이 앞서야 한다는 말을 한 것일 뿐, 무시해도 된다는 말을 하고 있는 것은 아니다. 스타 플레이어는 개인 기량과 팀워크 둘 다를 갖추어야 하듯, 두 덕목을 갖추어야 군자라 할 수 있다.

사람에 대하여

더불어 말할 만 한데도 더불어 말하지 않으면 사람을 잃은 것이요,
더불어 말할 만 하지 못한데도 더불어 말한다면 말을 잃은 것이다.

흔히 천재를 향한 둔재의 질투를 살리에르 증후군이라고 부르지만, 실상 살리에르는 자신만의 음악세계를 독자적으로 구축한 또 한 명의 천재였을 뿐, 모차르트와의 이야기는 그저 호사가들이 만들어낸 픽션에 불과하다고 한다.

사마천의 「사기史記」에 기록된 우정과 배신의 드라마 중 최고봉은 아마도 손빈孫臏과 방연龐涓, 한비자韓非子와 이사李斯의 이야기일 것이다. 천재라 불리던 동문에게 최고의 자리를 빼앗길까봐 노심초사 해야만 했던 살리에르 증후군의 전형들이다.

하지만 이도 믿을 만한 기록은 못 된다. 사마천은 자신의 불운한 처지로 감정이입을 한 대상들이 더러 있다. 그래서 「사기」는 역사적 팩트보단 그 문학적 가치에 더 중점을 두는 작품이다.

손빈은 손자병법의 저자인 손무孫武의 후손으로 그야말로 손자의 손자이면서, 그 자신도 손자라고 불리던 사람이다. 또한 손빈 병법이 따로 발견되기 전까지는 손자병법의 저자라고 알려져 있던 병법의 대가이다.

먼저 세상으로 나아가 벼슬을 하고 있었던 방연은, 자신보다 뛰어난 손빈의 재능이 알려지는 것은 시간문제라고 생각하고 있었다. 두려움과 시기심이 얽힌 복잡한 마음은 친구의 예로써 손빈을 자신의 나라로 초빙한다. 그리고 모함으로써 손빈의 슬개골을 잘라 앉은뱅이로 만들어버린다.

사마천이 그리고 있는 손빈의 복수 장면은 소설보다도 더 드라마틱하다. 손빈의 계책에 넘어간 방연의 군대가 좁은 산길로 들어선다. 주변의 나무는 하얗게 껍질이 벗겨져 있었고, 거기에 글씨가 쓰여져 있었다. 하지만 날이 막 어두워지고 있던 시간이라 글씨들이 잘 보이지 않는다. 방연은 횃불을 켜고 나무를 비추어 나무에 쓰여져 있던 글자를 읽어내려 간다. 나무에는 이렇게 적혀 있었다.

'방연, 이 나무 아래에서 죽다.'

순간 매복해 있던 손빈의 궁수들이 활을 쏘아대기 시작한다. 손빈의 사격 신호는 적들이 켜는 횃불이었다. 적들에게 사격 명령을 방연 자신이 내린 것이었다.

한비자는 법가를 집대성한, 중국 사상사의 많은 페이지를 확보하고 있는 지성이다. 「사기」에 따르면 한비자와 이사는 순자 문하에서 공부한 동문이었는데, 한비자는 귀족 출신이었고 이사는 서민 출신이었다. 또한 학업 성취도 면에서도 한비자가 이사보다 뛰어났기 때문에, 이사는 한비자에게 심한 열등감을 느끼고 있었다고 한다. 이사도 한비자보다 먼저 세상에 나아가 벼슬을 하게 되니, 바로 진시황 밑에서 통일의 기틀을 마련한 장본인이다. 어느 날, 진시황이 한비자의 저술을 읽고 감탄을 연발하자, 이사는 한비자의 존재와 자신과의 관계를 알려준다. 하지만 자신도 아차 싶었던 순간이 되어버렸다. 진시황은 한비자를 얻기 위해 한비자가 살고 있던 한韓나라를 공격한다. 화평의 조건으로 한비자를 지목하며 진나라로 보내줄 것을 요구했고, 이때까지 한비자를 중시하지 않았던 한나라 왕은 진나라의 요구를 받아들여 한비자를 사신으로 보낸다. 한비자가 진나라로 오자 이사는 적대감에 불탄다. 이사는 이런 저런 이유를 들어 한비자를 폄훼하였고, 결국 한비자는 하옥되어 엄중한 심문을 받는다. 한비자는 진시황을 만나 자신의 억울함을 호소하려 했으나 그의 바람은 전달되지 못했다. 이사는 독약을 보내 자살하게끔 했고, 진시황의 선처는 독약보다 늦었다.

可與言而不與之言 失人, 不可與言而與之言 失言
　더불어 말할 만 한데도 더불어 말하지 않으면 사람을 잃은 것이요, 더불어 말할 만 하지 못 한데도 더불어 말한다면 말을 잃은 것이다.

　방연과 이사는 자신의 공명을 위해 정적의 이론은 취하였다. 그 대신 사람을 잃었다. 잃었다기보다는 버렸다고 해야 맞을 것이다. 열등감일지언정 자신의 모자람을 인정했다는 점에선 국익에 도움을 준 인재이기도 했다. 정적을 죽여가면서까지 자신의 생각만 고집을 피우다 망국의 길을 자초하는 것보다는 백배천배 나은 경우라 할 수 있겠다.

반면에 손빈과 한비자의 비극은 어디서부터 시작된 것일까? 병법의 표상이라고도 할 수 있는 문장이 지피지기知彼知己이며, 한비자 철학의 키워드는 '처세'이다. 두 철학의 전체를 꿰고 있는 것이 심리학이지만, 둘 다 벗의 질투를 살피지 못해 손빈은 다리를 잃고, 한비자는 목숨을 잃었다. 역사에서 심심치 않게 발견되는 천재들의 역설이다. 인류는 알았어도 인간을 몰랐다고 해야 할까? 심리 일반을 꿰뚫고 있으면서도 측근의 심리는 알지 못했던 천재들의 둔함.

제자가 공자에게 '앎'을 물었을 때, 공자는 '사람을 아는 것, 지인知人'이라고 대답을 한다. 다소 생뚱맞은 대답이라고 생각할 수도 있지만, 앎에 대한 모든 것을 내포하고 있는 대답이기도 하다. 자기 자신도 몰라 정신과를 찾아가는 현대인들이 아니던가. 사람과의 관계만큼 알 수 없는 영역도 없다는 것이 정신과 의사들의 고백이기도 하다.

심리학은 사례연구들의 통계치이다. 행동과 반응으로 체계를 세우고, 구조를 파악하고, 그 속에서 정신의 원자를 찾으려는 노력에도, 맥락의 실존을 무시할 수는 없는 심리학의 한계이다. 그래서 제아무리 화성과 금성을 샅샅이 훑어가며 생태환경을 탐사한다 해도, 화성에서 온 남자와 금성에서 온 여자는 영원히 난제의 범위를 벗어날 수 없는 것이다.

공자에게도 사람을 안다는 것은 간단한 문제가 아니었다.

늘 부지不知를 자처했던 공자이다 보니, 확실한 매듭을 지은 구절도 없다. 단지 언행으로 그 사람의 품성을 대강 짐작할 수 있다는 정도이다. 개중 그나마 확연한 정리定理를 이룬 문장은,

不知言 無以知人也
말을 알지 못하면, 사람을 알 수 없다.

그렇다고 말을 알면 사람을 알 수 있다는 이야기는 아니다. 논리학에서는 긍정형 문장이 참인지 거짓인지가 증명되지 않을 때, 부정형으로 증명하는 것이 일반적이다. 말은 알아도 사람은 알 수 없는 경우도 있지 않느냐는 반론은 제기될 수가 없다. 왜? 말을 모른다고 했으니까. 말을 알지 못 해도 사람을 알 수 있는 경우가 있지 않느냐, 라는 반론을 한다면 정말 피곤해지는 거다. 사람은 원래 알 수 없는 존재라는 전제를 지금까지 설명하지 않았던가. 공자 자신의 논리적 의도였는지는 모르겠지만, 합리적 사고를 좋아했던 그의 논리적 내공이지 않았을까 싶다.

누군가가 하는 말이 그 사람의 모든 것을 대변하지는 않는다. 바꾸어 말하면 일부라도 대변을 한다는 것이다. 하지만 그 일부도 알아듣지 못하기 때문에 존경과 우애의 가면을 쓰고 있는 아첨과 배반을 보지 못하는 것이다. 말을 안다면 적어도 그 사람의 일부라도 알 수는 있다. 그러나 사람들은 남의 말을 듣기보단 자신이 하고 있는 말에 귀를 기울이고 있는 때가 많다. 거드름과 허영, 논리적 비약, 헛소리일지언정 내가 말을

하고 있다는 사실 자체에서 존재감을 확인한다. 설령 남의 말을 듣고 있다고 해도 자신이 듣고자 하는 어휘만을 듣는다. 말을 다 들어봐도 그 사람을 모를 판에 일부만을 듣고 있는 것이다. 그래서 상대가 그다지 뛰어난 언변이 아님에도 사기는 성립이 된다.

말만 잘 들어도 그 사람의 대강은 알 수가 있다. 그러기 위해서는 말을 변별할 줄 하는 능력이 먼저 구비가 되어야 한다. 뭐든지 횟수가 반복이 되면 스킬이 늘지 않던가. 상대방의 말을 듣는 연습 속에 데이터가 쌓이고 불완전하게나마 판단력이 생겨나기 마련이다.

손빈과 한비자는 유세가遊說家였다. 남들보다 뛰어난 논리로 군주에게 자신의 정치 철학을 피력하는 위치였다. 이견의 수렴보다는 주장의 관철에 익숙했던 삶이 빚은 역사의 아이러니가 아니었나 싶다.

언어 분석의 아이콘, 비트겐슈타인이 정의한 세상은 'Case의 합'이다. 다양한 생각과 성향들이 어우러져 살아가고 있는 세상, 인간관계에는 어떤 정석이 존재하지는 않는다. 맥락만이 존재할 뿐이다. 관계의 맥락을 이해하는 방법 중 하나는 언어의 맥락을 잘 이해하는 일이다.

사고와 언어

공연 도중에 무대에서 떨어지는 사고를 당한 한 외국가수가 수술 후에도 후유증으로 오랜 시간을 고생하다 한국에 와서 침 한 방에 완치가 되었다고 한다. 서양의학으로는 '결리는' 증상을 고칠 수가 없다고 한다. 왜? '결리다'라는 단어 자체가 없기 때문이란다.

우리나라 개는 '멍멍' 하고 짖고, 우리나라 닭은 '꼬끼오' 하고 운다. 실제로 우리 귀에도 그렇게 들린다. 그러나 미국 사람들에게 개는 '바우바우'라고 짖는 동물이고, 일본 사람들에게 닭은 '가끼가꼬'라고 우는 새이다. 이 현상을 개와 닭이 자라온 지리적, 문화적 차이로 설명하지는 않을 것이다. 각 나라의 언어로 개념화 된 음성 파일을 각자의 언어 프로그램으로 읽는 것뿐이다.

언어는 사고를 지배한다. 언어로 구체화 되고 개념화 되지 않은 막연함은 존재하지 않는 것이나 다름없다. '이름을 불러 주기 전에 하나의 몸짓에 불과한 꽃'은 그 '이름'으로써 인식의 범위에 들어올 수가 있다. '아무도 찾지 않는 바람 부는 언덕의 이름 모를 잡초'는 그냥 지나치기 일쑤, 그것이 있었는지 없었는지에 대해서는 기억 자체가 없는 경우가 허다하다. 우리의 사고는 그렇게 언어로 명료화 된 개념들로만 인식이 되고 기억이 된다. 또한 그렇기 때문에 망각도 가능하다. 무언가 형용할 수 없는 상황은 기억이 되지 못한다. 하지만 무의식에 묻어버리는 얼룩으로 남아버리기도 한다. 기억이 아니기 때문에 망각도 되지 않는 것이다. 정신과 상담에서 대화가 중요한 것은, 무의식 여기 저기에 산재해 있는 불안을 언어로써 끌어내기 위함이다.

여자들이 오래 사는 이유는 그녀들의 보편적 행동 양식인 '수다'에 있다고 한다. 마음속의 불안이 언어로 갈무리가 되고, 나 자신과 분리되어진 개념들은 선택에 따라 지워질 수도 버려질 수도 있다. 그에 비해 남자들은 언어로 구체화 되지 않는 많은 것들을 나 자신, 내 존재 자체로 끌어안고 살아간다. 그래서 원인이 뭔지 모를 정신적 스트레스가 많은 것이다.

언어라는 것은 불안에 대한 일종의 방어기제이기도 하다. 그래서 심경이 복잡하면 아무 말이나 막 하는 것이다. 개념으로 명료화 될 수 있는 적절한 어휘를 찾아내기 위해서 그냥 막 뱉는 것이다. 유식한 척 말이 많은 사람도 결국엔 무식에 대한 불안 때문에 말을 그치지 않는 것이다. 당장의 자기불안을 해소하기 위해, 말을 하지 않으면 감출 수 있는 무식까지 굳이 드러낸다. 안타까운 것은 인간에게 최고의 불안은 자기존재감이 드러나지 못할까봐에 대한 근심이라는 점이다. 그래서 숨겨야 할 것들까지 기어이 드러내고 만다.

공자는 말과 관련한 어록을 많이 남겼다. 공자가 살던 시대나 지금이나, 돈 다음으로 화근이 되는 것은 아마도 '말'일 게다.

'어휘는 그 사람의 세계이다.'

비트겐슈타인의 말이다. 아무 말이나 막 한다는 것은 그만큼 생각을 개념화 할 수 있는 어휘가 부족하다는 것, 그래서 중삐리 고삐리들이 그렇게 욕설에 집착을 하는 것이다. 욕 한 마디로 모든 것이 정리될 수 있다. 그래서 욕만 해댔는데도, 주어, 동사, 목적어가 다 구비된 문형이 가능하고, 심지어 9품사를 모두 욕으로 구사하는 한국의 중삐리 고삐리들이다. 그만큼 어른이 되지 못했다는 반증이기도 하다.

'사람들은 할 말이 없으면 욕을 한다.'

얼마 전, 네티즌들 사이에서 인류 역사상 최고의 명언으로 선정된 볼테르의 말이다. 욕이 발달한 우리나라 같은 경우는 할 말이 있어도 욕부터 내지른다. 어원을 연구하는 데 욕은 중요한 자료가 되고, 정감 어린 민초들의 삶을 대변하는 화법이

기도 하지만, 욕을 데일 카네기의 처세이론쯤으로 여기는 경우를 지적하고 있는 것이다.

상대방이 기분 나쁠 어휘들만 조합해서 말을 하는 언어습관도 욕을 하는 것과 다를 것은 없다. 뭐 눈에 뭐만 보인다고, 자기가 알고 있는 세계의 언어로만 말을 하려다 보니 다른 세계와의 관계가 형성되지 않는 것이다. 말을 다시 배워야 하는 일종의 보이지 않는 장애이다. 일반 장애와 다른 점은 사회적 관심을 불러일으키지 못한다는 차이가 있을 뿐이다. 장애라고 표현하기에도 장애인들을 모독하는 결례이리라.

다시 표현하겠다. 트림보다 나을 게 없는 말, 불쾌하고 냄새나는 말을 내뱉는 것은 위장이 좋지 않다는 증거다. 말이 사고로부터 나오는 것이 아니라 내장으로부터 나오고 있다는 뜻이다. 일종의 병이다. 치료를 요하는 증상이다.

밀란 쿤테라는 「참을 수 없는 존재의 가벼움」의 이야기를 이끌고 가는 보조인물, 프란츠를 통해 '키치'를 비판한다. 시위 행렬에 참여한 프란츠는, 시위대가 내건 캐치프레이즈보다는 자신이 그 시위에 참여하고 있다는 사실을 언론에 알리는 것에 더욱 관심이 있는 여배우와 지식인들에게서 스스로의 모습을 보게 된다. 사진 기자가 밟은 지뢰가 터지고 사진 기자의 피가 시위대의 피켓에 묻자, 여배우와 지식인들은 열광한다. 자신들의 행동에 더욱 강력한 당위성을 부여받게 된 것이다.

교직 시절, 가끔씩 나는 일부 전교조 선생님들에게서 그런 키치를 발견하곤 했다. 물론 교육을 위해 헌신을 하는 선생님들도 많이 계신다. 하지만 정말 교육을 위해서 발언을 하고 있는 것인지, 자신이 발언을 하고 있다는 사실이 더 중요한 것인지가 불분명한 경우들도 적지 않다. 그들 중에는 자신이 전 교사를 대표한다고 생각하는 경우도 더러 있었다. 일선에서 묵묵히 맡은 직분에 성실을 다하며 살아가는 선생님들의 소박한 꿈을, 소심하고 소극적인 침묵쯤으로 여긴다. 나도 그들이 말하는 '우리'였는데, 우리에게 저것이 과연 필요한 것인가를 묻지 않고 자신들의 소신만 밀어붙인다. 그리고 스스로에게 진보의 이름을 허락한다. 내가 보기엔 그도 좌로 기운 보수이건만….

그렇다고 내가 보수를 옹호하는 것은 아니다. 소통을 모르는 보수와 진보가 어찌 다를 게 있는가? 그저 좌로 기울거나 우로 기운 퇴보일 뿐이다.

"우리나라의 대학은 10개만 남겨두고 모두 없애야 한다."

식당에서 밥알을 튀기며 현 교육의 문제점을 가슴 아파하시던 한 전교조 선생님의 발언. 그런데 우리나라에 대학이 10개뿐이라면, 그 자신이 교사가 되지 못했을 수도 있다. 기껏 내뱉은 대안이란 게 이처럼 극단적인 경우일 때가 많다.

진보를 자처하는 지식인들 중에서도 이런 경우들이 허다하다. 보수를 지지하지 않는 대중들이 그저 진보의 허울만 뒤집어쓰고 있는 진보의 손을 들어주지 않는 이유이다.

가장 선한 자들은 모든 신념을 잃고
반면 가장 악한 자들은 격정에 차 있다.

　윌리엄 예이츠의 「재림」이란 시에 나오는 구절이다. 기독교나 이슬람교나 자신들의 신앙에 가장 열정적인 자들은 근본주의 노선이다.

　교육에서도 마찬가지이다. 어디 종교와 교육에만 한정되겠는가? 이 세상 모든 영역들이 근본주의적 좌파와 우파의 대립 속에, 그 본질은 퇴색해 버린다. 그들은 실질적으로 진보도 보수도 아닌 정체와 퇴보를 일삼고 있는 '키치'들일 뿐이다. 말이 담고 있는 내용이 어떠하냐보다는 그 말을 하고 있는 자신의 이미지가 어떠하냐가 더 중요한 것이다. 그래서 일단 말을 뱉고 본다. 때론 말실수로 이어진다. 논리적이거나, 감동적이거나가 아닌 어떤 사명감으로 말을 하기 때문이다. 하지만 실수에 대한 변명마저 논리적이지도, 감동적이지도 않다.

이런 부모 또 없습니다

부모는 오직 자식의 아픔만을 걱정한다.

중년의 여자 넷이 모여 식당에서 점심식사를 하고 있었다. 오늘의 주제는 자녀들의 교육, 어디에 위치한 어느 학원이 잘 가르친다더라, 이다. 여자들의 과도한 교육열에 늘 태클을 거는 남자들을 희화화 하는 이야기가 이어진다. 그녀들이 주장하는 자녀교육 제 1원칙, '아빠의 무관심이 자녀의 장래를 보장한다.'를 서로 공감하며 깔깔대면서 밥을 처자시고들 있었다.

교직에서 내가 본 여교사들의 대화였다. 어쩌다 보게 되는 광경이 아닐 정도로 교사 집단에 만연해 있는 풍토이다. 사교육을 선호하는 집단 가운데 공교육 교사들이 많이 포함되어 있다는 사실로 증명이 되는 일이다. 그녀들은 자신들이 공교육 교사이면서도 정작 공교육을 믿지 못하고 있었다. 동료들을 부정하고 자기 자신을 부정하고 있는 셈이기도 하다. 서로의 얼굴에 침을 뱉으면서도 깔깔대며 밥알을 목구멍으로 넘기고 계셨던 것이다.

툭하면 학교로 찾아와 극성을 떠는 학부모들을 욕하면서도, 정작 자신들의 모습이라고는 생각하지 않는 모순. 사교육의 생존을 위한 노력을 치하라도 하듯, 공교육 교사들의 이런 글러먹은 정신이 맞물려 돌아가는 현장이 학교이다. 어찌 학원에서 미리 배우고, 학교에 와서는 잠만 잔다며 학생들을 성토할 수 있겠는가?

하지만 그녀들이 교실에 들어가서는 교사랍시고 학생들에게 떠들어 댈 말이 무엇일지는 짐작이 간다. 사교육 교사들도 마찬가지이겠지만, 공교육 교사들은 자신의 교과에 대한 전문성, 그 프라이드에 상처가 되는 일들을 용납하지 못한다. 남의 자식들 앞에서는 그토록 위선을 떨면서도, 자기 자식만은 안 된다는 이기심, 어찌 그 입으로 교육을 논하고 있는가. 그 입으론 그냥 밥이나 드시라.

才不才 亦各言其子也
재주가 있건 없건 또한 각자 자신들의 자식만을 말한다.

어느 TV 특강 프로그램에서 교육컨설턴트라는 사람이 나와 '대치동 엄마'들의 교육방법에 대해 설명을 한다. 강남의 교육을 따라잡기 위한 노하우를 토해내는 이 강사의 강연은 '명강'이란 이름이 붙여졌고, 많은 어머니들이 고개를 끄덕이며 공감을 한다.

어딘가에서 아무리 교육의 개혁을 외쳐봐야 소용이 없다.

어딘가에선 지금의 기형적인 교육제도에 적극적으로 동참하며 살아가는 모습을 '열심히'라고 자부하고 있을 테니까.

'실패는 성공의 어머니이다.'

그녀들은 자신의 인생을 실패라고 생각하고 사는 것인지, 자식의 인생이 꼭 성공을 거머쥐어야 한다는 사명감으로 살아간다. 물론 그 성공의 의미는 당사자의 행복이 아니라 어머니의 행복이다. 그래서 엄마가 정의한 성공대로 자식은 자라나야 한다. 너도 나도 맹모삼천지교孟母三遷之教를 벤치마킹하는 한국의 맹모들은, 자식이 맹자가 되는 것보다는 자신이 맹모가 되어야 하는 것에 더욱 관심이 있다.

지금 자식들은 자신을 위해서 공부를 하는 것이 아니라 엄마를 위해서 목숨을 걸고 공부를 하고 있다. 영재아로 뽑힌 아이들 중 많은 아이들은, 실상 엄마를 기쁘게 하기 위해 예습에 치이며 살아가고 있다는 사실을 엄마들은 모른다. 그 무지와 편향된 관심과 무관심의 융합이 자식들을 피곤한 삶으로 이끌고 있다. 태어나면서부터 아는 자(生而知之者)가 아니라 부단히 배워서 아는 자(學而知之者)임에도 엄마들은 믿지 않는다. 그냥 자기 자식들은 천재여야 한다. 그래야 자신이 영재아의 부모가 될 수 있다. 왜? 자식의 행복이 아니라 스스로의 만족을 위해서이므로. 부모는 천재가 아닐지언정 자식은 천재이어야 하는 그릇된 당위성. 자식의 성장 과정에서 점점 그 당위성을 입증해 줄 증거물들이 부족해지면 해결법을 사교육에서 찾는다. 잃어버린 너의 기억을 되찾으라며…. 실상 되찾을 아무 것도 없으므로 그 허상의 설정에 다른 것들을 잃어버리게 된다. 아이들은 환장한다!

유가 정신의 기초가 되는 덕목은 효孝이다. 부모의 내리사
랑이야 말로 자의식이 결여된 순수한 인仁에 가깝기 때문에, 그
인仁을 공경하는 마음을 인仁으로 가는 첫걸음으로 본 것이다.

父母 唯其疾之憂
부모는 오직 자식의 아픔만을 걱정한다.

부모란 그런 존재이다. 자식이 천재가 아닐까를 걱정하는
사람이 아니라…. 요즘 부모들에겐 이런 논리가 통하지 않는
다. 자식의 아픔보다는 자신의 아픔을 더 걱정하는 듯하다. 자
식을 위해서라고 변명하지만 자신의 욕망을 자식들에게 투사
하고 있는 것이다. 이 땅의 많은 자식들이 부모의 가치관을 강
요받고 부모의 꿈으로 자라난다. 그리고 부모의 의지대로 되지
않는 경우, 부모는 가슴을 부여잡고 아파한다. 도대체 뭐가 아
프다는 것인지…. 자식이 스스로의 뜻대로 살아가는 것이 그렇
게도 가슴 아픈 일인가? 신경숙 작가의 「엄마를 부탁해」를 부
모된 자들이 먼저 읽어야 할 판이다.

자식의 선택이 윤리 도덕적으로 전혀 문제가 되지 않음에
도, 그저 부모의 마음에 들지 않는 선택이 싫어 부모의 욕망을
자식에게 강요하며 말한다.

'다 너 잘 되라고 이러는 거야!'

자식이 행복하지 않다는데, 굳이 자식의 미래를 자신이 재
단하겠다는 것이다. 또한 윤리 도덕적 사안이 아님에도, 자식

들에겐 틀릴 수 있는 자유도 허락이 되지 않는다. 그 틀릴 수 있는 가능성이 자식들이 삶을 살아가는 데 더 큰 자산이 되어 준다는 사실까지는 생각하지 않는다. 부모는 그 틀릴 가능성을 자신들의 아픔으로 여기지만, 자식들의 아픔은 틀릴 수 있는 가능성 자체를 허락하지 않는 부모이다.

'엄마 말만 들으면 자다가도 떡이 나온다.'

요즘 엄마들의 관심사는 당장에 떡이 될 만한 무언가일 뿐이다. 틀리지 않는 가능성은, 미운 자식에게 하나 더 준다던 그 떡이다. 그나마도 자식이 어떤 떡을 좋아하는지에 대해서는 관심이 없다. 부모가 지목하는 떡을 집어 먹어야 한다.

이런 세태를 미리 내다보신 그리스도의 반론,

'사람이 떡으로만 살 것이 아니요.'

엄마의 성화에 아이들은 불안부터 배운다. 그 불안은 공부를 잘하는 것이 최고의 효孝라는 가치관으로 위로를 받는다. 귀결처는 인仁이 아니라 잘 먹고 잘 사는 성공이다. 부모가 어려서부터 그런 것을 효孝라는 암시를 주고, 평생을 최면에 걸려 사는 것이다. 그래서 종종 효孝의 범주에 부모는 들어 있지 않다.

至於犬馬 皆能有養 不敬 何以別乎

개와 말도 모두 능히 봉양을 할 줄 아니 공경하지 않으면 무엇으로 구별하겠는가?

말과 개도 봉양은 한다. 하지만 요즘같은 시절엔 사람이 봉양을 하지 않는다. 배운 적도 느껴본 적도 없기 때문이다. 엄친

아? 부모도 바라고 선생들도 관리하기 편한 이 아이들의 대다
수는 나중에 좋은 직업을 가진 어른으로 자라난다. 하지만 그
들은 욕망에만 치여 살아간다. 그리고 그 엄친아들이 만들어
온 사회가 이 모양 이 꼴이다. 그 공과功課가 부모에게나마 돌
아간다면 그 또한 성공이라 말할 수 있겠지만, 이미 자식에게
도 자신의 욕망을 다시 투사할 자식이 생겨버린 마당에, 부모
가 눈에 들어오겠는가?

그때 가서 '내가 너를 어떻게 키웠는데'를 따져 물어봐야
소용이 없다. 자식들은 그저 부모의 뜻대로 살았을 뿐이다. 일
종의 무의식적인 복수심리란다. '당신이 키운 대로 자란 것뿐
이다. 이제 속이 시원한가?'를 보란 듯이, 아니 실상으로 보여
주고 있는 것이다. 패륜의 책임을 자식에게만 물을 수 있을까?
부모들의 책임은 전혀 없다고 할 수 있을까?

한 가지 흥미로운 통계, 싸이코패스는 이런 엄친아들 중에
많다고 한다. 공감 능력이 없어 그저 이해관계로 이해를 하고
있는 것뿐이다. 그래서 엄친아들이 모여 사는 상부 구조가 서
민들의 아픔에 공감하지 못하는 것은 아닐까?

'아비를 죽이고 어미를 범한다.'

오이디푸스는 자신도 모르게 자신의 운명을 실현하고야 말
았다. 하지만 결국엔 자식에게 죽음을 당한다는 예언에 오이디
푸스를 내다버린 아버지의 역설이 실현된 꼴이다. 프로이트에
의하면 남자의 무의식 속에는, 아버지를 뛰어넘어야 한다는 강
박이 있다고들 한다. 오반은 오공을, 트랭크스는 베지터를 뛰

어넘어야 했고, 오이디푸스는 끝내 아버지를 죽이고 왕이 되었던 것이다. 동양의 영웅들이 알에서 태어나게 되는 전형적인 플롯도, 영웅에게 권위적일 수 있는 단 한 사람, 바로 부친의 존재에 대한 부정을 의미한다고 한다.

그런데 이 신화에선 한 가지 상징을 더 찾아낼 수가 있다. 아버지를 죽인 아들과 다시 결혼을 할 수밖에 없었던 이오카스테의 운명이다. 어머니들은 아버지를 사랑하면서도, 아들에게서도 그 사랑을 똑같이 느끼고 있는 것이다. 고부갈등의 문제는 시어머니들이 며느리를 연적으로 느끼는 데서 시작이 된다. 아들에 대한 소유권을 양도해 달라는 듯한 며느리가 달가울 리 없다.

그래서 남편에게 얻지 못한 욕망을 아들에게 투사를 하는 경우들이 있다. 그런 욕망을 아들은 납득을 하겠는가? 자신의 욕심대로 자식이 자라나 주길 바라지만 아들이 자신의 뜻에 따라주지 않는다. 결국 남편 복 없는 년은 자식 복까지 없다는 통념을 스스로 증명하고 있는 것이다. 하지만 문제는 자기 자신이다. 자식은 남편이 아니라는 사실을, 자기 욕망에 가려 깨닫지 못하는 것이다.

정치란 무엇인가?

정政이란 바로 잡는 것이다.

모든 제자백가는 기본적으로 정치 철학이다. 춘추전국이라는 어지러운 시대에 군주들에게 유세를 하던 이론들이니 그럴 수밖에 없다. 도올 김용옥 교수에게 제기되는 이의 중 하나가 텍스트를 너무 인생론으로 풀이를 한다는 주장이다. 그런데 먼저 따져봐야 할 문제는 과연 정치가 무엇인가에 대한 물음이다. 나도 잘 몰라서 묻는 것이지만 정치란 백성들을 잘 살게끔 해주는 것이 아닌가? 정치의 목적은 정치가 자신에게 있는 것이 아니라 민심에 있는 것이 아닌가? 포커스가 정치가들의 이력이 아니라 민초들의 삶에 맞추어져야 한다는 점에서는 김용옥 교수의 인생론이 차라리 정치철학에 가까운 것이 아닐까? 더군다나 '교화'에 힘썼던 공자의 철학, '수신제가치국평천하'를 말하는 유가의 철학이 아니던가.

안철수 의원이 대선후보로 나섰을 때, 일부 국회의원들의 주장은 안철수 의원이 정치에 대해서 아는 것이 없다는 점이었다. 정치의 정의가 대권을 거머쥐는 것이라면 안철수 의원은 정치에 대해 아는 것이 없는 사람이다. 하지만 민생을 위하는 것이라면 정치가들이 알고 있는 것은 도대체 무엇이란 말인가. 그렇게 잘 알아서 이 나라가 이 모양이란 말인가? 국민들이 정치를 모른다는 이유로 그토록 무시하는 것인가? 독일의 극작가 브레히트의 표현을 빌리자면, '해부대에 있는 개구리가 생물학에 대해 아무 것도 배우지 못하는 것처럼' 국민을 소외시킨 채, 자신들만의 가치로 정치에 대한 정의를 내리고 있다. 공자를 받아들이지 않았던 당시 정치인들과 똑같은 작태를 지금까지 이어오고 있는 것이다. 그야말로 '권력의지'이다. 그 의견에 인문학자들이 동의를 하고 있는 것이다.

자로子路가 공자에게 정치의 우선순위를 물었다.
공자 가라사대,

必也正名乎
반드시 명분을 바로 잡아야 할 것이다.

정치의 명분은 국민이 아니었던가? 명분이 바르지 않기 때문에 민심과 충돌이 일어난다. 국민들이 싫다는데, 하지 말자는데, 도통 들어먹지를 않는다. 보수는 통념을 취해 국민의 입을 가로막고, 진보는 신념에 취해 자기들 말만 한다. 그러면서도 국회의원 연금에는 선뜻 합의를 이루어내는 이 개념들을 보라!

한자 치治는 글자 모양에서 알 수 있듯이, 물길을 다스리는 것이다. 고대 사회에서는 강의 범람이 민감한 사안이었다. 생활을 위해 모두가 물가에 몰려 살았고, 물가에서의 정착은 농경으로 이어졌다. 강의 범람은 삶의 터전이 물에 휩쓸려 나가는 것이었다. 그래서 강의 범람을 예측하기 위한 달력이 만들어지고 천문학이 발달하게 되었으며, 내년을 위한 오늘의 기록이 남겨진다. 문명이 시작된 것이다. 정치의 기원은 인류의 문명과 엮여 있다. 목적은 백성들이 살아가는 데서의 불편을 최소화 해주는 것이다. 정치가들 자신의 편익을 도모하는 것이 아니라….

고대에는 치수治水의 능력으로 다스리는 자들의 역량이 판가름이 되었다. 그래서 고대 출신 MB가 그토록 강에 집착한 것인지는 모르겠으나, 시대착오적 발상은 결국엔 역량 부족만 드러내고, 국민들의 우려대로 일자리 대신 온갖 비리를 창출했다.

위정자 자신부터 바로 잡아야 할 것이다. 스스로가 바르지 않는데, 이권을 챙기려 그 주위로 몰려드는 사람들이 바를 리 없다. 순자의 말을 빌리자면, 굽은 나무를 세워놓고 그 그림자가 곧기를 바라는 것이다. 이권을 전제로 다가온 사람들이 '관계'란 것에 의미를 둘 리도 없지 않은가. 자신들 서로도 의리를 기대하진 않을 것이다. 결말은 언제나 자기 이익을 위해 물어뜯고 싸우는 이전투구泥田鬪狗였음을 역사가 증명하고 있지 않은가. 이미 진흙탕보다도 더러운 바닥에서, 이미 개만도 못한 진정성으로 살아가고 있으니, 이전투구를 넘어선 스케일의 스펙타클함을 연출하는 것도 무리는 아니다.

하지만 국민들이 가만 놔둘 리 없다. 정의감들만 그들을 향해 있는 것이 아니다. 자신은 정의롭지 못해도 남의 불의에는 불같이 일어나는 인간의 본능, 내가 얻지 못할 바에는 차라리 무너뜨리는 질투와 시기, 나보다 잘 나가는 것들은 끄집어내려야 직성이 풀리는 찌질함, 온갖 선과 악이 똘똘 뭉쳐 그들을 괴롭힐 것이다.

정직과 정치

군주는 군주다워야 하며, 신하는 신하다워야 하며,
아버지는 아버지다워야 하며, 자식은 자식다워야 한다.

초楚나라의 섭공葉公이란 자가 공자에게 말했다.

"우리 고을 사람 중에 정직하게 행동하는 자가 있으니, 그의 아버지가 양을 훔치자 그것을 증언하였습니다."

공자가 말하길,

"우리 고을 사람들이 생각하는 정직이란 이와 다르다. 아버지가 자식을 위하여 숨겨주고 자식이 아버지를 위하여 숨겨주니 정직함은 그 가운데 있는 것이다."

도응桃應이라는 제자가 맹자에게 물었다.

"슈舜 임금이 천자天子가 되시자, 현명한 신하 고요皐陶가 법을 맡아보았는데, 만약 순 임금의 아버지가 살인을 저질렀다면 어떻게 했겠습니까?"

맹자가 대답하길,

"법을 집행할 뿐이다."

도응이 물었다.

"그래도 순 임금이 아버지를 위해 집행을 금하지 않았겠습니까?"

맹자가 대답한다.

"순 임금인들 어찌 금할 수가 있었겠는가. 감히 사사로이 할 수 있는 일이 아니다."

도응이 물었다.

"그렇다면 순 임금은 어찌 하셨겠습니까?"

맹자가 대답한다.

"순 임금은 천하를 헌신짝처럼 버리고, 아버지를 몰래 업고 도망하여 천하를 잊었을 것이다."

박근혜 대통령에게 박정희 전 대통령에 대한 역사적 평가를 요구하는 것은 어쩌면 잔인한 일이었는지도 모른다. 어두운 정치사의 말로였는지 모르지만, 비극적인 가정사를 함께 했을 부녀의 정이 향했던 그녀 나름대로의 정직이었다. 하지만 민중에게 그녀는 이해받을 수 없었다. 왜였을까? 그녀는 공적인 자리에 앉아 있었다. 그러기에 국민들의 요구에 대답할 의무가 있었던 것이다. 그녀의 자리가 정치가 아니었다면 부녀간의 의리와 정직을 지키고만 있었어도 그만이었다. 하지만 그녀는 정치를 버리지 못했다. 아버지 무덤에 침을 뱉지는 못하더라도 국민들에게 사과를 해야 했던 것이다.

제나라 경공景公이 공자에게 정치를 물었다. 공자가 대답했다.

君君, 臣臣, 父父, 子子
군주는 군주다워야 하며, 신하는 신하다워야 하며, 아버지는 아버지다워야 하며, 자식은 자식다워야 한다.

어떤 철학자들은 공자가 귀족계급의 질서를 긍정했다고 비난을 한다. 주목을 끌 만한 무언가 새로운 해석이 필요하다는 강박에서 비롯된 것같은 느낌이다. 공자는 계급질서를 부정하진 않았다. 그렇다고 옹호했다고 볼 수 있는 근거도 없다. 그 어떤 철학자들이 내세우는 근거들은 죄다 문헌을 통한 문자적 근거이다. 그마저도 다른 문헌의 용례로는 부정이 되는 사례들이다. 자신이 필요한 부분만을 들춰서 주장을 하는 것이다.

가르침에 신분의 차별을 두지 않았고(有敎無類), 아랫사람에게 배우는 것도 부끄러워하지 않았던(不恥下問), 공자의 신조로 보아 계급을 곧 질서로 인식했다고 보기는 힘들지 않을까 싶다. 공자는 유가의 시조로 여겨지고 있지만, 유가가 상층부의 이데올로기로 자리 잡게 된 것은 동중서董仲舒 이후의 후학들에게 따져 물을 수는 있어도 공자에게 책임을 돌릴 수는 없다. 공산주의의 몰락을 마르크스의 '혁명'에 따져 물을 수 없고, 히틀러의 나치즘을 니체의 '권력 의지'에 따져 물을 수 없는 것이나 마찬가지다.

공자의 방점은 계급보다는 역할에 있었다. 각자의 자리에서 각자의 포지션에 충실하고 나서야 사회는 유기적으로 돌아갈 수가 있다는 것이다. 공자는 귀족들에게 노블레스 오블리제 noblesse oblige를 말하고 있었을 뿐이다.

대통령은 대통령다워야 한다. 자식은 자식다워야 한다. 대통령이 자식다워서야 되겠는가? 정치가 효도는 아니지 않던가. 정치가는 정치가다워야 한다. 아버지답기 위해 재산을 물려주고 군대를 면제시켜 주면 되겠는가? 자기 자식 위하라고 정치를 맡긴 것은 아니지 않던가?

나는 꼼수다

'어떤 이들에겐 안타까운 일인지도 모르겠지만,' IT 강국의 국민들은 예전처럼 무지몽매하지 않다. 음모와 음모론을 순박하게 헷갈려주지 않는다. 그럼에도 자꾸 예전 수법만을 고수하니, 국민들은 그 솔직하지 못함도 미덥지 못하거니와, 전혀 창의적이지 못한 꼼수의 불성실에도 화가 난다.

어떤 꼼수를 부려도 국민들은 다 안다. 미처 알지 못하는 것은 김어준이 알려준다. 그 의외의 지원군들도 엄청나다. 하지만 기를 쓰고 다시 꼼수를 부릴 생각만 한다. 계속해서 잘못을 저지르겠다는 확고한 의지의 표명이 아니던가. 경찰에 붙들린 용의자가 저를 뉘우치는 대신 다시는 들키지 않도록 조심하겠다는 반성을 하고 있는 것이다. 확실히 싸이코패스들이다.

無爲而治者 其舜也
억지로 함이 없이 다스린 자는 순임금이다.

순임금은 요임금과 요순堯舜으로 묶이는 성군聖君의 대명사이다. 하지만 이 시대의 백성은 성군을 기다리는 것도, 현신賢臣을 바라는 것도 아니다. 상식적인 사람들에 의한 상식적인 정치가 그리울 뿐이다. 잘 살게 해달라고 뽑아놨더니, 오늘도 꼼수를 만들어 낼 상상력 함양에 여념이 없다. 창의력이라도 뛰어나면 좋으련만, 학습능력만을 구비하고 있는 둔재들에겐 그도 쉽지 않다. 참 피곤하게들 사신다.

무위無爲만을 보고 노장의 어록으로 판단할 사람들도 부지기수일 것이다. 그러나 무위無爲의 키워드가 노장의 전유물인 것만은 아니다. 공자를 유가의 시조로 보고 있지만, 조선 사대부들의 공허한 담론쯤으로 인식되는 성리학과는 달리 공자의 사상은 실천적이고 실존적이다. 공자의 잘못이라기보단 후학들의 문제이다. 자신은 마르크스주의자가 아니라고 선언했던 마르크스, 유일한 기독교인은 예수 그 자신이었다는 니체의 역설처럼, 후학들의 빗나간 충정이 시대의 정신을 퇴색시키는 어리석음을 저지르기도 한다. 노자, 장자, 불교도 이런 문제에서 벗어나지 못한다.

학계에서는 공자와 노자의 무위無爲에 차이가 있음을 부단히도 피력한다. 물론 유가와 도가에서의 그것은 차이가 있다. 유가와 도가라는 말부터가 후학들에 의해서 체계화가 된 것이니 말이다.

하지만 공자와 노자의 무위가 그렇게 차이가 나는 것인지에 대해서는 생각해 볼 문제이다. 같은 시대에 공존했던 생각을 표현한 어휘의 뜻이 차이가 나면 또 얼마나 나겠는가? 단지 그 어휘로 전하고자 했던 생각이 조금 달랐을 뿐이다.

모든 사상의 출발점은 인간의 과도한 욕망이다. 중요한 것은 '과도한'이란 단어이다. 무無를 말했던 노자도 욕망 자체를 부정하진 않았다. 노자 역시 어차피 정치 철학인데, 산사에서의 무소유적 삶을 지향한 것이겠는가.

욕구와 욕망의 다른 점은 욕구는 충족이 되면 행위가 그치는 반면, 욕망은 충족이란 걸 모른다는 점이다. 과도하게 차오르는 욕망은 인간으로 하여금 자꾸만 무언가를 하게끔 명령한다. 명령에 대한 복종들이 결국 사회문제가 되어버리는 것이다. 그래서 노자는 무위無爲를 주장했다. 반면 같은 이유로 공자는 예禮로 대변되는 인위人爲를 말했다. 사욕을 절제하면서 관계를 회복하는 인仁을 말한 것이다. (克己復禮爲仁)

공자는 분명 인위를 말했다. 하지만 무위도 말했다. 모순이 아닌 이유는 '작위'라는 개념을 비판했다는 점에서 본다면, 인위와 무위는 같은 목적으로 사용한 다른 어휘일 뿐이다. 하지만 노장의 후학들은 주구장창 인위를 작위의 자리에 맞춰놓고 공자를 비난해 왔다. 활을 쏴야 할 명분이 아님에도 일단 화살을 쏘고 나서 화살이 박힌 자리에 과녁을 그려 넣은 것이다. 사뭇 지금의 정치판과 비슷하다.

강자의 폭력

낚시질은 하되 그물질은 하지 않으며,
주살질은 하되 잠자는 새를 쏘지 않는다.

어민들에게는 그물코 규격의 제한이 있다. 어린 물고기까지 씨를 말리는 것을 방지하기 위함이다. 그리고 더 오랫동안 바다의 혜택을 풍요롭게 누리기 위한 절제이다. 하지만 이런 공동선의 약속을 깨는 자들이 있다. 명태의 씨를 말리는 중국 어선, 더 많은 상어 지느러미를 싣고 가겠다고 상어의 몸통은 바다에 버리고 오는 일본 어선….

사자는 얼룩말을 잡아먹어야 살 수가 있다. 그렇다고 사자를 악으로 규정할 수 있는 것은 아니다. 얼룩말 입장에서나 철저한 악일 뿐이다. 얼룩말 자신은 움직이지조차 못하는 풀을 뜯어먹고 살지 않는가. 약육강식의 원리로 돌아가는 세렝게티 초원, 하지만 먹이 사슬의 최정점에 있는 사자도 초식동물을 잡아먹는 데에는 나름의 도덕이 있다. 배가 부르면 살육을 멈춘다.

오래 전부터 만물의 영장이라는 자리를 꿰차고 있는 인간도 어쩔 수 없이 동식물을 죽여가면서 영양을 공급받아야 한다. 하지만 자본이 이미 신앙이 되어버린 인간사회에서는 '필요'가 '욕심만큼'이라는 뜻으로 변질되었다. 배가 불러도 계속 허기를 느낀다. 강자로서의 도덕 따위는 없다. 어떻게 해서든, 계속 먹을 궁리만 하고 있다.

釣而不網 弋不射宿
낚시질은 하되 그물질은 하지 않으며, 주살질은 하되 잠자는 새를 쏘지 않는다.

인仁이란 오지랖 넓은 사랑을 일컫는 것이 아니다. 인仁, 인야人也. 니체의 말을 빌리자면 '인간적인, 너무도 인간적인' 것이다. 욕망으로 살아가는 인간 사회가 헌신적인 사랑으로만 돌아간다면 너무도 무기력해질 것이다. 공자 자신도 과도한 욕심을 경계했을지언정, 욕망 자체를 부정하진 않았다. 어차피 생명 그 자체가 성욕의 결과가 아니던가. 넘쳐나는 성욕이 범죄와 부도덕을 야기하는 것뿐이다.

강자가 욕망을 실현하기 위해서 상대적으로 약자는 기회를 놓쳐야 한다. 어쩔 수 없는 것이다. 재화가 한정되어 있기 때문이다. 하지만 적어도 인간적인, 너무도 인간적인 최소한의 예의를 갖추자는 것이다. 부자들이 세금을 많이 내야 하는 이유도 서민들보다 많은 재화를 이용하여 상품을 생산하기 때문이다. 부자들도 어차피 서민을 상대로 돈을 벌어들이는 것이지 않던가. 서민들의 소비가 늘면 그만큼 이윤도 늘어나는 것이다. 결국 부자 자신의 소비생활도 서민들의 소비에 달려 있다. 워렌 버핏도, 빌 게이츠도 그런 이유에서 기부를 한다지 않는가. 서민을 위한 정책에 이바지해 세금보다 더 많은 것을 얻을 수 있는데, 그저 돈을 지키려고 편법을 감수하며 원성을 감내한다. 인간으로서의 예의가 없는 것이다.

달인 김병만과 거인 최홍만이 싸우면 누가 이길까? 궁금하지도 않다. 당연히 최홍만의 승리이다. 하지만 스포츠에서는 이런 체급의 격차가 합리적이라고 생각하지 않는다. 그래서 체급을 나눈다. 단 양 선수가 원하는 경우에만 무제한급의 경기가 성사가 된다. 스포츠가 싸움과 다른 점은 간단하다. 서로간의 합의를 전제로 한다는 것이다.

대기업과 골목 상권이 싸우면 누가 이길까? 골목 상권은 대기업과 싸우고 싶은 마음이 전혀 없다. 하지만 대기업은 골목 상권의 종목을 기꺼이 택한다. 대형 문화자본들은 모든 루트를 잠식하면서 다양성이 노출되고 접할 수 있는 기회를 박탈한다. 이걸 경쟁이라고 표현할 수 있을까? 이미 많은 돈을 가지고 있으면서도 그렇게 돈에 환장을 한다.

대국이란 나라 역시 마찬가지가 아니던가? FTA 문제에 국민들이 목소리를 높였던 것은 조약 그 자체 때문이 아니었다. 미국에게 강자로서의 아량은 바라지도 않았지만, '상생'이라는 구호에 걸맞을 공정함마저 먼저 저버렸기 때문이다. 미국 낙농협회에서 정치 쪽으로 흘러들어가는 돈이 엄청나다고 한다. 그리고 대통령 유세가 가장 먼저 시작되는 주州는 소의 사료가 되는 옥수수의 최대 생산지인 아이오아, 미국의 대통령이 되고자 한다면 그들의 요구를 묵살할 수가 없다. 미국의 소고기는 어떤 식으로든 팔려야 하는 것이고 그래서 만만한 한국을 걸고넘어지는 것이다. 미국과 한국의 경제규모로 본다면 아무리 공정해도 불공평할 판에, 강자가 어드밴티지를 갖고, 약자가 페널티를 안고 가는 구도이다. 세렝게티의 초원에서도 이런 일은 벌어지지는 않는다. 얼룩말에게 마취총을 쏜 후에 사냥을 하는 사자가 어디 있는가?

문제는 대기업의 이익만 생각하는 우리 정부가 그 조건을 흔쾌히 받아들였다는 점이다. 뉴욕 양키즈가 봉황기대회에 출전하면서 알루미늄 배트 대신 나무 배트를 쓰자고 건의했고, 협회가 승인을 한 꼴이다. 이건 불공정을 넘어 학살에 가까운 짓이다.

무술武術과 무도武道의 차이점은 무엇일까? 무술은 기능적인 측면에 방점이 있고, 무도는 정신적인 측면까지 아우른다. 그래서 무도인들은 넘어진 자는 때리지 않는다. 손을 내밀어 준다. 일으켜 세워 다시 때리는 한이 있더라도. 액션배우 성룡은 이런 이유로 MMA(종합격투기)를 스포츠가 아니라고 성토하기도 했다. 하지만 무술을 배운 어린 아이에게 무술인이 암바를 걸어 으름장을 놓는 것은, 범죄이다. 강자의 폭력은 범죄이다.

나는 욕망한다. 내게 금지된 것을

키에르케고르는 상당히 기독교적인 철학자였지만, 아담과 이브의 원죄에 대해서 일말의 옹호를 해주기도 한다. 선악과를 따 먹으면 선악을 구분하게 된다는 창세기의 플롯대로라면 애초부터 아담과 이브는 선악에 대한 판단 자체가 불가능했다는 것이다. 신이 금지한 것에 대한 거역이 잘못임을 판단할 수조차 없는 상태에서 저지른, 어린 아이들이 잘못인지 모르고 저지른 잘못과도 같은 것이다.

이 스토리에는 또 하나의 사태가 존재한다. '하지 말라'로 명한 금지가 도리어 자신들이 '무언가 할 수 있는가 보다'라는 가능성을 의심케 한 것이다. 인류의 시작은 원죄에 대한 반성보다도 원죄를 걸머질 수 있는 능력에 대한 각성에서 비롯된 셈이다. 이때부터 인류는 금지된 것에 매력을 느끼는 이상한 버릇이 대대로 전해져 내려오고 있다.

도덕적으로, 윤리적으로 허락될 수 있는 욕망의 범주는 개인의 능력으로 한계가 그어진 것은 아니다. 그래서인지 인간은 종종 굳이 자신의 능력을 시험해보고자 한다. '하지 말라'를 넘어 어디까지를 자신이 할 수 있는지…. 할 수 있음을 확인 후에는 더욱 멈추지 못한다. 그리고는 '죽으리라.'라는 신의 경고를 실현하고야 만다.

공자는 경고한다.

얻기 전에는 얻을 것을 걱정하고, 이미 얻고 나서는 잃을 것을 걱정한다. 정말로 잃을 것을 걱정한다면 못하는 짓이 없게 된다.

못할 짓을 해서라도 잘 살면 그만이다. 하지만 악인들로만 구성된 세계에서도 악은 철저히 징계사유가 된다. 정의의 이름으로….

불교에서 말하는 무無는 집착을 없애란 이야기이지, 아무것도 소유하지 말란 이야기는 아니다. 무소유의 강박으로 살아가는 것도 무無를 소유하겠다는 집착에 지나지 않는다. 노자 역시 '지족불욕 지지불태知足不辱 知止不殆, 족함을 알면 욕을 보지 않을 것이고, 그칠 줄 알면 위태롭지 않을 것이다.'라며 소유 자체를 부정하진 않았다. 장자가 말한 소요유逍遙遊의 목적지도 결국엔 탈속이 아니라 세속이다. 유교의 방편인 '도덕' 대신에 자유를 말하고 있을 뿐이다. 집착과 욕망이 뒤엉킨 '관계' 속에서 자신을 찾을 것이 아니라, 참된 자신을 갖추고 난 뒤에 '관계'를 생각하면 집착과 욕망에서 자유로울 수 있단 이야기다. 한 시대의 성인들이 세속을 살아가는 존재들에게 탈속을 권고했겠는가? 탈속과 세속을 나누는 이분법적 세계관은 동양에 있어본 적이 없다. 산에서의 깨달음이 아니라 저잣거리에서의 깨달음을 말하고 있을 뿐이다.

청렴의 아이콘인 공자도 먹고 살 만한 뒤에 가르친다고 말할 정도로 욕망 자체를 걱정하진 않았다. 세상을 얼마든지 욕망하라! 하지만 도덕이든, 자유든, 반드시 거름체를 거쳐야 하는 이유는 타락으로 인한 나락으로의 추락을 막기 위해서이다. 역설적으로 더 오랜 시간, 더 많은 것들을 욕망하기 위해서 절욕節慾이 필요한 것이다.

로크, 루소, 홉스의 사회계약설은 백지설, 성선설, 성악설의 차이다. 그러나 결국엔 이익에 대한 피해를 최소화 하기 위해 질서라는 것이 필요하게 되었다는, 다 자기 행복하자고 집단으로 뭉쳤다는 공통된 해석이기도 하다. 윤리 도덕은 윤리 도덕적인 이유만으로 생겨난 것은 아니다. 충분히 공리적이다. 비윤리와 부도덕을 성토하는 것은 그 자체를 향한 비판이기도 하지만, 개인의 이익에 피해를 주기 때문이기도 하다. 그래서 이 땅 위에는 정의가 지켜질 수밖에 없다. 나보다 많은 것을 가지고 있는 것은 참아도, 불공정한 방법으로 나보다 많이 챙기는 것은 참을 수가 없는 것이다.

주식과 도박도 잔잔한 손익의 재미를 목적으로 한다면 재산을 탕진하는 사례는 벌어지지 않는다. 하지만 잔잔함은 주식과 도박의 목적이 될 수가 없다. 그렇다면 차라리 적금을 들면 된다. 그러나 이런 저런 이유로 적금 인생들을 불쌍타 말하며, 큰 것 한 방을 노리는 조급함이 무리수를 자초하고야 만다.

더 쉬운 길이 있다면, 그 길을 당신만 알고 있겠는가? 당신보다 상부구조에서 움직이는 사람들이 그 심리를 모르겠는가? 결국 개미들은 큰 손에 놀아날 수밖에 없다. 편법이 지름길이라고 생각하는 당신이 그래서 개미인 것이다. 그 지름길에 수많은 거미들이 몰려들어 거미줄을 치고 있는 줄 모르고서….

하지만 자신에게 다가온 유혹만을 탓하지, 자신의 과도한 탐욕에 대해서는 생각지 않는다. 그리고 결국 다시 욕심을 부린다. 이번에는 당하지 않으리라는 다짐과 함께…, 하지만 기다리고 있는 것은 더욱 수준 높은 유혹이다.

탐욕의 동력으로 살아가는 존재들에게는 인생도 게임이다. 매 단계를 거치면서 전투력이 상승하지만, 다음 단계에는 늘 나보다 조금이라도 강한 캐릭터들이 버티고 있다. 언제나 처음으로 돌아가 다시 하기를 반복한다.

도덕의 콘텐츠

지혜가 거기에 미치더라도 인仁이 능히 그것을 지켜내지 못하면
비록 얻더라도 반드시 잃는다.

「드래곤 볼」의 '피콜로'는 이 작품의 초창기부터 등장하는 인물로, 거의 원년 멤버에 가깝다. 손오공과 처음 싸우게 된 '악'의 설정이었지만, 베지터의 등장으로 어쩔 수 없이 베지터 역시 그랬듯이, 손오공의 친구가 된 케이스다.

그는 '대마왕'이란 자신의 정체성처럼 초반에는 악의 화신으로 활약한다. 하지만 후에 자신과 똑같이 생긴 '지구의 신'을 만나고 알게 된 기막힌 반전은, 신이 스스로의 마음에서 떨쳐내버린 악, 신에게 분리되어 나온 악마가 자신이었다는 사실이었다.

지구가 전례 없는 위험에 빠지자 신은 피콜로에게 다시 자신과 하나가 될 것을 권한다. 피콜로가 그 이유를 묻자 신은 대답한다.

"지금 지구에게 필요한 것은 신이 아니라 강한 자이다."

선과 악은 둘로 나뉘어진 에너지이다. 그러나 어떤 선택에 이은 실천보다는 그 갈등 자체에서 더 많은 에너지가 소비된다. 우리는 늘 보편적 윤리와 개인적 욕망 사이에서 갈등을 하며 시간과 정력을 낭비하지만 윤리를 넘어선 욕망이 용서받은 경우는 없다. 그조차도 요행히 실현될 수는 있어도 절대로 완성되지는 못 한다. 언제고 다시 자신에게로 돌아오는 부메랑이 되어 버리는 것이, 불공평한 듯 보이는 세상에서 느낄 수 있는 그나마의 공평함이기도 하다. 그럼에도 가시거리에 들어온 욕심 앞에서는 기어이 부메랑을 던져버리는 것이 어리석은 인간들이다.

知及之 仁不能守之 雖得之 必失之
지혜가 거기에 미치더라도 인仁이 능히 그것을 지켜내지 못하면 비록 얻더라도 반드시 잃는다.

세상엔 윤리적으로 욕망을 성취하고 뭇사람들의 존경까지 받는 사람들도 많이 있다. 공리적 관점에서 보아도 오히려 그들의 방법이 오랜 시간동안 더 많은 이윤을 창출하는 지름길이었다. 하지만 당장의 욕심에 눈이 멀어 일을 그르치고, 황천길을 자초하는 경우가 비일비재하다.

어차피 그럴 바에야 괜한 짓을 할 것이 아니라 악의 에너지를 선으로 돌려야 할 것이다. 선과 악, 그것은 충분히 시너지를 이루어낼 수 있다. 선이 제시하는 올바른 방향으로 악이 지니고 있는 분노의 에너지를 쏟아 붓는 것이다. 마치 신과 피콜로가 그랬던 것처럼….

지금 느끼고 있는 분노와 패배감은 어디를 향하고 있는가? 실상 지금 당장 어딘가로 쏟아낼 수도 없다는 사실에 더 화가 나는 것이 아니던가. 속 시원히 풀어내지 못하는 악이 스스로를 더 미치게 한다. 실상 악의 원인은 남보다는 나 자신이다. 남에게 행해지지 않으면 그 에너지를 고스란히 내가 돌려받아야 하기 때문이다.

세상은 말한다. 굴욕을 아는 자만이 영광을 맞이할 수 있다고. 누군가에게 굴욕을 맛보았는가? 누군가를 향한 절치부심의 에너지를 자신에게 돌려 그보다 더 성공한다면, 그 누구에게는 그보다 더한 굴욕이 없을 것이다. 물론 당장의 절망감으로 먼 시간대에 떨어져 있는 약속을 공감하기란 쉽지 않다. 하지만 당신이 공감을 하건 하지 않건, 믿든 안 믿든, 지금의 내가 할 수 있는 가장 현실적이고도 가장 현명한 선택은 이것밖에 없다는 것이 또 하나의 절망이다. 당신이 선택할 수 있는 경우의 수도 많지는 않다. 절망을 그냥 절망으로 남겨두느냐, 절망으로 파탄의 길을 선택하느냐, 아니면 절망이 제시한 가능성에 도전해 보느냐, 이다.

착함의 콘텐츠를 도덕적으로만 바라보아서는 안 된다. 그것은 철저히 공리의 논리다. 어리석음에 가려 그 위선을 보지 못할지언정, 우리는 모두 선한 인간을 좋아한다. 어려서부터 우리가 좋아했던 만화 주인공들은 모두 선했다. 폭력물과 갱 영화의 주인공들일지언정 그 나름의 의리를 지키지 않던가. 성선인지 성악인지는 몰라도 우리들 무의식 속엔 항상 선한 인간상을 좋아하는 마음이 존재하고 있다. 그래서 악한 주인공의 설정과 결말로는 장사가 되지 않는다는 사실도 알고 있다. 그래서 악마도 거짓일지언정 착한 척을 하며 다가오는 것이 아니겠는가.

악으로 성공을 거머쥘 수는 있다. 하지만 대중들이 인정하지 않는 그 성공은 언제고 누군가에게 배신을 당해도 당한다. 굳이 사필귀정과 인과응보의 주문을 외지 않더라도, 자신의 가장 큰 힘이었던 위선에게 역습을 당하는 날이 오고 만다.

재벌들의 재산 싸움, 거만함으로 몰락하는 톱스타들의 사례에서 확인이 되는 바가 아니던가. 또한 자신은 도덕적이지 못해도 남의 도덕적 문제에는 득달같이 달려들어 물어뜯는 한국사회가 아니던가. 공들여 이루어 낸 모든 것이 단 한 번의 실수로 무너지는 대한민국이 아니던가. 국지적인 문제는 아닐 터, 도덕적이지 못한 방법으로 이루어 낸 것들엔, 비도덕적인 질투와 비난이 함께 하기 마련이다. 악이 악을 부르는 것도 당연한 이치이다.

선으로 성공을 거머쥐기는 쉽지 않다. 하지만 한 번 입소문을 타기 시작하면, 스스로도 장담할 수 없을 만큼의 기회로 돌아온다. 이미 수많은 사례로 입증이 되고 있는 사실이 아니던가. 착하게 살면 손해를 본다는 말을 한다. 하지만 손해를 본 사람이 마침 착한 사람이었던 것이지, 인과가 성립하는 공식은 아니다. 손해의 이유를 전적으로 착한 심성으로 돌릴 수 있을 정도로 착하게 살았다고 자신할 수 있는가? 다시 한 번 생각해 봐야 하지 않겠나? 무언가를 가지려 했던 욕망과는 관련이 전혀 없었는가? 착한 것과 어리석은 것은 별개의 영역이다. 함부로 묶지 말지어다.

5

바다를 딛고 선 파도처럼

거위, 날다.

키에르케고르는 「미운오리새끼」와 다른 해석의 동화 하나를 썼으니, 제목이 「기러기」이다. 거위 틈에서 살아가던 기러기는 끝내 자신이 기러기란 사실을 자각하지 못하고 하늘을 날지 못한다. 아니 날지 않는다. 날아야 할 필요를 느끼지 못했다. 왜? 거위에게 비행의 능력이 사라진 것은 그들 나름의 진화였으니까. 결코 퇴화가 아니다. 거위의 세계에선 날아야 할 필요가 없다. 기러기는 그렇게 거위들의 생태를 습득해버린다. 날고자 하는 노력에는 유난을 떤다는 조롱만 따를 뿐이다.

키에르케고르는 다음과 같은 말로 끝을 맺는다.

"거위는 절대 기러기가 될 수 없으나, 기러기는 곧잘 거위가 돼 버린다. 경계하라!"

타고난 것은 다르지만 습관에 의해 가까워진 경우다. 그 결과 거위는 거위에게서 멀어지지 않았으나, 기러기는 기러기에서 멀어졌다. 미운 오리새끼는 자신이 백조란 사실을 끝내 몰랐을지도 모른다. 평범한 오리도 되지 못한다는 패배감에 젖어, 그저 미운 오리로 그냥 그렇게 살다가 삶을 마감했을지 모른다. 오리로서 체화된 습성이 백조로서의 본성까지 집어삼킨 것이다.

중국의 대문호 한유韓愈는 「잡설雜說」이란 글에서, 천리마가 보통 말과 함께 지내면 보통 말보다도 못하게 되는 이유를 설명한다. 하루에 천리를 가는 말의 능력을 지녔기 때문에, 먹이의 양도 보통 말들과는 달라야 한다. 하지만 보통 말들과 같은 양의 먹이를 먹다보니, 오히려 보통 말들보다도 못한 말이 된다. 적토마가 여포와 관우를 만나지 못하고, 먹이만 축내는 골칫거리 말이 되어 마구간 한 구석에서 말고기가 되기를 기다리고 있는 꼴이다.

여기가 허락되지 않았다면, 저기를 의심해 볼 필요도 있다. 미운 오리로 살아가고 있는 이유는 나의 영역이 동물농장이 아니기 때문일 수도 있다. 그래서 오리보다도 더 못한 능력으로, 더 못한 대우를 감내하고 살아가고 있는지도 모른다. 다이아몬드 원석이 다른 맥반석들과 섞여 오징어를 굽는 일을 하는 것이다. 그러면서 오징어를 굽는 능력이 부족하다고 자책을 하고 있다. 자신이 진정 맥반석일까를 의심도 해보고, 한 번쯤 가스불 위에서 떠나볼 생각도 하지만 떠나질 못한다. 맥반석에게 뒤처지는 것보다 삶의 관성에서 멀어지는 것이 더 두려운 것이다. 오징어 너머의 삶을 보려 하지 않고 오늘도 욕망은 오징어를 향해 있다.

미운 오리새끼는 백조가 되어야 한다. 그래야만 지난 날의 서러움들이 보상을 받을 수 있다. 그러나 백조로서의 가능성을 찾으려 하기보다 미운 오리새끼로서 지냈던 날들의 서러움 속에 늘 멈추어 있다. 중력보다 피해의식이 더 큰 중압감이 되어 버린다. 그냥 백조가 되는 길을 가면 그만인 것을, 그 자리에 주저앉아 오리 세계의 부조리한 구조만을 욕하고 있다. 그렇다고 달라지는 게 있는 것도 아니건만. 자신을 몰라주는 세상을 탓하고만 산다. 자신을 정당화 할 구실만을 찾아 모은다.

어차피 이래저래 절망이라면, 망상일지언정 차라리 자신에 대한 믿음이 해답일 것이다. 하지만 이 망상은 대부분 다른 망상의 힘으로 유지가 된다. 나는 열심히 살았지만, 세상이 도와주지 않았다는. 그래서 도전할 수 없는 합리적인 변명과 핑계를 찾아내는 비합리적인 태도를 유지한다.

꿈을 말하는 많은 사람들의 공통점. 꿈은 이루기 위한 것이 아니라, 자신의 과거와 지금을 정당화 하는 방어기제일 때가 많다. 언젠가는 저 자리에 있겠노라 공상만을 일삼으며, 실질적인 아무런 노력도 하지 않고 늘 이 자리다. 당장의 게으름을 피곤함으로 착각하며 미래의 시간대로 숨는다. 그리고 서서히 자신이 이루려했던 꿈이 얼마나 어려운 것이었던가를 스스로에게 설득한다. 그리고 그 꿈을 위해 자신이 했던 알량한 노력은 남들에게 이런 과거가 있었네, 하며 떠들어대는 '왕년'의 레퍼

토리가 된다. 실상 이루어낸 것이 아니라 이루어내지 못한 경험을 자랑하듯 떠들어대고 있는 것이다. 결국 '헛된 꿈은 독'이라며 '거위의 꿈'을 조롱하는 사람은 자기 자신이다. 나름의 서사로 점철된 합리로 설득할 수 있는 대상도 자기 자신뿐이다. 이래서 혹은 저래서 나는 포기할 수밖에 없었노라고….

세상엔 나보다 더 열악한 상황에서도 이루어낸 사람들의 이야기가 많다. 그들의 스토리 앞에서 나의 스토리는 꿈을 이루어낸 사람과 꿈 앞에서 돌아선 사람의 차이 이상은 아니다.

어차피 한 번 사는 세상, 꽃도 피워보고 열매도 맺어보겠다는 의지로 부단히 노력하는, 그러나 아직 피우지 못한 꽃과 맺지 못한 열매의 꿈을 살아가는 사람들도 있다. 하지만 남들도 다 그렇게 살아가는 세상이라며 꽃과 열매가 되기를 일찌감치 포기한 채로, 여름과 가을을 떠드는 사람들이 더 많다.

꽃이 되고자 열매가 되고자 하는 노력을 세상 모두가 기특한 시선으로 바라보는 것은 아니다. '저런다고 뭐가 돼?'라며 마치 깨닫지 못한 어리석은 이를 조롱하는 듯한 눈빛들도 많을 것이다. 내심 자신을 그렇게 살지 못한 질투심에서 연유된 폄하일 뿐이다. 당신이 성공할까봐 두려운 것이기도 하다. 그렇게 생각하고 말아야지, 일일이 대꾸를 해봤자 소용도 없다.

왜? 아직 내가 이루어낸 게 아무 것도 없기 때문이다. 그리고 그것이 조롱하는 이들이 들이대는 가장 확실한 논거이기도 하다.

실상 꿈에 가장 방해가 되는 사람들은 최측근들이다. 꿈만 쫓다가 세월을 보낸, 주변의 가장 극강의 사례만을 들먹이며 현실과의 타협을 종용한다. 스스로도 그 경우처럼 될까봐서 걱정이고, 지금까지의 결과가 그 경우와 다르지 않기 때문에 뭐라고 변명을 할 수도 없다.

현실과의 타협은 결국엔 취업이다. 현실과의 타협이 쉽기나 하면 모르겠는데, 요즘은 그 취업마저도 쉽지 않다는 비극.

그런데 그것을 아는가? 자신의 재능으로 인생의 잭팟을 터트린 자들의 대다수가, 그 옛날 극강의 사례로 들먹여지던 미운 오리새끼였다는 사실을.

물론 스스로 제대로 가고 있는가를 의심해 볼 필요는 있다. 먼저 간 사람들의 충고에 귀를 기울이고 있는가, 자신의 아집에 갇힌 채로 멈추어 있는 것은 아닌가를 항상 고민해야 한다. 하지만 모든 자기계발서로 통분되는 삶을 살아가고 있다면, 아직 시간이 다가오지 않았을 뿐 제대로 가고 있는 것이다.

맹자가 이르길,

自反而縮 雖千萬人 吾往矣
스스로 돌아봐서 켕길 게 없다면, 천 만 인이 가로막아도 나의 길을 가리라.

떳떳하게, 당당하게, 자신 있게!

군자는 의로움으로 깨닫고 소인은 이익으로 깨닫는다.

황석영 작가와 김연수 작가가 절판을 선언하며, 출판사들의 사재기 관행에 경종을 울렸다. 근절이 될지 어떨지는 모르지만, 문인으로서 멋있는 결단이었다고 생각된다. 대중들에게 각인된 그들의 이미지는 문단의 거장을 넘어선 진정한 예술혼이지 않았을까? 당장의 이익보다 더 많은 것을 얻은 것이다. 도덕은 거시적인 공리이다.

君子喻於義, 小人喻於利
군자는 의로움으로 깨닫고 소인은 이익으로 깨닫는다.

콘텐츠의 질보다는 마케팅에만 열을 올리는 사례들이 많다. 본질에 충실하라는 내용의 콘텐츠를 출간하는 작가와 출판사조차 스스로가 말하는 원칙을 저버리는 모순들도 부지기수.

김어준의 말을 빌리자면, 태도부터가 콘텐츠이건만, 그저 장사가 될 만한 무언가에만 혈안이다. 하긴 나도 한 점 부끄럼이 없지는 않다. 장사가 되기나 하면 모르겠는데, 스스로가 어긴 모순으로 스스로가 써놓은 진리를 실현하는 이중의 역설.

예술가적 고집을 지키며 가난한 시절을 보내는 예술가들이 많지만 당장이 힘들어 그 신념을 저버린다고 해서 대박이 나는 것도 아니다. 그나마 있던 골수팬들까지 떠나고 시장의 논리에 치이다가 사라지는 수순을 밟는 예술가들이 더 많다. 차라리 신념을 지키고 있었다면 느리게나마 확실한 자기 세계를 구축할 수 있었을지도 모르는 일인데, 그냥 그렇게 대중들에게 잊혀지고 만다. 자본의 논리에 충실한 예술가들이 흔히 저지르는 오류이다.

자기 철학이 없는 예술은 다른 누군가에 의해서 충분히 대체될 수가 있는 법, 꼭 자신이 아니어도 되는 예술에 어느 누가 지속적인 성원을 보내줄 수 있겠는가? 더군다나 예술의 소비가 의리를 지키는 일도 아니고….

침체를 겪고 있는 영역들은 시대의 변화와 구조적 모순을 탓하기 전에 먼저 자신들의 철학을 돌아봐야 한다. 침체기가 이렇게 길어지는 이유가 전적으로 시대와 구조에만 있는 것은 아닐 것이다.

공자는 이런 세태를 2천 년 전에 예언했다.

不占而已矣
점괘를 보지 않았기 때문일 것이다.

여기서 점괘란, 주역의 항괘恒卦를 풀이한 말 중에 '불항기덕 혹승지수不恒其德 或承之羞, 그 덕을 유지하지 않으면 수치스러운 일이 이어진다.'라는 구절이다. 공자가 남쪽 지방의 속담인 '인이무항 불가이작무의人而無恒 不可以作巫醫, 사람이 항심이 없으면 무당이나 의원 노릇도 할 수 없다.'를 칭송하면서 주역을 인용한 것이다.

항괘의 전체 풀이는, 뇌풍항雷風恒이다. 돛이 바람을 타고 순항을 하다가 혼란을 겪게 되는 수다. 혼란은 일종의 성장통이다. 잔잔한 파도는 유능한 항해사를 길러내지 못한다고 하지 않던가. 성장의 기회가 시련의 모습으로 다가오는 때이다. 그럴수록 한결같은 마음을 버리면 안 된다. 방향타를 놓치는 순간, 그때부터는 항해가 아니라 이미 표류이다.

우리가 비굴해지는 순간들은 당장에 직면해 있는 불안의 강박 때문이다. 이별이 싫어서, 합격을 해야만 해서, 해고가 두려워서, 그밖의 많은 불안 앞에서 우리는 무릎을 꿇는다. 창피해 할 일은 아니다. 누구나 할 것 없는 우리네 인생이 다 그렇지 않던가. 그것들 앞에서 독립운동가의 기개를 당당히 펼쳐 보일 수 있는 사람들은 별로 많지 않을 것이다. 정말 아무 것도 잃을 게 없는 사람조차도 무언가 얻을 것이란 기대 앞에서는 비굴해지고, 얻지 못한 후에 도리어 무언가를 잃었다고 생각하는 것이 세상 아니던가.

세상에 무릎 꿇어 얻을 수 있기라도 하다면 충분히 비굴해질 용의도 있다. 하지만 비굴함을 택한 이유는 내게 선택권이 없기 때문이다. 타협 또한 전적으로 저쪽의 몫이다. 아무리 비굴하게 군다 해도 절대로 타협이 이루어질 수 없는 경우들이 있다. 나의 재능을 소비자들에게 인정받아야 하는 경우다. 내 사정이 아무리 딱한들 위로의 말만 전할 수 있을 뿐, 별다른 도움을 줄 수는 없다. 오히려 그것이 편법과 불공정이기 때문이다. 내가 아직 준비가 안 되어 있다면 어차피 결과는 실패다. 가뜩이나 무너진 자존심을 수치심으로 채워야 할 하등의 이유가 없다. 실력도 없는 게 자존심까지 없다는 소리까지 들어야 하는 절정의 굴욕을 맛볼 수도 있다.

실패를 쿨하게 인정할 줄도 알아야 발전이 있는 법, 아쉬움에서 한 발자국도 나아가지 못하는 모습도 결국엔 자신의 실력을 제대로 모르거나 더 철저하게 새상과 타협했어야 했는지를 곱씹고 있는 셈이다. 그리고 늘 실패의 언저리에서 열등감의 각막에 맺히는 세상을 삐딱하게만 바라본다.

어차피 사람 수만큼의 욕망들로 돌아가는 세상, 나라면 당신의 욕망을 밀쳐두고 타인의 이런저런 불운에 일일이 손을 내밀어 줄 수 있을까? 남들도 마찬가지다. 세상이 나를 욕망하지 않는다면 비굴하게 굴어도 소용이 없고, 세상이 나를 욕망한다면 비굴하게 굴 필요가 없다.

뒤늦은 고백

부富라는 것이 갈망해서 될 수 있는 일이라면
나는 말채찍을 잡는 천한 일이라도 할 것이다.
그렇지 않을진대, 나는 내가 좋아하는 일을 할 것이다.

궁핍의 끝을 경험해 본 사람들에게는 돈에 대한 어떤 교훈적이고 감동적인 메시지도 공감으로 다가오지 않는다.

'가난은 불행한 것이 아니라 불편한 것이다.'

이미 추억이 되어버린 가난이라면 멀찌감치서 그것들을 바라보는 시선이 이렇듯 따뜻할 수도 있다. 하지만 진행 중인 가난 속에선 그 불편함이 곧 불행이기도 하다. 작위적인 감성으로 가난을 위로하고자 하는 당신은 아마도 처절한 가난의 경험이 없거나, 궁핍을 느껴본 지 이미 오래된 사람일 것이다.

지나온 길에 대해 말하는 건 쉽다. 그리움으로 돌아보는 절망은 아름답다. 아름다움은 언제나 뒤돌아보는 자의 몫이다. 아직 그리움으로 간직하지 못하는, 당장에 맞닥뜨린 자에게는 결코 아름답지 않은 '지금 여기'이다.

물론 돈에서 자유로운 사람들도 있다. 하지만 그런 가치를 다른 이에게 강요할 일은 아니다. 행복의 가치는 서로 다르다는 사실을 말하면서, 다른 사람이 돈에 대해 부여하는 가치를, 깨닫지 못한 중생의 탐욕쯤으로 폄하할 수는 없다. 많은 돈으로도 행복을 살 수 없다곤 하지만 너무 적은 돈으로 행복을 살 수 없긴 마찬가지이다. 어차피 행복은 돈의 문제가 아닌 마음의 문제라는 의미가 아니던가. 문제는 그 마음이란 놈이 돈과 전혀 상관관계가 없지 않다는 점이다. 돈은 벌어야 하는 것이다. 돈이 삶의 전부가 아니더라도 삶의 일부인 것만은 부정할 수 없는 사실이다. 또한 그것은 단순히 생업의 문제에 그치는 것이 아니라 자신의 존재감과도 관련이 있다는 사실이 더 큰 문제가 된다.

그러나 너무 돈에만 얽매이는 인생관도 지양되어야 한다. 가장 큰 이유는 그런 삶의 태도로는 돈이 모이지도 않기 때문이다. 달아나는 것은 쫓아가는 것보다 언제나 앞서 있기 마련이다. 돈은 쫓으면 오히려 내게서 더 달아나기만 할 뿐이다. 그래서 돈을 벌어본 사람들은 하나같이 입을 모아 말한다. 마음에서 돈을 놓아야만 돈이 모인다고…. 돈에 대한 욕망을 경고하는 훈계만은 아닌, 돈에 대한 처세이기도 하다. 사람이 돈에 욕심을 부리다 보면 자신도 모르게 돈에 방해가 되는 짓만을 골라서 한다.

언젠가부터 돈이 꿈과 직업, 그리고 성공의 기준이 된 세상이다. 진로는 적성과 재능이 아닌 오로지 돈의 방향이다. 목표라는 허울 좋은 명분도 결국엔 돈이다. 그 돈을 벌고 싶어서 취업에 매달리지만, 돈을 벌 수 있는 능력은 구비가 되어 있는데,

취업을 할 수 있는 능력이 없다. 차라리 적성과 재능을 살리는 것이 더 큰 돈을 만질 수 있는 기회인지도 모르는데, 당장의 월급이 급급해 그 가능성은 제고해 보지도 않는다. 결론적으론 돈에 방해가 되고 있는 짓을 일삼는 악순환만 지속되고 있는 것인지도 모른다.

일자리가 없어 고민하는 청년들 중에는 스스로가 일의 범주를 좁히고 있는 경우도 적지 않으리라. 그리고 그 범주 밖에 있는 자신의 재능을 찾지 못하고 절망을 끌어안고 살아가는 경우도 있으리라. 김난도 교수가 아무리 「내:일」을 쓰고 말해야 무엇 하겠는가? 스스로 찾지 않으면, 찾아질 리가 없다.

공자가 말하길,

富而可求也 雖執鞭之士吾亦爲之. 如不可求 從吾所好

부富라는 것이 갈망해서 될 수 있는 일이라면 나는 말 채찍을 잡는 천한 일이라도 할 것이다. 그렇지 않을진대, 나는 내가 좋아하는 일을 할 것이다.

면접관 앞에서 자신의 가치관대로 옷을 입고, 말을 하는 사람이 있을까? 나의 포부와 희망보다는 회사의 취지와 면접관의 성향에 초점이 맞춰진, 어디선가 읽은 면접 노하우의 매뉴얼대로 외운 기계적인 구술만이 내뱉어질 뿐이다. 단체 면접같은 경우엔 그 어리숙한 용비어천가들의 향연이 그야말로 가관이다. 서민을 향한 대기업의 횡포를 모르지 않으면서도, 항상 이 회사에 들어오기를 꿈꿨다며, 손발이 오그라드는 자기 자랑들을 남발한다. 적어도 지키고자 했던 소신이었지만, 당장에 먹고 살 일이 급급한 청춘들에게 잠깐의 비굴과 타협 또한 어쩔 수 없는 일이다.

하지만 그런 비굴과 타협에도 대다수의 참가자는 떨어져야 한다. 어차피 떨어질 바에는 차라리 자신을 지키기라도 했으면 좋으련만, 그도 자신을 포기하면서까지 선택한 최선이었으니 창피해 할 일은 아니다. 그런 굴욕감 없이 살아가는 인생들이 어디 있겠는가? 굴욕적인 모습을 너무 창피해 하는 자들이야말로 허풍과 겉멋으로 가슴이 벅차오르는 공상가 기질인 경우가 대부분이다. 영광을 욕망하면서도 어찌 굴욕적인 모습 하나 기억에 담지 않으려고 하는가.

그런데 그 어떤 굴욕적인 모습으로도 결코 풀리지 않는 인생들이 있다. 숱한 비굴의 모습으로도 가까워지지 않는 욕망들이 있다. 그렇다면 그도 당신에게 허락된 길은 아닐지 모른다. 더군다나 당신이 가고자 하는 길이 아니면서도 그저 돈벌이만을 위한 길 앞에서의 방황이었다면, 사랑하지도 않은, 인연이 아닌 이성에게 일방적으로 사랑을 갈구하고 있는 것이나 마찬가지이다. 당신도 할 만큼 한 것이다. 돌아서는 당신을 붙잡아 준다면 다시 고민해볼 문제이지만, 그렇지 않다면 자신이 가고자 했던 길을 다시 한 번 가보자. 굴욕은 또 존재할 것이다. 그 나이 되도록 지금껏 제대로 된 직업을 갖지 못했다는…. 어차피 이골이 난 굴욕이 아니던가. 하지만 이제는 적어도 내가 사랑하는 대상을 향한 고백이다.

끝말잇기 게임을 하다보면 나중에 가서는 몇 개의 단어로 돌려막기가 이루어진다. 이기기 위한 창의성이 발휘되는 것이 아니라 지지 않기 위해서 안전성들이 돌고 돈다. 정신 없이 돌아가는 게임에서 새로운 단어를 찾다가 게임에서 빠지느니 차라리 남들과 단어를 공유해가며 자리를 지키고 싶어 한다. 하지만 나중에는 반복되는 단어들을 제외시키는 새로운 규칙이 생겨난다. 서로가 더 힘든 게임을 만들어가고 있는 것이다.

지금을 살아가는 젊음들의 모습이 그렇지 않은가. 희망 진로는 개인의 고민보다는 사회의 통념으로 결정되어 버리고, 수많은 젊음들이 돈 잘 버는 혹은 안정된 직장으로 달려가기 위해 이미 많은 사람들이 달려가고 있는 레이스에 합류한다. 한정된 직업군에만 집착하다 보니 진로의 폭이 좁아질 수밖에 없는 것은 당연한 일이다. 그것이 정말 자신의 꿈이었는지는 상관없고, 너도 나도 그 경쟁에 뛰어들어 수요는 줄어들고, 경쟁률은 치솟는다. 물론 분명 기성들이 만들어놓은 사회 구조가 문제인 것은 틀림없다. 하지만 그 기성의 논리대로 길을 찾다가 이제 와서 그 좁아진 길을 탓하고 있는 젊음들에게도 반성은 필요하다. 러시아워에 막히는 도로 위에서 짜증을 내며, 지하철을 이용하지 왜 차를 끌고 나와 길을 막히게 하느냐며 성토하는 운전자랑 다를 게 없다. 자신은 사정이 있기 때문에 어쩔 수 없이 차를 끌고 다녀야 한다고 말할지 모르지만, 다른 이에게도 어떤 사정이 있는지는 또한 알 수 없는 일이다.

젊음들은 도전과 안정의 갈등 사이에서 대부분 안정을 택한다. 그것은 나름의 기준으로 분석한 쉽고 수월한 길이기도

하다. 하지만 요즘은 그 안정성도 쉽지 않아 안정 자체가 도전
이 된다. 그 쉬운 길조차 수월하지 않음으로부터 느껴야 하는
자괴감은 더 큰 절망이 된다. 그렇다고 그 길 끝에 행복이 있다
는 보장도 없는데, 단지 남들 같지 못함을 불행으로 판단하고
그것에서만 벗어나고자 하는 노력만을 일삼고 있지는 않은가?
그럴 바에는 차라리 애초부터 도전을 택했어도 그 힘듦이 마찬
가지이건만, 안정을 위한 도전은 늘 도전을 위한 도전보다 우
위에 있다. 명사의 강연과 서적을 통해 자기 내면의 목소리를
들어보기도 하지만, 돌아서면 여전히 버티고 서 있는, 자신이
설정해 놓은 현실 앞에 도전은 가보고 싶은 길이면서 끝내 가
보지 않은 길로 남는다.

쉬워 보이는 것들은 절대 쉬울 수만은 없는 역설을 지니고
있다. 보다 쉬울 것이라고 생각한 선택이 그렇게 쉽지 만은 않
은 것은, 다른 이들의 기준에서도 쉽기 때문이다. 개인적으로
는 보다 쉬운 길이란 판단으로 선택을 했음에도 전체적으로는
그 길을 가려는 사람들의 인플레로 길이 좁아지고, 정말로 출
중하지 않으면 길에서 밀려날 수밖에 없는 어려운 길이 되고
만다. 그럴 바엔 차라리 가시밭길을 택하는 것이 도리어 수월
함이 될지 모른다. 가시만 피해 살펴 가면 길에서 밀려날 일은
없다.

'쉬워 보이는 일이 오히려 해보면 어렵고, 어려워 보이는
일도 막상 해보면 쉽게 해결될 때가 있다.'

채근담의 한 구절처럼, 어려운 길이라도 차라리 자신만의
길을 가보는 것이 오히려 더 쉬운 길인지도 모른다.

예술가적 자아

여류 철학자 한나 아렌트는 노동labor과 작업work의 개념을 나눈다. 노동은 그저 생필품을 사기 위해 지속하고 있는 일로서, 일 자체보다는 부의 축적이 목적이다. 작업이란 그 자체가 목적으로 지속해서 개선되어 가는 무엇으로서, 자아실현과 꿈에 가까운 개념이라 하겠다. 하지만 많은 사람들은 노동과 작업을 동일시 하고 있으며, 현대 사회는 작업이 노동화 되어 가고 있다.

꿈이 있다는 것은 좋은 일이다. 일단 진로에 대한 방향성은 확고하다. 자신이 정말 무엇을 좋아하는지조차 알지 못하는 젊음들보다 한 발 앞서 자기 길을 가고 있는 것이다. 하지만 다시 한 번 생각해봐야 할 문제, 정해진 진로의 방향이 곧 삶의 방향성인지는 의심해 봐야 한다. 꿈이라고 부르는 것들이 대개 자신의 재능과 소질, 가치관, 인생관보다는 금전적 가치로 환원된 것들이기 때문이다. 그것은 꿈이라기보단 그냥 직업이다. 작업이 아닌 노동의 범주로 들어가고자 하는 노력이다. 자아 실현 끝에 자아가 없는 허무함을 발견하고 나서야 내가 하고 싶었던 일은 이런 것이 아니었다며 다시 꿈을 운운한다. 그때는 이미 개인적인 꿈만을 쫓는 게 무책임한 이기심이 되어버리는 상황일 수도 있다.

아무리 좋아하는 일이라도 그것이 '일'이 되어버리는 순간, 만족도는 현저히 떨어지게 된다. 돈 잘 버는 직업을, 좋아하는 일이라고 착각하고 달려온 길에 대한 만족도를 기대하는 것 자체가 잘못이다. 하지만 과감히 떠나지도 못한다. 돈을 벌면서 누렸던 소비 수준에 익숙해진 삶의 관성에서 떠나기도 두렵다. 사막의 오아시스와도 같은 것이다. 당장의 갈증을 해소할 수 있었지만, 갈증에 가려 보지 못했던 사실이 보이기 시작한다. 자신이 여전히 막막한 사막 한 가운데 있다는 사실. 이제 벗어날 수 없는 것은 사막이 아니라, 오아시스라는 것을….

직업 만족도를 조사해 본 결과, 전문직 종사자들의 만족도는 상당히 낮았다. 할 줄 아는 것으로 직업을 삼았지만, 자신의 적성과 상관없이, 정해져 버린 직장에서의 급여가 성취감이나 보람을 대신할 수가 없는 것도 당연한 일이 아니겠는가.

반면에 작곡가, 사진작가, 작가, 영화감독 등의 직업은 만족도가 높은 것으로 조사됐다. 예술가들에게도 예술 그 자체는 정신적으로 고된 작업이다. 작곡가 이영훈 씨는 노래 한 곡을 10년에 걸쳐 완성했으니, 이문세의 팬이 아니면 잘 모를 '슬픈 사랑의 노래'이다. 사진작가 김만중 씨는 늘 유배자의 마음으로 작업에 임한다고 한다. 박완서 작가는 글을 쓴다는 것은 외로움과 친해져야 하는 작업이라고 말한 적이 있다. 강제규 감독은 오랜 시간을 실패한 영화인이라는 조롱 속에서 영화를 만들었다.

그들이 일반인과 다른 점은 그 고됨을 즐길 줄 알았다는 점이다. 대중의 관심과 금전적인 문제도 그들에겐 걱정해야 할 현실이지만, 일을 포기할 만한 이유는 되지 않는다. 그 일을 하고 있을 때가 가장 즐겁기 때문이다.

미셸 푸코는 예술가적 삶이야말로 진정한 자유의 실천이라고 말한다. 삶은 예술이고, 삶을 주체적으로 창조하는 예술가적 자아를 키워야 한다는 것이다. 시장의 요구로부터의 자유, 노동시장으로 적응할 필요로부터의 자유, 타인에 대한 의존으로부터의 자유가 허락될 때 비로소 삶의 의미를 찾을 수 있다고….

누군들 이런 삶을 살고 싶지 않겠는가. 먹고 살기에도 바쁘고 힘든 세상, 어디 말처럼 쉬운 일이겠는가? 하지만 대답을 준비해야 할 반문, 그럼 예술가의 길이 쉬운 줄 알았는가?

知之者 不如好之者, 好之者 不如樂之者
아는 자는 좋아하는 자만 못하고, 좋아하는 자는 즐기는 자만 못하다.

각종 예능 프로그램들이 흥망을 거듭하고 있는 시류 속에서도, 몇 년째 최고의 자리를 굳건히 지키고 있는 「무한도전」.

허지웅 기자가 바라본 「무한도전」의 힘은 출연진과 제작진들의 '즐김'의 철학이다.

웃길 줄 아는 사람이 있다. 어떤 타이밍에 어떤 언행이 웃음을 유발하는지 아는 사람들이다. 웃기는 것을 좋아하는 사람들이 있다. 누군가를 웃기는 소명으로 살아가는 사람들이다.

하지만 「무한도전」은 자신들이 웃는다. 어떤 주제가 뜬금없이 던져져도 그 안에서 자기들끼리 재미있게 '논다'. 그래서 제작진은 재미가 검증이 되지 않은 포맷도 두려워하지 않는다. 다른 프로그램들이 검증이 된 포맷에서 벗어나지 못하는 한계가 무한도전에겐 없다.

재미없었음을 솔직히 인정하고 사과문을 게재하거나 자신들의 문제점을 토론에 붙이는 것까지 아이템이 된다. 베이징 올림픽 때, '독도는 우리 땅'을 여러 외국인의 입으로 부른 편집본에는 나도 모르게 엄지손가락을 치켜들었다.

'너희들이 최고야!'

정형돈의 어색함과 정준하의 밉상, 길의 무리수까지 끌어안았던 따뜻함이 있는 프로그램은 사람을 믿고 기다릴 줄도 알았다. 많은 예능 프로가 무한도전이 시도했던 1회분의 아이템을 가지고서 흥망을 거듭하면서도, 정작 배우지 못했던 것은 불확실성 자체를 즐기는 노하우였던 것 같다. 무한도전이라는 이름 그대로의 방송 철학을 여실히 보여주었던 김태호 PD의 한 마디, 'MT를 가는데 장학금을 받는 기분이다.'

요즘 어린 학생들이 가장 선호하는 직업은 연예인이다. 보충수업과 야간자율학습 열외 사유의 적지 않은 퍼센티지가 '보컬 학원'이다. 그들은 자신이 좋아하는 일을 하면서 살아가고 싶다는 이유를 댄다. 그러나 그 이면을 들여다보면 자신의 적성과 재능보단 시장의 논리를 좇고 있는 부허한 공론인 경우가 대다수다. 학업을 등질 정도의 예술혼이라기보다는 화려한 스포트라이트를 받으며 거머쥘 부와 명예에 혼을 빼앗긴 듯싶다. 하지만 여차저차 해서 데뷔한 연예계는 자신이 그려왔던 몽유도원도가 아니었다는 사실만을 깨닫게 된다. 끈기 있게 도전해서 감동의 인간극장을 만들어간다면 절망을 이겨낸 예술혼이라는 언론의 조명도 받을 기회가 있으련만, 이런 친구들 대부분은 끈기도 없다.

대중의 관심으로 존재감이 확인되는 직업이다 보니, 자신이 일을 좋아하는 것보다 대중들이 자신을 좋아하는 것이 더 민감한 사안이다. 자신이 잘 하는 모습이 확인되지 않고 공증되지 않을 때는 오히려 자신이 좋아하는 일에 염증을 느끼기도 하는, 인기에 대한 불안감을 안고 살아가야 하는 업종이기도 하다.

연예인이 되겠다는 꿈을 뭐라 하는 것은 아니다. 적어도 그 일을 사랑하는 것인지, 부와 명예를 욕망하고 있는 것인지에 대한 판단은 스스로 할 줄 알아야 하지 않을까? 그래야만 그 과정에서의 수고스러움도 이겨낼 수 있는 것이 아니겠는가? 그래야만이 부와 명예도 따르는 것이 아니겠는가?

의지와 표상으로서의 꿈

합리적인 판단이 곤란할 경우, 동전을 던지곤 한다. 나오는 면에 따라 나의 선택이 결정되어지는, 비합리이지만 재미있는 사실은 막상 어떤 면이 나온다 해도 갈등이 해결되지 않는 또 하나의 비합리가 생겨난다는 점이다.

합리적인 판단이 곤란한 이유는 필요 이상의 이성적 사고 때문이다. 이성적으로 해결이 되지 못하는 문제라면 감성에게 그 판단을 맡겨 보자. 일단 저질러 보는 것이다. 뒤에 따라 오는 문제들을 이성적으로 해결하면 된다. 그 끝이 절망과 시련이더라도, 갈등으로만 시간을 허비하는 것보다야 낫지 않겠는가? 어차피 다른 선택에도 무엇이 기다리고 있었는지 알 수 없는 일이다.

물론 세상을 살아감에 있어 합리적인 사고가 중요한 덕목임에는 틀림이 없다. 하지만 자신의 생각이 합리인지에 합리화인지에 대해서 의심을 해볼 필요가 있다. 도리어 과도하게 합리적인 태도가 생각의 틀을 깨지 못하는 것일 수도 있고, 지나치게 합리적인 시점에 포기를 말하는 것일 수도 있다. 당신이 말하고 있는 '지금 시도해선 안 될 이유'는 설명인가? 변명인가? 하다가 안 되면 그도 인연이 아닌 것이지만, 해보지도 않고 그 꿈이 얼마나 이루기 어려운 것인가에 대한 이유는 도대체 왜 찾고 있는 것일까?

力不足者 中道而廢 今女畵
힘이 부족한 자라면 중도에 그만두어야 하겠지만,
지금 너는 스스로 한계를 긋고 있다.

서양철학에서는 현대 철학의 경계점을 니체로 보는 경우가 일반적이다. 그리고 같은 시대에 등장하는 키에르케고르의 '실존'은 현대 철학의 중요한 키워드가 되고 있다. 이 두 철학자들의 공통분모가 되는 정신적 스승이 있으니, 바로 쇼펜하우어가 그 주인공이다.

쇼펜하우어 이후, 이성과 합리로만 운영되던 철학교실에 감성이 끼어들기 시작한다. 그가 바라본 인간의 삶이란, 맹목적 '의지'로 욕망의 '표상'들을 실현해가며 살아가는 본능의 담론들이다. 윤리와 도덕, 법이란 것도 본능의 충돌로 인해 생겨나는 서로간의 피해를 최소화 하기 위해 만들어진 공리적이고 소극적인 개념들일 뿐이다.

범법과 비윤리, 부도덕을 피해갈 수 있는 범위에서 최대한의 의지와 욕망을 실현하고 살아가는 삶, 그것은 '인간적인 너무나 인간적인' 방향성과 맞닿아 있는 우리의 본능이다. 그런데 왜 꿈 앞에서는 늘 망설이고 주저하고 있는가? 인간답지 않게…. 더군다나 법과 윤리, 도덕의 질서에 아무런 저촉이 되지 않는 것들임에도 그 의지와 욕망을 스스로 제한하고 있는가 말이다.

문득 고등학교 연합고사를 보러 가기 전날, 영어 선생님께서 해주신 말씀이 기억났다.

'답이 헷갈릴 경우에는 가장 맨 처음 생각나는 것이 정답일 경우가 많다.'

물론 먼저 마음이 동한 쪽이 정답일 수는 없다. 하지만 인생에 정답이라는 것이 있기나 하던가? 그것이 당신의 운명일 가능성은 높다. 하고 싶은 일은 운명이 허락할 때까지 물고 늘어지는 경향이 있기 때문이다. 인디언의 기우제처럼, 비가 올 때까지 기우제를 지내는 것, 비만 온다면야, 못할 이유도 없다.

그렇다고 하고 싶은 것에 도전하고 사는 것이 행복인 것만은 아니다. 분명 그 과정에서 겪는 좌절과 불안은 분명 행복이라고 표현할 수 없는 슬픔이고 아픔일 것이다. 할 수 있는 것을 하고 사는 것이 불행인 것도 아니다. 이미 어떤 길 위에 들어섰다면 그 길 위에서 자신의 재능을 펼칠 곳을 찾아보면 된다. 이미 길을 들어선 사람에게 네가 가고 싶은 길을 다시 찾아가라는 말도 무책임이다.

하지만 아직 길을 찾지 못했다면, 아직 어떤 길로도 들어서

지 못했다면, 적어도 내게 허락된 의지와 욕망을 위해 모든 것을 내던졌던 기억 하나 정도는 남겨야 하지 않을까? 어차피 한 번 사는 인생이 아니던가. 추억할 아름다운 도전이 없는 장년과 노년이 되고자 하는가? 그래서 많은 장년과 노년의 추억은 논리와 사실성을 겉도는 공허한 '왕년'들만으로 끊임없이 왜곡이 되고, 미화가 된다. 다른 젊음들 앞에서 자신의 지난 시간을 인정받고자 하는, 결핍에 대한 역행적 갈망인 것이다.

실제로 예전에 자신에게 일어났던 일들을 아름답게 추억하고 싶은가? 아니면 자신에게 일어났었으면 했던 과거들을 부질없이 상상하고 싶은가? 먼 훗날 당신이 추억해야 할, 나는 이렇게 살았노라고 다른 젊음들 앞에서 떳떳하게 회고할 수 있는, 멋진 '왕년'을 만들어 봐야 하지 않겠나?

아직도 주저하고 있는가? 지금 당장 머릿속에 떠오르는 그것이 맞다. 그래! 그것이다. 어차피 다른 길 위에도 무엇이 기다리고 있는지 모른다. 그렇다면 내가 가고 싶은 방향을 향해 한 번 달려가 보는 것이다. 맹목적이라고 걱정하지 마라. 당신을 발견한 수많은 목적들이 그 열정의 불빛을 보고 멀리서도 찾아올 것이다. 당신에게로 찾아드는 목적들이야 말로 불로 뛰어드는 불나방처럼 맹목적이다. 단 너무 먼 거리로 떨어져 있기 때문에 늦게 찾아올 수는 있다. 하지만 언제고 찾아와 당신이 귀찮도록, 당신의 선택을 구걸할 것이다.

비합리적 믿음

'꿈보다 해몽'이란 말이 있다. 정신분석학으로 보자면 꿈은 현실에서 억눌린 무의식의 세계이다. 하지만 정작 그 무의식에 대한 해석은 철저히 인간의 의식으로 설명이 된다. 돼지고기를 부정하다며 먹지 않는 이슬람과 유대교 문화권에서 돼지꿈은 길몽이 될 수 없지만 우리나라에서는 '복'의 상징이다. 이런 개연성이 부족한 관념이 사라지지 않고 계속해서 유지되고 있는 것은 들어맞는 경우가 있기 때문이다. 현상의 필연으로 설명되기는 어렵지만 심리의 필연으로는 설명이 되는 부분이다. 마음의 관성이 현실에 충분히 영향을 끼칠 수 있다는 사실을 미신으로 나마 간직해 오고 있는 것이다.

우리는 별똥별이 대기권에서 불타 없어지는 우주 먼지라는 사실을 모르지 않는다. 지상의 소원들과는 아무런 상관관계가 있을 수 없는 자연현상에 불과하지만 우연히 마주하게 된 그것들을 무심히 지나칠 정도로 합리적인 사람도 드물 것이다. 그래서 인과의 사실로 믿지 않으면서도 떨어지는 유성에 반사적으로 소원을 빌게 된다.

세상엔 이런 비합리를 합리로 만들어버리는 사람들이 있다. 비합리적인 의지로 상관 관계가 없는 것들을 인과의 관계로 만들어 버리는 경우다. 그들에겐 별똥별은 언제나 소원을 들어주는 합리적 존재일 수밖에 없다. 그리고 세상에 이런 부류의 사람들이 생각보다 많다. 그래서 인류는 그 비합리적인 믿음을 지속하며 유성이 스쳐가는 찰나를 놓치지 않고 소원을 빈다.

꿈을 이룰 수 있는 가장 쉬운 방법은, 이룰 때까지 꿈꾸는 것이다. 당신의 꿈을 가로막은 현실의 정체는 당신 자신이다.

未之思也 夫何遠之有
생각하지 않을지언정 어찌 멂이 있겠는가?

세대를 거쳐 재생산 되는 문화적, 경제적 지위가 사회문제로 제기되고 있다. 이제는 개천에서 용이 나는 일이 드물어졌다고들 한다. 하지만 큰 강과 바다에도 용이 흔했던 적은 없다. 물의 양과 비례하는 것은 물고기들의 개체 수이지 결코 용의 수가 아니다.

이무기들은 시대를 탓하고, 사회 구조를 탓하며, 여의주의 아비투스를 문제삼고 있을지 모른다. 그리고 정말로 문제가 있는지 모른다. 하지만 문제가 없어진 세상이 내게 유리하다고 장담할 수는 없다. 차라리 힘든 시절이기에 자신의 게으름과 무능함을 들키지 않고 있는 것인지 모른다.

　김연수 작가의 소설은, 간간히 발견되는 금언과도 같은 어록들 때문에 전체를 읽게 된다. 그의 어록 중에 내가 가장 좋아하는 말이 있다.
　'뚫고 지나온 후에야 그곳에 벽이 없었음을 안다.'
　얻기 쉬웠다면 그것을 욕망하지 않았으리라. 이루기 쉬웠다면 그 허망함을 참아내지 못했으리라. 그 난이도와 희소성의 매력 때문에 우리는 그것을 욕망하는 것이고 이루어 내려고 하는 것이다. 단지 긍정만으로 이겨낼 수 있었다면, 소중한 절망도 아니었을 것이다. 숱한 긍정으로도 다시 한 번 주저앉아 흘렸던 눈물이기에 더욱 값진 슬픔인 것이다.

원석의 자격

"죽더라도 무대에서 죽겠다."

무대에 대한 열정의 예술혼을 표현하고자 하는 말이지만, 부활의 리더 김태원 씨는 이 말을 다시 한 번 비튼다.

"내가 무대에서 죽을 자격이 있는가를 생각하겠다."

나의 열정보다 더 근본적인 문제는 내가 열정으로 어필할 만큼의 역량이 되느냐, 이다. 일단 설 수 있는 무대가 있어야 무대에서의 죽음도 허락되는 것 아니겠는가.

"나의 노래를 들어주는 단 한 분의 팬이 있을 때까지 노래하겠다."

하지만 인기 없는 가수에게는 이런 인터뷰 기회가 주어지지 않을 뿐더러, 단 한 명의 팬이 있는 가수에겐 가수로서의 삶도 유지될 수가 없다. 보다 현실적으로 이야기를 하자면, 자격이 있는가를 냉정히 돌아보아야 할 것이다.

삶은 나의 열정만으로 달아오르지 않는다. 나의 열정만으로 냉정한 세상의 무관심을 덮어버릴 수는 없다. 관건은 나를 향한 세상의 온도이다.

얼룩소(제사에 쓰이던 소)의 새끼가 색깔이 붉고 뿔이 제대로 났다면 비록 쓰고자 하지 않아도 산천이 그것을 버리겠는가?

나 자신이 보석이라면 수많은 자갈 속에서도 빛이 날 것이다. 자갈이 워낙 많다보면 잠시 드러나지 않을 수도 있겠지만 언젠가는 사람들에 의해 발견될 날이 있을 것이다. 인간들의 욕망을 너무 과소평가하고 있지는 않은가? 정말 보석이었다면 그렇게 오랜 시간 놓아둘 리가 있겠는가? 자신을 알아주지 않음만을 속상해 하고 세상을 야속타 말하고 있지 않은가? 지금의 자신이 과연 보석인지를 다시 한 번 되돌아 보는 것, 그에 합당한 푸념과 투정인지를 반문해 보는 것 또한 지혜로움이다. 세상은 이미 정확히 알아보고 있었는지도 모른다. 아직 빛날 조건도 갖추지 못했으면서 세상이 눈이 멀었다고 불평을 하고 있는지도….

알아주는 이가 없음을 걱정하지 말고, 알려지기를 구해라!

남이 나를 알아주지 않음을 걱정하지 말고, 내 무능함을 걱정해라!

낭중치추囊中之錐라는 고사가 있다. 주머니 속의 송곳은 언제고 주머니를 뚫고 나오기 마련, 유능한 인재는 평범한 사람들 속에 묻혀 지내도 언젠가 그 재능이 드러난다는 고사이다. 자신의 특별함을 믿고 있다면 먼저 주머니를 뚫고 나와야 한다. 주머니 속에 들어 있다면 세상이 모르는 것도 당연하지 않은가. 지금 해야 할 일은 남들이 나를 알아주기만을 기다리는 것이 아니라 주머니를 뚫는 부단한 노력이다.

너무도 식상한 비유 하나. 같은 성분이면서도 어떤 놈은 값싼 흑연이 되기도 하고, 어떤 놈은 값비싼 다이아몬드가 되기도 한다. 차이는 어떤 세월과 압력을 버티어 냈느냐이다.

하지만 너무도 자명한 사실 하나. 다이아몬드의 기다림을 감당하고자 하는 사람보다 당장 흑연으로서의 값어치로 인정받고자 하는 사람들이 대부분이라는 것이다. 다이아몬드가 되겠다는 꿈은 아직 있지만, 일단 흑연으로서 인정을 받은 이후에 다시 다이아몬드가 되겠다고 생각한다. 하지만 흑연으로서 살아가는 삶이 그다지 불편하지 않다고 생각하면서 다이아몬드의 꿈을 잊어버린다.

세상엔 흑연도 필요하다. 하지만 굳이 내가 흑연이 아니어도 세상에 차고 넘치는 것이 흑연이다. 더군다나 질 좋은 흑연으로서의 가치도 인정받지 못한 지금이라면, 좀 더 갑갑한 어둠 속에서 절망과 고통을 견디고 자신의 가치를 높이기 위해 노력하는 것이 더욱 현명한 방법이다.

세상의 선택을 받지 못한 그대. 어차피 한 동안은 또 어둠

세상의 선택을 받지 못한 그대. 어차피 한 동안은 또 어둠 속에서 자신을 짓누르는 고통과 좌절을 견뎌내야 한다. 그대가 욕망해야 할 것은 세상의 시간에 따라가는 것이 아니라 차라리 시간의 방에서 그대의 욕망을 키우고, 그 욕망에 합당한 자신이 되는 것이다.

지금 쏟고 있는 이 눈물을 기억하라. 그리고 그 눈물로 다시 태어나라! 물방울 다이아몬드로. 더욱 아름다워지리라. 더욱 강해지리라.

가책

소인배의 잘못은 어떡해서든지 꾸미려 한다는 점이다.

영화 「메멘토」, 아내가 살해된 충격으로 주인공은 10분 전을 기억하지 못하는 단기 기억상실증에 걸린다. 살해범을 찾기 위한 단서를 찾아가는 과정에서 그는 잊지 말아야 할 사실들을 몸 구석 구석에 문신으로 새겨 넣기 시작한다. 하지만 단기 기억상실증은 아내가 살해된 사건의 결과가 아니라 아내를 살해한 사건이 원인이었다. 자신의 실수로 일어난 아내의 죽음을 인정할 수 없었던 주인공은 스스로 기억을 조작하기 시작한다. 몸에 새긴 문신들은 몇 분 후에는 지금을 기억하지 못할 미래의 자신을 속이고자 하는 거짓 정보들이었다. 자신이 조작해 놓은 과거가 지금을 바꾸어버린 미래가 되어버린 것이다.

우리는 얼마나 많은 기억들을 조작하며 살아가고 있을까? 극화된 과거로 지금의 현실을 유지하고 합리화하고 있지는 않은가? 내가 기억하고 싶은 것들을 기억하고 싶은 대로 기억하고 있으면서도, 지금에 합당하지 않은 보상을 기대하며 살아가고 있지는 않은가?

'넌 내가 얼마나 힘든 줄 알아?'

자신에 대한 격려와 동정마저도 불편한 이유를 타인들의 무지에서 찾고 있으면서도 또 그게 뭐라고 남들의 공인까지 받으려고 한다. 또 그게 뭐라고 힘든 자기 자신을 긍정하면서까지 그 힘겨움을 유지하려고 한다. 절망의 사건은 이미 과거가 되었음에도, 그 아픔의 그림자를 절망으로 끌어안고 살아가려고들 한다. 그러나 정작 절망의 사태도 제대로 기억하고 있는 것은 아니다. 그림자로써 재해석되고 있는 절망을 기억이라고 착각하고 있을 뿐이다.

'바르샤바, 드레스덴, 쾰른, 부다페스트, 베를린은 2차대전으로 인해 처참하게 파괴되었지만, 주민들은 구시가지의 대부분을 정성껏 복원했다. 이런 도시들 때문에 프라하 사람들은 열등감을 느꼈다. 전쟁으로 인해 파괴된 유일한 건물은 예전 시청 건물이었다. 그리고 폴란드 사람이나 독일 사람이 당신들은 전쟁 중에 큰 고통도 받지 않았어, 라고 비난할까 두려워 파괴된 건물을 영원히 보존하기로 결정했던 것이다.'

밀란 쿤데라의 「참을 수 없는 존재의 가벼움」의 한 부분이다. 우리는 절망이란 객관적 현상을 경험하고 있는 것이 아니라 절망이란 자의적 해석을 반복해서 경험하고 있는 경우가 더 많다. 현재를 직시하고 있는 것이 아니라 과거의 관성으로 현재를 해석하고 있는 것에 지나지 않다. 지금의 내 처지가 너무 힘들어서 어쩔 수 없다는 긍정의 자위로, 상관관계가 없는 나태함까지 이해받으려는 억지스러운 욕망이기도 하다.

쇼펜하우어는 그래서 절망을 적극적인 감정으로 해석했다. 니체는 스스로를 정당화 하는 '가책'으로 설명한다. 결국 내 맘 편하자고 저지르는 나태한 정신일 뿐이라는 것이다. 그래서 마음을 괴롭히며 스스로에게 잠을 허락하지 않는 모순. 절망이란 단어의 입체감이 쉽사리 단편적인 긍정과 희망으로 해결이 되지 않는 이유는, 좌절과 절망이라고 이름 붙인 자신에 대한 지나친 자애감 때문이기도 하다. 스스로를 위로하기 위해 파괴의 기억을 유지하고 있는 것이다.

노자의 견해에 따르면, 높이는 깊이와 같은 것이다. 산은 그 봉우리만큼의 골짜기를 지니고 있지 않은가. 바다도 깊이만큼 채워진 물의 높이이다. 자괴감은 자애감의 높이만큼으로 파고 내려간 깊이이다. 다만 남들을 설득할 수 있는 양심적인 변명을 위해 자괴감의 이름을 빌린 것뿐이다.

자하가 말하길, 소인배의 잘못은 어떡해서든지 꾸미려한다는 점이다.

애니메이션 「진격의 거인」이 패러디를 넘어, 주요 언론사 칼럼의 주제가 될 정도로 그 인기가 식지 않고 있다. 북유럽 신화를 모티브로 한 것이라고 하는데, 거인의 등장은 북유럽뿐만이 아니라 전 세계에 고루 분포하는 신화의 전형이다.

니체는 그리스신화에 나오는 타이탄을 비유로 들어 거인의 상징적 의미를 설명한다. 그리스신화에서 거인의 상징은, 과도한 죄책감의 설정이다. 니체가 비판했던 유대인들의 원죄의식과 같은 효과이다. 원죄를 자각하고 살아간다는 이유만으로 속죄가 되는, 고뇌하고 아파하고 있다는 사실만으로 대속이 되는. 더 큰 자격을 부여하기 위해서 필요 이상의 터무니없이 큰 죄의식을 설정해 놓는 것이다. 그리고 그 거대함으로써 자신의 현재를 정당화 한다. 그래야 지금의 나로선 어쩔 수 없는 것, 곧 신의 영역이 된다.

제우스의 아버지는 바로 타이탄 족의 수장이었다. 거인에게서 신이 태어난 것이다. 결국 이브들의 변명과 아담들의 핑계가 만들어 놓은 거인이, 이브들과 아담들의 삶을 지배하는 것이다. 내가 감당하기엔 너무 거대한 시련이라며, 나처럼 힘든 사람은 세상에 없을 거라며, 스스로의 무기력을 정당화 하며, 그 어떤 충고와 조언도 들으려 하지 않는다.

'넌 내가 얼마나 힘든 줄 알아?'

이 한 마디를 남기고 기꺼이 거인에게 잡아 먹힌다.

북유럽의 신화는, 영화 「언더월드」와 오페라 「마술 피리」로도 익숙한 반전이다. 적인 줄 알았는데, 그들이 적이 될 수밖에 없었던 이유는 바로 우리가 악이었기 때문이다. 이 원고가 출시될 즈음, 몇 화가 그려지고 있을지는 모르겠지만, 「진격의 거인」의 주제도 진짜 적은 거인이 아니라 인간들 자신이라는 흐름으로 전개되는 것 같다. 인간이 저지른 잘못을 숨기기 위해,

적이 될 수밖에 없었던 거인이라는…. 주인공 에렌이 거인과 맞서기 위해 스스로 거인이 된다는 설정이 재미있다. 변명과 핑계의 크기에 넘어선 의지의 크기라는 듯한….

물론 거인의 비유가 가슴에 와 닿지 않을 정도로 감당하기 힘든 절망을 견디며 살아가는 사람들도 많이 있다. 하지만 가슴에 와 닿아야 할 사람들이 유난을 떠는 경우들이 더 많다. 나도 그 경우에서 빗겨가지 않을 것이다. 누군가에겐 그토록 간절했던 사연이었겠지만, 누군가가 느끼기엔 그나마 기대할 무언가라도 있었던 구구절절한 하소연에 지나지 않을 것이다.

한 마디를 덧붙이자면,

최근 일제의 식민지 지배를 옹호하는 듯한 작가의 멘션들이 문제가 되었다. 신화에서 포맷만 빌려왔을 뿐, 신화가 상징하고 있는 철학이 무엇인지는 이해하지 못하는, 얼치기 예술가에게 얻어걸린 행운인 것 같다. 결국엔 '작품 따로, 철학 따로'의 전형인가? 아니면 작품의 연장선상에서, 작가 자신이 직접 텍스트를 실천하는, 진정성 있는 행위예술인가? 「진격의 거인」을 경제대국으로 성장한 중국과 경제 침체에 허덕이고 있는 일본의 상징으로 해석하는 경우들도 있지만, 일본의 현재와 일본의 과거에 대한 상징으로 보아도 무방할 것 같다. 참 변명과 핑계가 많은, 솔직하지 못한 일본. 제 한 몸 바쳐 변명과 핑계의 양분이 되길 주저하지 않는, 가미카제의 문화는 여전한 셈이다.

The boxer

어릴 적부터 타고난 싸움 센스를 자랑하는 사람들은 복싱이란 운동을 우습게 보는 경우가 있다. 자신 있게 링 위로 오르지만 자신의 오만과 착각을 깨닫는 데에는 그다지 오랜 시간을 필요로 하지 않는다. 맘처럼 되지 않는 '싸움'에 쉽게 흥분을 하며 막무가내로 주먹을 뻗어보지만, 되돌아오는 것은 자신의 팔을 비집고 들어와 얼굴에 명중하는 카운터펀치뿐이다. 창피하고 화가 나서 막무가내로 들이대 보지만 허공을 가르는 주먹질이 더 많다. 결국 맞다 지친 육신은 더 이상 경기를 지속하지 못하고 링 위에 드러눕고 만다.

링 밖에서의 싸움은 모든 것이 허락된다. 발길질을 해도 되고, 넘어뜨려도 되며, 모든 지형지불과 무기를 이용해도 된디. 링 안에서의 싸움은 오직 글러브로 감싼 주먹뿐이다. 또한 정해진 룰 안에서의 싸움이기에, 그것은 더 이상 싸움이 아닌 스포츠가 된다. 링 밖에서 잘 싸우는 사람이 결코 링 안에서도 잘 싸우는 것은 아니다. 거리의 파이터도, 바람의 파이터도 승률을 장담할 수는 없다. 오직 룰 안에서 승리하는 사람에게만 챔피언의 칭호가 허락된다. 또한 링 안에서 잘 싸우는 선수는 링 밖에서의 싸움에서도 쉽게 지진 않는다.

'세상의 룰을 바꾸는 사람이 되어라!'

어느 인기 드라마의 대사가 전제하고 있는 것처럼, 세상은 내가 정한 룰대로 살아가는 것이 아니다. 분노의 에너지만으로는 어느 것 하나 해결이 되는 것은 없다. 세상의 기준을 불평하기에는 내 기준 역시 세상의 시각에서 타당성이 없다. 내가 가진 걸 세상이 알아보지 못한다고 푸념할지 모르지만, 경쟁자들이 무엇을 가지고 있는지에 대해 관심을 가져 본 적이 있는가? 어쩌면 나만 모르게 정정당당하게 돌아가고 있는 시험이었고 면접이었는지 모른다.

세상의 기준, 물론 그것이 정답인 것도, 정의인 것도 아니다. 하지만 적어도 그 룰에 대한 정확한 이해는 갖추어야 하지 않을까? 더군다나 세상의 룰을 좇아, 세상의 룰대로 승부를 보려했던 자신이 아니었던가. 이제 와서 세상을 타박해 봐야 자신의 무능만 고백하고 있는 셈이다. 더군다나 자신의 전투력만을 믿고서, 한 대도 맞지 않고서 챔피언 타이틀을 거머쥐려 했다면. 과도한 욕심이라기보단 현실적이지 못한 몽상에 가깝다.

射不主皮 爲力不同科

활을 쏠 때 가죽을 뚫을 것을 주장하지 않는 이유는 힘이 다르기 때문이다.

옛 선비들에게 활쏘기는 단지 과녁을 맞추기 위한 기예 정도가 아닌, 정신을 수양하고 예를 배우는 일종의 교화 프로그램이었다. 서로를 향해서 상해를 입히는 다툼이 아니라 나란히 서서 같은 방향을 바라보고 행해지는 겨룸이며, 화살이 과녁에서 벗어났을 시에는 어떤 변명과 핑계의 여지없이 자신을 반성할 수밖에 없다. 그래서 공자는 이를 군자의 스포츠로 생각을 했다. 왕좌에서 내려오지 않는 한국 궁사들의 신화는 중국보다 공자를 더 숭상해온 역사의 관성인지도 모르겠다.

활쏘기의 목적은 과녁을 맞추는 것에 있지, 과녁을 얼마의 깊이로 파고 들어가느냐가 아니다. 적중시키는 것이야 배워서 능할 수 있는 것이나 선천적인 힘은 억지로 할 수 없는 것이기 때문이다. 누구나 로빈 훗과 윌리엄 텔이 될 수는 있지만, 오디세우스의 활에 시위를 걸 수는 없는 것이다. 누구나가 배워 성취할 수 있는 기회의 평등이 전제된 게임, 궁도弓道의 참 의미는 여기서부터 시작이 된다.

활을 잘 쏘는 사람이 궁수가 되어야 하는 것은 당연하다. 선발의 방법론이 경쟁이란 사실도 수긍할 수 있다. 내가 얼마의 적중률을 가지고 있느냐로 결정이 되는 것이다. 정해진 룰 안에서 이기는 법도 알아야 한다. 그래야 룰을 바꿀 수 있는 기회도 다가온다. 내게 불리한 게임이라면 종목을 바꾸든가 해야지, 종목의 룰을 성토하고 있어봐야 스스로에게 도움될 것은 아무 것도 없다. 내게 불리한 게임임을 알면서 그것에 매달리

고 있는 당신의 집착도 이해받을 수는 없다. 설사 룰이 바뀐다
해도 바뀐 룰이 당신에게 유리하다는 보장은 없다.

너의 길을 가라

질문 : 활배근을 키우려면 어떤 운동이 가장 효과적인가요?
대답 : 턱걸이
질문 : 턱걸이를 잘 하려면 어떤 운동을 해야 하나요?
대답 : 턱걸이

턱걸이는 다른 운동과 달리 하체를 고정시키거나 땅에 딛지 않고, 오로지 상체만으로 오르락내리락 해야 한다. 턱걸이를 잘 하기 위해서는 턱걸이를 매일 단련하는 것 말고는 다른 방도가 없다. 그런데 이 당연한 사실은 턱걸이를 잘 하는 사람만이 안다. 턱걸이를 못하는 사람들은 턱걸이를 잘 하기 위한 다른 쉬운 방법이 있을 거라고 생각을 하거나, 다른 어떤 운동의 효과가 턱걸이랑 같을 것이라고 기대한다.

질문 : 하고 싶은 걸 하려면 어떻게 해야 하죠?

대답 : 하고 싶은 걸 하세요.

가고 싶은 길이 있으면 그냥 그 길로 가면 된다. 왜 다른 길을 가고 있으면서 언젠가 이 길이 가고 싶은 길로 이어질 거라고 생각을 하는가. 왜 더 쉽고 빠른 길이 있을 거라고 기대하는가. 그런데 이 지극히 당연한 사실도 자신의 길을 가 본 사람만이 안다.

누가 문을 통하지 않고 밖으로 나갈 수 있겠는가?

어찌 하여 이 길로 가려는 이가 없는가?

꿈을 이루어낼 방법을 모르는 것은 아니다. 이 길이 꿈으로 향해 가는 길이라는 사실도 알고 있다. 하지만 겁이 난다. 너무 멀고 힘들까봐.

그래서 꿈은 늘 미래의 '언젠가'에 갇혀 있다. 나중에 가서는 과거의 '언젠가'에 가졌던 꿈으로 남는다.

'두드려라, 열릴 것이다.'

그것도 열어 줄 사람이 노크 소리를 들어야 열어줄 수 있는 것이다. 고작 몇 번이나 두드렸다고 벌써 문 앞에서 돌아서려 하는가. 사정이 있어 노크 소리를 아직 못 듣고 있을 뿐이다. 제대로 찾아왔다. 계속 두드리다 보면 열릴 것이다.

‘시작이 반이다.’

처음의 결심이 그만큼 어렵다는 비유이지만, 사람들은 이 비유적 의미를 직설로 받아들이는 경우가 종종 있다. 아직 가야 할 반의 시간이 남아 있음에도 여정의 중간에서 끝이 다가오지 않음에 절망을 한다. 자신의 열정이 기특한 나머지 그 열정의 대가가 지불되어야 하는 타이밍까지도 자신이 정해버린다. 그리고 기한 내에 도착하지 않는 피드백은 곧잘 절망이 되어버리곤 한다.

시작은 분명 절반의 가치를 지닌 결단이다. 하지만 가치가 곧 가격인 것은 아니다. 이젠 충분한 것 같은 데도 세상이 자신의 가치를 몰라준다고 푸념을 늘어놓고 있을지 모르지만 이제야 반을 온 것이다. 아직도 가격이 되기 위한 절반의 시간을 더 가야 함이다.

젊음들의 희망 진로가 가장 중첩이 되는 영역은 실패든 성공이든 가시적인 성과를 금세 기대할 수 있는 곳이다. 하지만 가시적인 성과가 나의 몫이 되지 않았을 때, 젊음들은 절망을 한다. 실상 무언가에 가로막히고 무언가가 사라졌다기보다는 기대했던 것이 아직 나타나지 않았을 뿐이다.

생각과 생각

성공했다는 평가를 받는 사람들 중에서도 가정불화의 상처를 간직하고 살아가는 사람들이 적지 않다. 앞만 보고 달려오다 보니, 가족을 저 멀리에 두고 혼자서만 달려왔음을 모르고 있었던 것이다. 가정을 소홀히 했던 변명은 결국엔 자신에게까지 소홀히 한 결과가 되어 버린다.

'그저 열심히 살았을 뿐이었다.'

안타까운 변명이 많은 사람들을 이해시킬 수는 있어도 정작 자기 자신을 완성해 줄 수 있는 사람들을 이해시키지는 못한다. 그 열심의 방향이 어디를 향했던 것이었으며, 무엇을 위해 달려왔던 것인지 뒤늦게 반성해 보지만, 자신을 이해해 주지 않는 야속함이 더 서운하다.

'누구를 위해 이렇게 살았는데…'

글쎄, 누구를 위해 그렇게까지 살아야 했을까? 적어도 자기 자신은 아니었다. 사랑하는 누군가를 위해서는 더 더욱 아니었다.

'내 꿈을 위해서….'

도전은 많은 것을 잃을 각오를 해야 한다. 그러나 그것이 없으면 자기 자신을 잃어버릴지도 모른다. 그 꿈을 누가 만류한단 말인가. 하지만 자신의 꿈을 위해 다른 이의 희생을 요구한다면 그도 이해받을 수 있는 욕망이라 할 수 없다. 더군다나 그 다른 이들이 가족이라면 그들이 가지고 있는 '가족의 꿈'을 외면한 처사이기도 하다. 자신의 도전이 소중한 사람을 잃을 각오를 할 만큼 가치가 있는 것인지에 대한 판단도 없이 무작정 자신만을 이해시키려고만 하고 있지는 않았는가?

기억해야 할 것은 자신을 지키면서도 최고가 된 사람들도 많다는 사실이다. 자신의 소중한 것들을 잃어가면서까지 감행하는 도전이라면 언제나 그들보다는 못한 자리를 점하게 될 수밖에 없다. 영원히 최고가 될 수 없는 것이다.

상황과 도의를 외면한 도전은 미덕이 아니다. 그것은 아직까지 성숙하지 못한 '어른아이'의 이기심이다. 자신의 꿈을 위해 직장을 과감히 때려치우라는 멘토들의 말도 무책임하기는 마찬가지다. 그것은 '조언'으로서의 조건을 갖추지 못한 헛소리일 뿐이다.

하지만 이런 책임의 문제가 없을진대, 망설이고 있는 나약함들은 도대체 무엇이란 말인가? 실패가 걱정되는 것은 당연한 일이다. 하지만 성공의 가능성도 점치고 있다면 한 번 도전해 보는 것도 괜찮다. 실패를 걱정하고 시작도 하지 않는 것은, 애초부터 하고 싶은 생각이 없었다는 뜻이다.

그러나 도전과 실패보다는 한 번쯤 고민을 했다는 사실만
으로 스스로에게 연민을 가지는 자들도 있다. 자기연민에 빠지
게 되면 생각만 점점 많아진다. 그 생각이란 것이 결국 도전해
서는 안 될 이유들이다. 결국 하지 않겠다는 의지를 다지고 있
는 것이기도 하다. 그리고 그 고민만으로 언제고 도전해보지도
않았던 것들이 도전으로 기억이 된다.

再思可矣
생각은 두 번이면 족하다.

'잘 안 되면 어떡하지? 잘 될 수도 있잖아.'
'잘 될 수도 있어. 하지만 잘 안 되면 어떡하지?'
어떤 순서든 세 번째는 '안 할래!'라는 결론일 가능성이 크
다. 당신이 정말로 하고 싶은 일이라면 세 번째 순서는 생각이
아니다. 실행이다. 할까? 말까? 두 번의 생각으로 결정이 나지
않는다면, 정말로 하고 싶은 일은 아니다. 그러니 이런 저런 핑
계는 대지 마라! 그 핑계가 설득할 수 있는 대상은 나 자신밖에
없다.

疾夫舍曰 欲之而必爲之辭
'하고자 했다'고 말하지 않고, 기어코 핑계를 대는 것을 싫어한다.

하고 나서 후회하는 것보단 하지 못해서 후회를 하는 것들
이 많다고 한다. 하지만 시간을 돌린다 해도 결과는 마찬가지

였을 것이다. 조금이라도 더 성실하고 진지한 고민이 있었을지
는 모르지만 그도 결국엔 하지 않겠다는 의지에 대한 성실함이
고 진지함일 뿐이다. 덜 성실하고 덜 진지하더라도 지금 한 번
저지르는 것이 낫다. 인생의 결정적 순간은 언제나 '지금'이다.

인간은 좌절된 욕구나 갈등, 열등감 등을 무의식적이고 자
기 기만적인 방어적 행동으로 정당화 하는 심리가 있다.
심리학에서는 포도형과 레몬형의 유형으로 나누는데, 포도
형은 이루지 못한 목표에 대한 부정이고, 레몬형은 현재 상황
에 대한 긍정이다. 예쁜 여자들은 얼굴값을 해서 싫다거나, 자
신의 남자 친구는 못 생겼지만 나를 제일 사랑한다는 식의 거
짓일 수도 있는 명제에 대한 강한 믿음이다.
꿈을 이루어 내는 사람은 강한 믿음으로 강한 의지를 확고
히 한다. 꿈이 한낱 꿈으로 남는 사람들도 강한 믿음으로 자신
의 의지를 한정짓는다.
'어차피 나는 안 돼!'
'지금도 뭐 괜찮아!

끓는 점

식상한 비유 하나. 물은 100°C에서 끓지만 99°C까지는 그보다 낮은 온도에서와 아무 차이가 없는 것처럼 보인다. 열정의 온도를 낮추지 않는다면 언제가 타오르고 끓어오를 것이라는, 그리고 지금이 바로 그 1°C 전 인지도 모른다는 것.

하지만 나의 지금이 어떤 온도 쯤인지를 모른다는 막연함으로 인생은 힘이 든다. 더군다나 액체마다 서로 끓는점이 다르며, 같은 액체라도 어떤 상황인가에 따라 끓는점이 변한다. 끓는 다른 물들을 지켜보면서 조급함에 계속 뚜껑을 열어젖히다보니, 끓어오를 시간은 더욱 미루어진다. 과연 나도 끓어오를 수 있을까, 라는 걱정과 회의감으로 불씨의 에너지를 분산시켜 속을 끓인다. 그래서 삶은 열정의 온도와 비례해서 끓어오르지는 않는다. 그러나 분명한 사실은 불씨가 살아 있는 한 끓어오를 것이라는 점이다.

비유컨대, 산을 쌓아 올림과 같다.

한 삼태기의 흙이 모자라 그만 두었다 하면 그만 두는 것도 내가 그만둠이다. 땅을 고르는 일에 비유컨대, 한 삼태기의 흙을 쌓으며 나아가는 것도 내가 하는 것이다.

단 1°C의 온도 차이지만 끓는 물과 끓을 물의 시간 차이기도 하다. 간발의 차로 나뉘는 삶과 삶이지만, 그 간발의 차이가 어둠을 밝히는 스위치를 밟는 한 걸음이 된다. 지금 내딛는 걸음걸음이 그 한 발을 향해 걸어가는 것이다. 그 한 발이 끼어 있는 시간대가 수열공식으로 풀리지 않는다는, 무작위의 확률로 존재하고 있다는 사실이 답답하긴 하지만 불확실하다는 것은 생각보다 가까이 와 있을 수도 있다는 이야기다.

'아무 것도 할 수가 없다.'

이런 순간조차도 실제로는 무언가를 하고 있는 것이다. 좌절하고, 절망하고, 포기하고 있지 않은가. 결코 당신은 좌절되고, 절망당하고, 포기하게끔 된 것이 아니다. 현상에 앞서 다짐했던 좌절과 절망, 포기가 실현된 것뿐이다.

분명 다른 선택도 있다. 바로 포기하지 않는 것. 하지만 어차피 아무 것도 할 수 없는 상태임을 핑계로 포기를 택한다. 그리고 좌절과 절망을 능동적으로 반복하고 있는 것이다.

공자가 이르길,

장기와 바둑이라도 있지 않은가? 그것이라도 하는 것이 아무 것도 안하는 것보다는 낫다.

절망의 정체는 고뇌와 번뇌로 둘러싸인 극강의 괴로움이기보단 일종의 무료함일 때가 많다. 그 무료함을 벗어나지 못해 쌓이는 고뇌와 번뇌가 절망의 원인임에도 절망의 결과로 착각을 하고 있다. 자신이 할 수 있는 것이 아무 것도 없다는 자의적 판단 하에서 지속되는 게으름이기도 하다. 그럴 바에야 바둑이라도 배우든가, 책이라도 읽든가, 운동이라도 하든가, 기술이라도 배우든가. 뭐라도 하라. 이불을 뒤집어쓰고 누워 있지만 말고. 부질없이 술만 들이 푸지 말고.

쉽지 않다는 것을 안다. 다시 힘을 내려 해도 내 의지와 상관없이 되뇌이게 되는 막막함에 힘이 빠지는 절망이란 것도 안다. 문제는 이도 습관이 된다는 점이다. 매일같이 쌓아가는 무기력함의 크기가 실제의 절망의 크기를 초월하는 순간부터는 정말 어찌해 볼 도리가 없다. 그 전에 무기력함의 싹을 자르고, 다시 앞으로 달려가기 위한 몸을 만들어야 한다.

병법에서의 철칙 중 하나는 도망치는 적들의 퇴로를 막지 않는 것이다. 막힌 퇴로는 의도치 않은 배수진이 되어 '죽으려는 자 살 것이다.'의 이판사판 상황으로 되기 십상이다. 그래서 도망갈 여유를 주고 뒤따라가며 소탕을 해야 손쉬운 항복도 얻어 낼 수가 있다.

반대로 이야기하자면 항복을 외칠 때는 최악의 상황이 아니라는 이야기다. 절망으로부터 달아나려고 하다 지쳐 있는 것, 뻔히 보이는 퇴로 앞에서 백기를 드는 것이다. 최악으로 치닫는 상황에서는 도리어 죽기 살기로 덤벼든다. 고양이를 무는 쥐가 제정신이겠는가? 스스로 절망을 말하고, 스스로 절망이라고 느낄 만한 정신도 없다. 포기에 대한 선택권도 자신에게 없으며, 항복에 대한 관용도 베풀어지지 않는 상황일 때 그것이 최악인 것이다.

반복되는 준비

대부분의 작곡가 지망생들이 초창기에 거치는 과정은 기존의 곡을 똑같이 카피하는 연습이다. 소설가들의 필사 과정이나 똑같다. 필사도 그 얼마나 인고의 시간이겠는가마는, 작곡 입문자들에겐 카피 자체가 쉽지가 않다. 무슨 악기의 소리인지도 모르겠고, 아예 악기 이름이 무엇인지 모를 때도 있다. 여러 악기들끼리 겹치는 부분은 온 정신을 집중하고 들어도 잘 들리지가 않는다. 카피라곤 하지만 그마저도 완벽히 할 수가 없다. 그 이후의 많은 시도가 마찬가지다. 게다가 몇 번의 시도 이후에나 작곡 프로그램의 사용법을 완벽히 이해한다. 실상 사용법도 제대로 모르고 무조건 부딪히는 것이다. 그러나 완벽한 카피 능력이 생기기 전에 자기만의 음악을 만들 수 있는 능력이 먼저 생겨버린다.

엄두가 나지 않는 일들도, 반복해서 하다보면 별거 아니다.

물론 개선과 발전을 위한 노력이 꼭 필요하다. 지루한 반복 같지만 뚜렷한 목적으로 진행되는 반복이라면 결코 무의미한 되풀이는 아니다. 마찰의 반복 속에서 피어오르는 불꽃처럼, 같은 것을 반복하다 보면 자신도 모르는 사이 전혀 다른 것이 창조된다. 그리고 필요할 때마다 불을 피워낼 수 있는, 창조에 능숙한 크리에이터가 된다.

모방과 연습 그 자체가 실제로 작품을 만들어내는 과정은 아니다. 그러나 작품을 만들 수 있는 능력은 그런 반복을 통해서 습득이 되고 세련이 될 수 있다.

작품을 만들기 위해서는 연장이 필요하다. 그래서 먼저 연장을 만들거나 마련해야 한다. 하지만 많은 사람들은 연장을 갖추는 시간을 작품을 만들고 있는 시간으로 착각을 한다. 연장을 갖추는 시간에 매몰된 자신의 노력을 봐주기 바라며, 갖춰진 연장들을 늘어놓고 세상의 품평을 기대하기도 한다. 그리곤 세상이 자신을 알아보지 못한다면서 좌절하고 절망하기도 한다.

가능성은 언제나 가능성일 뿐 작품으로 보여주지 않으면 '가능'이 되지는 않는다. 「엘리제를 위하여」로 베토벤을 기억하고, 「모나리자」로 다빈치를 기억하듯, 우리는 위대한 작품으로 작가를 평가하지, 천재적인 영감 자체로 작가를 평가하진 않는다. 아직 가야 할 길이 멂에도, 세상이 자신을 몰라주네, 더 이상 갈 길이 없네, 하며 좌절하고 있지는 않은가? 아직 본격적인 작업은 시작도 한 적이 없는데 말이다. 지금까지 우리가 놓친 기회들은, 아쉽게 빗겨간 타이밍과 아깝게 닿지 않은 거리 때문이었는지도 모른다. 잡을 수 있는 거리에 있었어도 그것을 붙들고 있을 수 있는 악력이 아니었을 수도 있다.

군대에서 갓 제대한 어느 영화감독 지망생이 제작한 독립영화에 참여한 적이 있었다. 당시에는 그다지 관심을 가지고 있던 영역이 아니었지만, 함께 작업을 하면서 많은 것을 보고 배울 수 있었던 시간이었다. 특히나 짧은 영화 한 편을 만들기 위해서, 형편 되는 대로 도움을 아끼지 않던 동문들의 배려와 열정에 내심 감탄을 하기도 했다.

이것도 10년이 되어가고 있는 기억이다. 나도 참 별짓을 다 하고 살았구나, 하는 새삼스러움으로 돌아보지만, 어디 가서 꿀리지 않는 내 다양성의 이력이기도 하다. 그 감독 지망생은 10년 동안 각종 영화의 스태프로 참여, 올해 드디어 자신의 첫 영화를 제작하게 되었다.

사람은 누구나 자신의 미학적 소양을 신뢰한다. 전문가 뺨치는 수준의 내공을 피력하는 블로거들과 인문학자를 방불케 하는 깊이로 파고드는 오타쿠들의 비평문화가 그 증거이리라. 크리에이터들은 미학적 직관으로 먹고 사는 사람들이다 보니 비평의 소리와 늘 대치된 의견으로 자신을 변론하기도 한다. 그래서 그들에게 필요한 것은 보다 객관적인 공감능력을 다지는 시간들이다. 앞으로 나아가지 못하는 괴로움, 아무도 보아

주지 않는 외로움 속에서, 아주 오랜 시간동안 스스로를 세련
한다.

천재란 사람들도 결국 그런 공감능력이 뛰어난 사람들이
아닐까? 그런 공감능력을 키우기 위해 거쳐야 하는 성장과 실
패의 시간들이 천재들에게도 있었음은 모든 자기계발서들이 회
고하는 바이다. 둔재라면 당연히 더욱 길고 먼 시간을 필요로
할 것이다. 하지만 대부분의 둔재들은 몇 번의 실패로 자신이
둔재라는 사실만 공감시키고 포기를 말하기 때문에, 이 세상은
항상 천재들의 희소성이 유지가 된다. 결국 천재들의 가장 천
부적인 재능은 인내심인지도 모르겠다. 천재로 거듭나기 위한
연습과 준비 기간을 이겨내야만 천재로서의 가능성도 시험해
볼 수 있는 자격이 생기는 것이다.

장자는 이르길,

適百里者宿春糧 適千里者三月聚糧
백리 길을 가려는 사람은 전날 밤부터 쌀을 찧어야 하고, 천리의
길을 가려는 사람은 석 달 전부터 양식을 장만해 두어야 한다.

첫 영화가 흥행에 성공할지는 미지수이지만 적어도 그런
시간을 견뎌왔다는 것에 박수를 보낸다. 아무나 견뎌낼 수 있
는 막연함은 아니지 않던가? 식량은 충분하다. 이제 본격적인
여정을 시작하려 한다. 천재의 등장은 아니더라도 또한 천재로
의 여정이기를 바라며, 지금껏 달려온 그의 열정을 응원한다.
금석이 파이팅!

열린 사고

노자의 무위자연을 물질로 표현한 것이 물이다. 그래서 노자를 좀 읽었다 하는 사람들이 항상 '상선약수上善若水, 최상의 선은 물과 같다'를 말하는 것이다. 물은 어떤 그릇에 담기느냐에 따라 모양을 바꾸는 융통성을 발휘한다. 노자가 낳은, 최고의 빈도수를 자랑하는 사자성어인 대기만성大器晚成도 원문의 앞뒤 문맥을 따지면 '늦음'보다는 '큰 그릇'에 방점이 찍힌다. 우리가 익히 알고 있는 뜻보다는 큰 인물에겐 그 한계가 없다는 정도의 뜻에 가깝다.

공자는 철학뿐만이 아니라 정치, 역사, 예술, 문학에 두루 능했던 인물이다. 그가 속한 사士 계급은 우리나라의 '선비'라는 개념과 달리, 무예도 겸비해야 했던 계층이었다. 공자는 오늘날로 말하자면 문무를 겸비한 올라운드 플레이어였다. 한문을 공부한 사람들에게 공자의 인간상이 매력적인 것은 이런 이유에서이지, 그가 말한 인仁과 예禮에 그치는 것이 아니다.

君子不器
군자는 국한되지 않는다.

국한되지 않으려면 그만큼 능력이 구비되어 있어야 한다. 능력의 계발은 자신에게 능력이 있는지에 대한 의심으로부터 시작된다. 그것은 관심과 의지의 소산이다. 하지만 사고의 한계가 관심과 의지를 가로막는다. 아무 의심 없이 내가 긍정하고 있는 모든 것이 나를 '지금 여기'에 가두어두고 있는 것이다. 물이 사고의 틀대로 얼어버리는 것이다. 융통성이 없는 것을, 소신으로 착각을 해버리는 것이다.

도요타가 T자형 인재, 안철수 의원이 A자형 인재 모델을 주장한 이유는, 열린 사고가 일의 효율성을 높인다는 취지에서였다. 자기 분야만 알고 일을 하기 때문에, 다른 분야와의 시너지가 약할 수밖에 없다. 콘텐츠가 넘쳐나나 못해 이제 영역의 파괴에서 답을 찾는 시대, 자신의 분야만 잘 안다는 것은 경쟁력에서 뒤처지는 일이기도 하다. 두루 능한 군자는 아니더라도, 관계되어 있는 다른 분야를 살펴야 하는 관심과 의지가 더더욱 필요한 시점이다. 더 이상 계발의 목적으로 볼 일도 아니다. 이제는 충분히 생존을 위한 일이다. 때론 다른 영역을 살피다가 미처 알지 못한 자신의 영역이 보이기도 한다. 자신이 자신하고 있는 것도 채 알지 못하고 있었다는 자각도, 다른 것에 대한 관심으로 가능할 수가 있다. 자신의 영역만을 알고 있다는 것은, 결국 자신의 영역도 다 알지 못하고 있다는 뜻이기도 하다.

80, 90년대에 한창 홍콩 액션이 전성기를 누렸던 이유는, 감독과 배우가 무술인 출신들이었기 때문이다. 강타자들은 고교시절 에이스인 경우들이 많았다. 추신수, 이승엽, 이대호가 증명하고 있지 않은가. 투수의 심리를 잘 알기 때문이란다. 이현도와 G드래곤은 그 자신들이 어느 정도 춤에 대한 센스를 갖추고 있었기 때문에 그토록 신나는 음악을 잘 만들어내는 것이기도 하다. 이노우에 다케히코의 「슬램덩크」가 성공했던 이유는, 농구선수 출신이었던 그 자신이 구체적인 장면에서마다의 디테일을 알고 있었기 때문이지, 특유의 섬세한 터치 때문만은 아니었다.

하나를 제대로 하려면, 적어도 그와 관련된 또 다른 하나를 알아야 한다. 늘 그것만 하기 때문에, 그만큼 한계도 빨리 다가온다. 하지만 절대 한계 너머의 무언가를 바라보지 않고, 다시 그것만을 한다. 왜? 자신이 알고 있는 세계가 그것뿐이기 때문이다. 고집의 악순환이다.

킥이 좋은, 그러나 펀치는 약한 격투기 선수가 있다. 만약에 당신이 트레이너라면 각력을 더욱 단련하겠는가? 펀치 기술을 보완하겠는가? 왼손 드리블이 미숙한 농구선수가 오른쪽으로 파고드는 기술을 특화시키고 왼쪽을 포기하겠는가? 축구 선수가 헤딩에 능하지 못함은 단점을 넘어선 결점이다. 헤딩슛의 찬스가 올 때마다 발로 해결하려 한다면, 골 결정력은 현저히 낮아질 수밖에 없다.

단점은 장점과 견주어 성립되는 것이기 때문에 둘의 존재 영역이 항상 같다. 다른 차원의 삶으로 동떨어져 있는 것이 아닌, 결코 한 쪽을 포기하고 말고 할 수 있는 성질의 것이 아니다. 그것들은 서로에게 영향을 끼치는 범위 내에 있기에 장기長技가 되고 결핍이 되는 것이다.

그렇다면 단점을 걱정하지 말고 장점을 특화하라는 멘토링은 과연 맞는 말일까? 너에게 없는 장점이 나에게 있고, 나에게 없는 단점이 너에게 있다. 각자의 장점을 살려 너는 너로서의 삶을, 나는 나로서의 삶을 완성시키면 될 것이다. 더군다나 생물학적으로 결정된 어쩔 수 없는 것들이라면 단점을 걱정하느니 다른 장점으로 보완하는 것이 맞다. 그러나 금언의 논리에 대한 자기변명은 개선이 가능한 단점까지도 방치를 하고 장점만을 바라보게 한다. 단점 그 자체만이 아니라 그것들을 돌아보지 않는 습관이 또 하나의 단점인 것이다. 이런 인생관으로 일관하는 삶의 태도에 발전의 가능성이 깃들어 있을 리 없다. 장점으로 내다보는 긍정만큼이나 단점으로 돌아보는 부정도 필요하다. 그래야 장점이 장점으로서의 역할을 할 수도 있게 된다.

관성으로부터의 자유

지은이　미니

발행일 2014년 1월 25일 초판 1쇄

펴낸이 양근모

발행처 도서출판 청년정신 ◆ 등록 1997년 12월 26일 제 10-1531호

주　소 경기도 파주시 문발동 535-7 세종출판벤처타운 408호

전　화 031)955-4923 ◆ 팩스　031)955-4928

이메일 pricker@empas.com